PIENSA COMO UN FILÓSOFO GRIEGO

DONALD ROBERTSON
PIENSA COMO UN FILÓSOFO GRIEGO

El método de Sócrates para alumbrar las ideas y las respuestas que necesitas

Traducción de Juan Pascual Martínez Fernández

temas de hoy

Título original: *How to Think Like Socrates: Ancient Philosophy as a Way of Life in the Modern World*

Corrección de estilo de cargo de Harrys Salswach

temas de hoy, un sello editorial de Editorial Planeta, S. A.
Avda. Diagonal, 662-664, 08034 Barcelona (España)
www.planetadelibros.com

Primera edición: enero de 2025
ISBN: 978-84-10293-33-5
Depósito legal: B. 118-2025
Composición: Realización Planeta
Impresión y encuadernación: Blackprint CPI
Printed in Spain - Impreso en España

Dedicado a Héctor y a las virtudes de sus ancestros

Los hombres de corazón débil jamás alcanzaron trofeo alguno. Por lo tanto, debes continuar con tu discurso de un modo resuelto, e, invocando la ayuda de Apolo y de las Musas, exhibiendo y celebrando las virtudes de tus antiguos ciudadanos.

PLATÓN, *Critias*, 108c

ATENAS y EL PIREO
400 a. C.
N
Los Muros Largos
EL PIREO
Golfo Sarónico

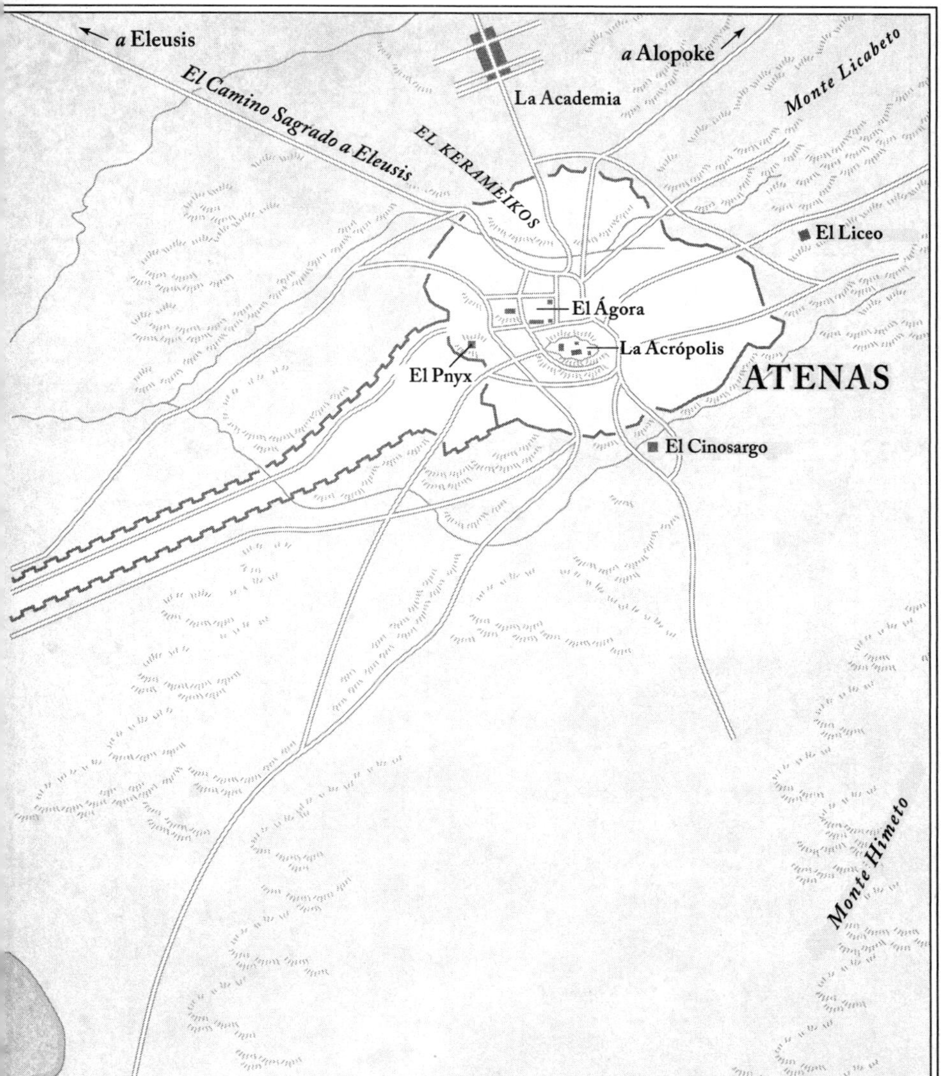
a Eleusis
a Alopoke
La Academia
Monte Licabeto
El Camino Sagrado a Eleusis
EL KERAMEIKOS
El Liceo
El Ágora
La Acrópolis
El Pnyx
ATENAS
El Cinosargo
Monte Himeto
0 Millas
1
2
0 Kilómetros
1
2
© 2024 Jeffrey L. Ward

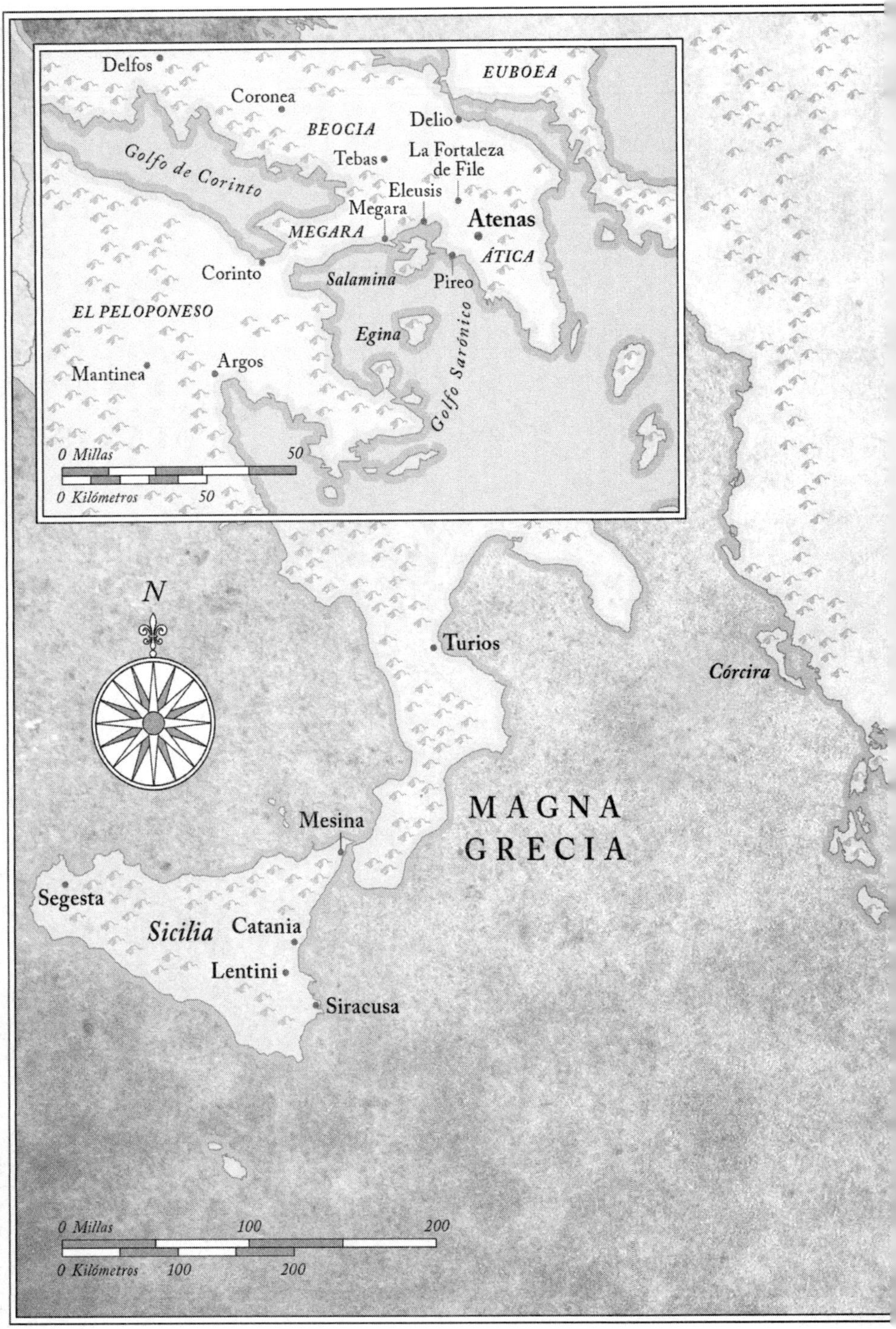

Delfos
EUBOEA
Coronea
BEOCIA
Delio
Tebas
La Fortaleza de File
Golfo de Corinto
Eleusis
Megara
Atenas
MEGARA
ÁTICA
Corinto
Salamina
Pireo
EL PELOPONESO
Egina
Golfo Sarónico
Mantinea
Argos
0 Millas 50
0 Kilómetros 50
N
Turios
Córcira
MAGNA GRECIA
Mesina
Segesta
Sicilia
Catania
Lentini
Siracusa
0 Millas 100 200
0 Kilómetros 100 200

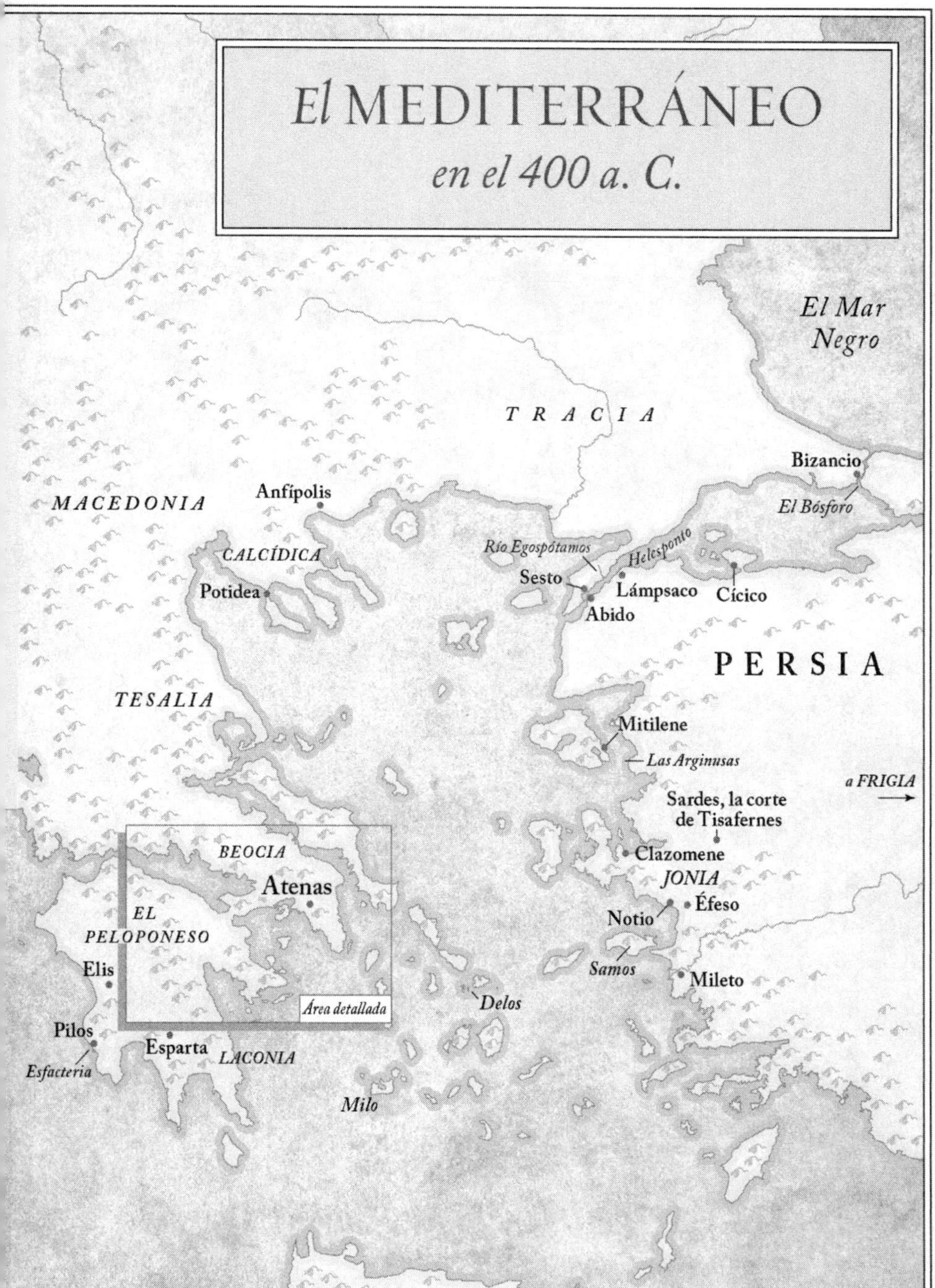
El MEDITERRÁNEO
en el 400 a. C.
El Mar Negro
TRACIA
Bizancio
El Bósforo
MACEDONIA
Anfípolis
CALCÍDICA
Río Egospótamos
Helesponto
Potidea
Sesto
Lámpsaco
Cícico
Abido
PERSIA
TESALIA
Mitilene
Las Arginusas
a FRIGIA
Sardes, la corte de Tisafernes
BEOCIA
Clazomene
Atenas
JONIA
EL PELOPONESO
Notio
Éfeso
Samos
Elis
Mileto
Delos
Área detallada
Pilos
Esparta
LACONIA
Esfacteria
Milo
© 2024 Jeffrey L. Ward

ÍNDICE

NOTA DEL AUTOR
EL PROBLEMA SOCRÁTICO

> La imagen de Sócrates en los diálogos de Platón no es un registro histórico exacto de las situaciones, conversaciones y dichos. Sin embargo, aunque no sea un registro exacto, no es una mera invención.
>
> Karl Jaspers[1]

A diferencia de la mayoría de las figuras históricas importantes, a Sócrates se le conoce sobre todo a través de cómo se le ha representado en distintas fuentes literarias, de las que se cree que son ficticias a medias. Los diálogos socráticos de Platón y Jenofonte se escribieron probablemente poco después de la muerte de Sócrates. De hecho, Platón y Jenofonte eran jóvenes cuando Sócrates murió, y quizá solo coincidieron con él durante su última media docena de años, más o menos. En realidad, la fuente más antigua de su vida de la que disponemos es una obra satírica escrita por Aristófanes,

Las nubes, que se representó en vida de Sócrates, y que pinta una imagen muy diferente de él. Hay algunos otros fragmentos contemporáneos, sobre todo de carácter cómico, y muchas anécdotas, a menudo de dudoso valor histórico, que se encuentran en autores antiguos de siglos posteriores. Sócrates fue una persona real, un famoso filósofo ateniense. Sin embargo, a pesar de la rica tradición literaria, hay muchos detalles sobre su vida y su pensamiento que siguen siendo dudosos. El desafío que supone el problema de distinguir la verdad de la ficción en nuestras fuentes, y que ha obsesionado a los historiadores de todos los tiempos, se conoce como el «problema socrático». Los diálogos filosóficos de Platón, la principal fuente de las que disponemos, contienen muchas conversaciones entre Sócrates y otros interlocutores. Es muy probable que el contenido sea inventado, o que se base vagamente en lo que Sócrates dijo de verdad, aunque la situación suele incluir a personas y lugares reales. A veces también hacen referencia, de un modo directo o indirecto, a acontecimientos históricos. Los diálogos de Jenofonte también lo hacen, aunque en menor medida. Algunos estudiosos creen que los detalles de la vida y la filosofía de Sócrates se pueden deducir, con la debida cautela, de los diálogos. Otros, como el clasicista Robin Waterfield, que ha traducido muchas de las obras de Platón y Jenofonte, son menos optimistas:

> Los diálogos ocupan un universo ficticio creado por Platón, ambientado de un modo impreciso en la Atenas del siglo v y centrado en Sócrates, pero con escasa atención al mundo exterior.[2]

Hay varios momentos determinantes que son problemáticos, incluida la famosa afirmación del oráculo de Delfos de que ningún hombre era más sabio que Sócrates. Es imposible fecharlo con certeza y no sabemos si ocurrió antes o después de otros acontecimientos que también son claves. Algunos eruditos lo consideran algo que se inventaron por completo. Sin embargo, es fundamental en los relatos que se nos cuentan sobre Sócrates.

Por lo tanto, lo mejor es considerar que los diálogos socráticos de Platón y Jenofonte son, en gran medida, ficticios.[3] Utilizan el personaje de Sócrates como un recurso literario para imaginar lo que habría dicho si hubiera tenido lugar esa conversación. Como dijo el filósofo del siglo xx Karl Jaspers, hemos heredado una información tan contradictoria que quizá resulte imposible reconstruir una imagen exacta del auténtico individuo, pero merece la pena volver a relatar a los lectores modernos interesados en su filosofía las anécdotas que en su día se contaron sobre Sócrates.

Así pues, lo que este libro contiene es un relato a medias dramatizado y ficticio de la vida de Sócrates, planteado para hacer su pensamiento más accesible a la vez que destaca sus conexiones con la psicología moderna. Creo que es el mejor modo de ayudar al mayor número de personas a sacarle partido a su vida y enseñanzas. Aunque tengamos que «renunciar a un Sócrates histórico», esto no nos impide conseguir también un inmenso valor del carácter literario del «Sócrates» que nos han transmitido las fuentes antiguas.

INTRODUCCIÓN

Estamos en el año 79 a. C. Han pasado tres siglos desde la muerte de Sócrates. Un distinguido viajero de Roma, el estadista y filósofo Marco Tulio Cicerón, visita la Academia Ateniense para dar un paseo vespertino con sus amigos.[1] Fue Platón, el alumno más famoso de Sócrates, quien fundó esta escuela. Se trata del instituto filosófico más importante de la historia: todas las academias posteriores llevan su nombre. Los jóvenes han acudido durante siglos a este lugar para prestar atención a las palabras de los grandes oradores y filósofos mientras paseaban por las columnatas de mármol pintadas de vivos colores y los atletas se entrenaban en las inmediaciones, luchando y corriendo en las pistas. Sin embargo, cuando Cicerón y sus compañeros llegan, encuentran el recinto inquietantemente silencioso... y por completo desierto.

A pesar de ello, mientras caminan por los senderos vacíos, los amigos notan una profunda conexión con el pasado, más fuerte de lo que cualquier texto podría transmitir. Cuando llegan al jardín cercano a la casa de Platón, uno de ellos comenta que le parece que el lugar «pone al verdadero Platón ante mis ojos» de un modo muy vívido.

Cicerón tiene la sensación de que esos lugares, donde los grandes filósofos exploraron en el pasado la propia naturaleza de la sabiduría, echan de menos el sonido de sus voces. Se imagina a la propia Academia lamentando su pérdida. Sus acompañantes coinciden en que esa forma de nostalgia que están experimentando puede ser un sentimiento saludable si los anima a seguir el ejemplo de hombres como Platón y Sócrates. Debemos sentir la inspiración de conocer a los grandes sabios de la historia, de un modo puramente intelectual, y también la de emular su modo de vida.

Tan solo siete años antes, la zona de la Academia, situada fuera de las murallas de la ciudad, había sido ocupada y expoliada por legionarios romanos durante el brutal asedio de Atenas por parte del dictador Sila. Sus arboledas sagradas fueron taladas para conseguir madera y fabricar las máquinas de guerra, y sus santuarios y bibliotecas fueron saqueados. Es normal, por tanto, que a Cicerón y a sus amistades les pareciera que la Academia estaba casi en ruinas. A pesar de los daños infligidos por Sila, los estudios filosóficos continuaron en Atenas durante varios siglos, aunque la ciudad nunca recuperó su antigua gloria.

El estudio de la filosofía a partir del final de la época clásica pasó de ser un modo de vida práctico a ser una actividad sobre todo libresca y teórica. Muchos lamentaron este cambio, como el filoheleno británico Lord Byron, que deploró la decadencia de Atenas y el recuerdo cada vez más débil de Sócrates, la quintaesencia del filósofo ateniense.

Cuando Byron recordaba cómo el sol mediterráneo desaparecía tras las montañas, exclamaba:

En tal noche arrojó su rayo más pálido,
cuando, ¡Atenas!, aquí tu Sabio miró por última vez.
Así vieron tus mejores hijos su rayo de despedida,
que cerró el último día del Erudito asesinado![2]

En realidad, Sócrates no fue «asesinado», sino ejecutado por sus conciudadanos: lo que el lenguaje de Byron intenta expresar es una sensación de terrible injusticia y pérdida. Sin embargo, a pesar de la reputación de Sócrates de ser uno de los sabios más grandes de la historia, sus enseñanzas y los extraordinarios relatos sobre su vida, todo lo cual está relacionado entre sí, siguen siendo desconocidos para la mayoría de la gente. Casi nadie lee los diálogos socráticos hoy, salvo un puñado de eruditos clásicos. Y la Academia de Platón, cuna de la filosofía occidental, lleva más de mil años en ruinas... pero sigue existiendo.

Pongo la mano sobre la hierba, cierro los ojos y me imagino que Sócrates y sus compañeros filósofos siguen en este lugar. El sol me calienta el rostro. Huelo el polvo abrasado de los caminos, mezclado con la fragancia de los cipreses y los pinos. Oigo los ladridos de los perros y los chillidos de los niños que juegan. Los jóvenes vienen a hacer ejercicio, trotan, saltan a la comba y practican artes marciales.

La Academia era una de las varias *gymnasia* o terrenos de deporte de la antigua Atenas. Todavía se puede bajar a las ruinas de una *palaestra* o escuela de lucha, en medio del parque Akadimia Platonos, como se le conoce hoy. En lugar de los filósofos famosos, son los gatos callejeros los que deambulan entre los escombros. Platón vivía cerca de estos terrenos y aquí enseñaba filosofía. Su casa estaba probablemente a poco más de un corto paseo hacia el noreste, cerca de la colina de Colono. Tras su muerte, enterraron su cuerpo en algún lugar de los alrededores. Tal vez sus restos yazcan aún aquí, bajo mis pies.

Siempre que quiero tener un sentimiento de conexión con la filosofía antigua, sigo el ejemplo de Cicerón y vengo a visitar los terrenos de la antigua Academia ateniense. A menudo recuerdo sus comentarios sobre los grandes pensadores que una vez pasaron por este lugar. Resulta paradójico, pero fijarse en su ausencia los hace más presentes. Me imagino que el mismísimo Cicerón puede doblar la esquina en cualquier momento, tras salir de un bosquecillo de árboles, sumido en una profunda conversación con sus compañeros, seguido pronto por Zenón, el fundador del estoicismo, Diógenes el Cínico, Aristóteles, Platón o incluso Sócrates; dicen que todos ellos pasaron por aquí.

A pesar de encontrarse en ruinas, el espíritu de la Academia todavía perdura. Sirve como recordatorio de una época en la que la filosofía era un viaje compartido, no simplemente un ejercicio académico. Este libro trata de reavivar la sensación de lo que pudo ser caminar por este sitio ofreciendo una exploración contemporánea de la sabiduría socrática y su relevancia práctica para nuestra vida cotidiana, conversando con Sócrates y sus compañeros filósofos.

Mi primer encuentro con la filosofía fue muy distinto. Tenía unos diecisiete años, vivía en Escocia, cuando me topé por casualidad con un ejemplar de la obra magna de Platón, *La República*, mientras husmeaba en la estantería de un desconocido. Es el diálogo más largo de Platón en el que aparece Sócrates. Lo retrata a lo largo de diez capítulos mientras discute sobre la naturaleza de la justicia y el estado político ideal con varios «interlocutores» (el término utilizado para nombrar a los participantes en la conversación).

La República empieza con el personaje de Sócrates diciéndole a un amigo anciano que considera que la vida es un viaje, en el que deberíamos procurar aprender todo lo que podamos de los compañeros que ya han experimentado lo que nos espera. Cuando leí esto, me sentí impaciente por saber qué era lo que Sócrates podía enseñarme sobre mi propio viaje en la vida. Lo que me llamó la atención fue el modo en el que se centraba en cuestiones fundamentales sobre la naturaleza de la sabiduría y los objetivos de la vida. Me pareció que eran el tipo de ideas en las que la mayoría de los que no son filósofos procuran no pensar, hasta que tienen un cara a cara con la muerte o pierden a alguien cercano.

Aquel primer encuentro con la figura de Sócrates, en un diálogo platónico, me marcó el rumbo en la vida. Unos años más tarde ya estaba en la Universidad de Aberdeen estudiando a Platón como parte de una licenciatura en Filosofía. Cuando acabé mi primera licenciatura, empecé una investigación de posgrado en Psicoterapia. En vez de continuar con una trayectoria académica, me incliné por una carrera clínica, y acabé ejerciendo como terapeuta cognitivo-conductual especializado en trastornos de ansiedad.

Todavía bajo el influjo de mi encuentro inicial con Sócrates, comencé a estudiar la relación entre la psicoterapia moderna y sus primeros precursores, en concreto los filósofos estoicos, que enfatizaron y desarrollaron el aspecto terapéutico de la filosofía socrática.

El estoicismo extrajo de Sócrates algunos de sus conceptos propios más importantes. Los pioneros de la terapia cognitivo-conductual (TCC) citan con frecuencia el famoso aforismo del filósofo estoico Epicteto de que «la gente no se altera por los acontecimientos, sino por las opiniones que tienen sobre ellos».[3] Sin embargo, esa misma idea se puede encontrar cuatro siglos antes de Epicteto, en los diálogos socráticos.[4] Esta visión básica de la naturaleza de la emoción nos lleva al uso de la razón como técnica terapéutica, ya que implica que, si queremos mejorar, debemos cuestionar los supuestos que causan nuestra angustia.

Se pueden utilizar muchas técnicas diferentes para cambiar la forma de pensar y nuestras creencias, nuestras «cogniciones», como las llaman los psicólogos. En palabras sencillas, el objetivo de la TCC es sustituir las cogniciones irracionales e insanas por otras racionales y sanas. Una forma obvia de hacerlo es planteando preguntas como:

- ¿Qué pruebas tengo al respecto?
- ¿Cuáles son las consecuencias de ese modo de ver las cosas?
- ¿Cómo podrían otras personas ver esa situación de una forma diferente?

Aaron T. Beck, uno de los fundadores de la TCC, dijo que descubrió esta idea cuando estudiaba *La República* de Platón en un curso universitario de filosofía.[5] Existen incontables estudios de investigación que ahora demuestran que las técnicas de terapia cognitiva de este tipo, dirigidas a las creencias disfuncionales, son capaces de ayudar a las personas que sufren depresión clínica, trastornos de ansiedad y otros muchos tipos de problemas emocionales.

Me asombró cuando todavía era un joven terapeuta en formación encontrarme con antiguos diálogos griegos en los que Sócrates hacía algo que solo puedo describir como un precursor de la terapia cognitiva. En algunas ocasiones se comportaba como un consejero sentimental o un terapeuta familiar, que ayudaba a sus amigos, e incluso a los miembros de su propia familia, a resolver sus conflictos interpersonales. Me pregunté por qué nadie me había dicho nunca que Sócrates practicaba una especie de psicoterapia cognitiva casi dos mil quinientos años antes de que supuestamente se inventara.

Por ejemplo, en una de las situaciones, el hijo adolescente de Sócrates, Lamprocles, se quejaba de su madre, Jantipa, la joven y fogosa esposa del filósofo, que era famosa por su afilada lengua[6]. Me dio la impresión de que Sócrates interrogó a su hijo de un modo increíblemente hábil. Consiguió que Lamprocles admitiera que Jantipa era en realidad una buena madre, que se preocupaba de verdad por él. No obstante, el muchacho insistió en que su comportamiento irritante le parecía insoportable. Tras una discusión, Sócrates le planteó lo que me pareció una ingeniosa pregunta terapéutica: ¿acaso los actores de las tragedias se ofendían cuando otros personajes les insultaban y maltrataban con sus parlamentos? Como recalcó Sócrates, se decían cosas mucho peores que cualquier otra que le hubiera dicho Jantipa.

Lamprocles pensó que se trataba de una pregunta tonta. Por supuesto que no se ofendían, pero eso solo era porque sabían que, a pesar de las apariencias, los demás actuantes no quieren, en realidad, hacerles ningún daño. Es pura farsa. Es verdad, replicó Sócrates, pero ¿no habías admitido hace un momento que tú tampoco crees que tu madre te quiera hacer daño?

Te dejo que reflexiones sobre esta conversación. Espero que te hayas fijado en cómo, con unas cuantas preguntas sencillas, Sócrates ayudó a Lamprocles a examinar su ira desde una perspectiva radicalmente distinta. Cuando los supuestos que alimentan nuestra rabia empiezan a parecernos desconcertantes, entonces es posible que nuestra forma de pensar se haga más flexible, y seamos capaces de empezar a liberarnos de las garras de emociones malsanas. Lo que antes parecía obvio ahora no parece tan claro. De hecho, el breve diálogo que tiene lugar entre ellos resume uno de los temas recurrentes de la filosofía socrática: ¿cómo podemos ser capaces de distinguir entre apariencia y realidad en nuestra vida cotidiana?

Sócrates exhibió una notable habilidad para llevar a cabo una terapia psicológica con problemas tan corrientes como la irritación de un adolescente hacia su madre recalcitrante, al mismo tiempo que planteaba cuestiones filosóficas mucho más profundas. Esto me fascinó porque, aunque la TCC es sin duda muy eficaz, me di cuenta de que muchos de mis clientes se quedaban con ganas de más. Una vez que te das cuenta, por ejemplo, de que las creencias irracionales desempeñan un papel más importante en tus problemas emocionales de lo que habías creído, ¿qué viene después? ¿Era posible que existiera toda una filosofía de vida que se basara en las ideas fundamentales de la psicoterapia moderna, o que, al menos, fuera coherente con ellas?

Sócrates, como la mayoría de los filósofos antiguos, consideraba la búsqueda de la sabiduría y la promesa del bienestar emocional como dos caras de la misma moneda. Insistía en que la tarea que emprendía en nombre de Apolo, el dios de la curación, no era solo filosófica, sino también terapéutica. Su característico método de cuestionamiento pretendía ser un remedio, una ayuda para curarnos de un terrible problema: una forma de engreimiento intelectual que nos ciega y confunde en lo que se refiere a nuestros propios valores. La mayor parte de nuestra vida vamos comportándonos como si supiéramos, o no necesitáramos saber, cuál debe ser nuestro objetivo, qué cosas son buenas y cuáles son malas. Poca gente se toma el tiempo necesario para examinar de un modo crítico estos supuestos.

Por tanto, el enfoque de la superación personal que encontramos en los diálogos socráticos es distinto al que encontramos en el género actual de superación personal o autoayuda. Solemos obtener consejos de autoayuda de los libros de autoayuda. Lo que Sócrates nos dejó en herencia no fue exactamente una serie de respuestas, sino un método para formular preguntas, una técnica para aclarar nuestra forma de pensar y para protegernos de los engaños de los demás, lo que hoy día se conoce como «método socrático».

Este libro no es de autoayuda en el sentido convencional del término. En realidad, podría considerarse como una crítica de aquello en lo que se ha convertido la autoayuda. La experiencia profesional que tengo es que la mayoría de los psicoterapeutas tratan con frecuencia a clientes que se describen a sí mismos como «adictos a la autoayuda» y que han acumulado en sus propias bibliotecas privadas estos libros superventas. Ven vídeos, leen artículos, hacen cursos, meditan, llevan un diario y asisten a talleres, pero a pesar de todo eso, acaban acudiendo a terapia. Como veremos, Sócrates conoció a jóvenes que se encontraban en una situación muy parecida.

Aunque de vez en cuando se sientan mejor como resultado de todos los consejos que consumen, en realidad no están mejorando. A veces incluso empeoran, a pesar de invertir tanto tiempo, energía y dinero en comprar cualquier cosa que les vendan los gurús de la superación personal. Sin embargo, sería mucho mejor que aprendiéramos a usar la razón para resolver problemas de un modo activo y evaluar otras estrategias distintas, en vez de depender de otras personas para que nos aconsejen qué hacer.

Antes incluso de que podamos empezar a pensar en ayudarnos a nosotros mismos, necesitamos, sobre todo, averiguar cuál es nuestro objetivo. La autoayuda no sirve si no sabemos qué es lo que queremos conseguir. Para empezar, tenemos que aprender a centrarnos en el cuadro general y, tal y como insistió Sócrates, debemos plantearnos algunas preguntas difíciles respecto a nuestros valores. Por ejemplo, ¿nuestra «superación personal» debe medirse en términos de objetivos externos, como la riqueza y la reputación, o internos, como la sabiduría y el autodominio? ¿Qué constituye realmente el florecimiento humano o una buena vida?

Internet está repleto de consejos de autoayuda. Los jóvenes, en concreto, se tragan lo que sale a chorros de una tremenda manguera de opiniones sobre cómo deberían vivir. Los jóvenes de Atenas se enfrentaban básicamente al mismo problema. Sus «*influencers*» eran los sofistas, autoproclamados «expertos» o «sabios». Los antiguos atenienses asistían a los discursos de los sofistas, que afirmaban mejorar a sus alumnos, lo mismo que hoy consumimos vídeos de quienes declaran ser expertos en superación personal.

Los sofistas cobraban unos elevados honorarios por enseñar a los jóvenes cómo ser oradores más persuasivos, con la promesa de que así alcanzarían el éxito en la vida pública. Todas estas personas influyentes modernas a menudo afirman que son capaces de enseñarnos a tener éxito en nuestras relaciones y carreras profesionales. Aunque, a pesar de estar separados por más de dos mil años, los antiguos sofistas y estos modernos «influyentes» a veces pueden sonar de lo más parecidos. Esto se debe a que a menudo le dicen a su público precisamente lo que quiere oír o lo que saben que llamará su atención, algo que Sócrates describió como «complacencia». Los jóvenes compiten con sus iguales por nuestros elogios: los antiguos sofistas en busca de aplausos; los influyentes de las redes sociales por los «me gusta». Es algo que les lleva de un modo inevitable a apelar a los prejuicios que ya tenemos en vez de cuestionarlos. Pero ¿y si esta clase de relación nos perjudica más que nos beneficia?

El hecho de aceptar esta forma de pensar de un modo pasivo hace que corramos el riesgo de volvernos peligrosamente dependientes de las opiniones de otras personas, lo que reduce nuestra capacidad de pensar por nosotros mismos. Conseguimos opiniones, la apariencia de conocimiento, en vez de conocimiento propiamente dicho. Una persona influyente en la autoayuda puede decirte que seas asertivo, mientras que otra que practiques la aceptación. Los consejos o normas que funcionan en una situación, como, por ejemplo, «limpia tu cuarto», «céntrate en lo positivo» o «respira con el abdomen», pueden convertirse en una carga si intentamos seguirlos en otras circunstancias. Las normas funcionan hasta que dejan de hacerlo; los consejos son buenos hasta que dejan de serlo. Ni siquiera el mejor consejo puede sustituir a la verdadera sabiduría. Por supuesto, es mucho más saludable ser capaz de adaptar tu modo de afrontar las exigencias ante cualquier situación. El hecho de confiar en la guía moral o psicológica de otra persona es como confiar en sus indicaciones para atravesar un bosque: solo sirve hasta que vuelves a perderte. A la larga, te iría mucho mejor si aprendieras a utilizar un mapa y una brújula, es decir, si te guiaras por la razón y por tu propia filosofía de vida.

Si dependes demasiado de las redes sociales y de los libros de autoayuda para orientarte, corres el riesgo de volverte como esas almas perdidas descritas por otro autor antiguo. Habían tomado por costumbre consultar oráculos y adivinos antes de tomar cualquier decisión, por lo que habían perdido la capacidad de pensar por sí mismos:

> Debido a su excesiva reverencia por los presagios [o los consejos], se dejan guiar por las palabras de otros en vez de por su propio corazón, y se arrastran por los callejones recogiendo consejos de los comentarios de otras personas, pensando con los oídos, por así decirlo, y no con el cerebro.[7]

Sócrates también se dio cuenta de que hay un peligro en el hecho de «pensar» con nuestros oídos en lugar de usar la razón. No adquirimos sabiduría simplemente prestando atención a las opiniones de los demás. La sabiduría exige saber recorrer tu propio camino de la vida aprendiendo a hacer a los demás, y a uno mismo, las preguntas adecuadas.

A lo largo de este libro exploraremos algunas de estas preguntas, además de técnicas cognitivas diseñadas para ayudarnos a adquirir conocimientos relacionados con ellas. Sin embargo, debemos prepararnos desde el principio para la posibilidad de que reflexionar de un modo filosófico sobre nuestros valores más profundos nos lleve a cuestionar algunos de los valores predominantes de la sociedad en la que vivimos.

A medida que me interesaba más y más por la vida de Sócrates y la época histórica en la que vivió, me sorprendía el gran número de paralelismos con la historia más reciente. La Atenas en la que vivió Sócrates era una democracia apenas recién creada, en la que quedaron al descubierto los puntos fuertes y débiles básicos de este sistema político. Al principio, su ciudad floreció y forjó sólidas alianzas bajo el liderazgo de grandes estadistas, en los que el pueblo creía de todo corazón. Aun así, tras el estallido de una gran guerra y una epidemia devastadora, su confianza en el gobierno se vio debilitada, lo que llevó a la división entre dos facciones políticas que se volvieron más extremas y polarizadas a medida que luchaban por el control del Estado. Los sistemas político y jurídico de Atenas se resintieron bajo el peso de la corrupción, ya que hubo quienes explotaron al máximo sus puntos débiles. Los demagogos no tardaron en darse cuenta de que las medidas populistas y la retórica emotiva se podían utilizar para manipular al pueblo y hacer cambiar los votos en la Asamblea mediante el truco de utilizar las debilidades humanas como la codicia, el miedo y la ira.

Los sofistas en su función de asesores profesionales se hicieron cada vez más famosos y asombrosamente ricos enseñando a los políticos el arte de la persuasión. Estos individuos también daban discursos famosos, con los que a menudo explotaban las inseguridades y los prejuicios comunes. Se desarrolló una curiosa mezcla de retórica política y de superación personal, que animó a los jóvenes privilegiados a considerar el desprecio por los que ellos consideraban sus inferiores como algo «fuerte» y «varonil». El sometimiento violento de las naciones foráneas en el extranjero y la pérdida total de fe en el proceso democrático en el interior condujeron, con el paso del tiempo, a golpes de Estado, purgas políticas e incluso a la guerra civil. Sócrates no se alineó explícitamente con ninguna facción política o sistema de gobierno, ya que su principal preocupación era si quienes ejercían el poder poseían o no la sabiduría y la virtud que pudieran hacerles competentes para estar a cargo del Estado. Aun así, se vio obligado a ver cómo la democracia ateniense se veía secuestrada, primero por los demagogos, y luego volvía a convertirse en una «oligarquía», es decir, el gobierno de unos pocos, que al final se derrumbó convertida en una «tiranía», o lo que nosotros llamamos «autoritarismo».

Dejaré que te fijes en otros paralelismos concretos entre la antigua Atenas y nuestro panorama político moderno. Es posible que cada persona saque conclusiones propias y muy distintas, e incluso opuestas, sobre las lecciones que debemos aprender. A pesar de esto, la mayoría estaremos de acuerdo en que las luchas de la democracia ateniense a lo largo de la Guerra del Peloponeso, que marcó el principal periodo de la vida de Sócrates, que es la que nos ocupa, nos proporcionan una clara advertencia tanto de la fragilidad del sistema democrático como sobre su vulnerabilidad respecto a la capacidad de abuso de las personas. Sócrates, en todo caso, criticaba el sistema democrático ateniense; en concreto, la facilidad con que los oradores podían influir en los votos complaciendo las peores tendencias —o vicios— del pueblo. No obstante, quizá la capacidad de razonar del modo adecuado y de mantener la conciencia, lo mismo entonces que ahora, sea nuestra mejor defensa contra la retórica del miedo y la ira que amenaza con destrozar nuestra propia democracia, como en su día destrozó la de Atenas.

Los diálogos socráticos

A medida que con el paso de los años se profundizaba mi valoración de los diálogos socráticos, me pregunté qué tipo de libro podría ayudar a mis pacientes de terapia cognitiva a beneficiarse de la filosofía socrática. También me pregunté cómo le presentaría la sabiduría de Sócrates a mi yo adolescente si tuviera la capacidad de retroceder al pasado. Este libro es mi respuesta a esas preguntas, un reflejo de mi propio viaje y de mi esperanza de abrir de par en par las puertas de la antigua filosofía griega a los demás.

Los próximos capítulos te llevarán de vuelta a la antigua Atenas y te permitirán ver a Sócrates enfrascado en diálogos con sus estudiantes. Los diálogos que encontrarás proceden de las fuentes originales que se han conservado durante unos veinticuatro siglos, por la sencilla razón de que se consideran de excepcional valor literario y filosófico. Por suerte, a pesar de que se ha perdido gran parte de esta literatura antigua, han sobrevivido las obras completas atribuidas a Platón, incluidos sus treinta y cinco diálogos protagonizados por Sócrates. También disponemos de unos cuarenta diálogos, en su mayoría bastante breves, de Jenofonte, otro amigo y alumno de Sócrates. Sus contemporáneos escribieron muchísimos más, pero ninguno de sus trabajos ha sobrevivido, a excepción de algunos fragmentos de otro filósofo llamado Esquines. Los antiguos filósofos empezaron a aprender a pensar como Sócrates sobre todo mediante el estudio de estos diálogos, y siguiendo su ejemplo.

Para este libro he adaptado muchos de los diálogos antiguos. Con tal de hacer que las ideas que albergan sean más accesibles a los lectores modernos, he extraído las partes más importantes de los diálogos más largos, he simplificado los argumentos, he aclarado la terminología, he combinado elementos de diferentes textos y, a veces, de diferentes autores, y los he modificado de innumerables maneras. Cuando me ha parecido que funcionaba mejor, he adaptado el diálogo hablado por un personaje y se lo he atribuido a otro[8]. En algunas páginas he creado pasajes de diálogos por completo nuevos, basados libremente en la información disponible sobre Sócrates y sus compañeros. También proporciono información sobre algunos de los interlocutores, acontecimientos y escenarios más importantes, que Platón y Jenofonte daban por hecho que su público ya conocía.

Quiero insistir en que estos diálogos no pretenden ser representaciones históricamente exactas de las conversaciones que mantuvo el verdadero Sócrates, pero lo cierto es que tampoco lo son las que escribieron Platón y Jenofonte. No obstante, este libro se basa en fuentes históricas y, con él, lo que pretendo es captar el estilo de Sócrates y la esencia de sus ideas y preguntas; en otras palabras: ser fiel a los puntos de vista filosóficos atribuidos a Sócrates.

Mientras lees los diálogos socráticos, ya sean los antiguos o las versiones adaptadas de los próximos capítulos, tendrás la oportunidad de acompañar a los participantes en una aventura de naturaleza tanto filosófica como psicológica. Podrás, aunque solo sea durante cierto tiempo, convertirte en Sócrates y sus interlocutores y participar en una especie de psicodrama filosófico. Estés de acuerdo o no con lo que dice Sócrates, puede que te asombren sus preguntas y cómo, a través de ellas, quedan refutadas tus creencias más arraigadas, quizá te sientes confuso o vislumbras alguno de esos destellos de perspicacia, esos llamados momentos «¡ajá!».

Esto puede resultar inquietante al principio. Mientras que a algunas personas les encantaba que Sócrates las interrogara y encontraban la experiencia adictiva, otras se enfurecían, indignaban y avergonzaban cuando su confusión oculta quedaba al descubierto. ¿Recuerdas alguna ocasión en la que te hicieran ver que habías cometido un grave error? Se requiere paciencia y tolerancia para someter voluntariamente tus creencias más profundas a un examen en profundidad. A menudo, nos quedamos sabiendo menos sobre la vida de lo que creíamos saber al principio. Los filósofos griegos lo llamaban *aporía*, es decir, un profundo estado de confusión y desorientación. Platón decía que los interlocutores de Sócrates, tras ser interrogados, a veces se sentían como si hubieran rozado un «pez torpedo», un rayo eléctrico, y hubieran recibido una potente sacudida que los dejaba temporalmente aturdidos.

¿Por qué iba a querer nadie experimentar el famoso aguijonazo doloroso de ese tal Sócrates? Nuestra certidumbre moral funciona como una protección a la que nos aferramos para sentir seguridad. Aunque esa sensación de confort se base en una ilusión, llega a ser muy preciada, y podemos llegar a sentir ansiedad si alguien amenaza con arrebatárnosla. Preferimos que los expertos, como los sofistas o sus descendientes modernos, nos complazcan porque nos resulta más fácil. Lo que ganamos al ser interrogados por Sócrates es algo menos tangible y más difícil de definir, porque se trata más bien de aprender a utilizar un método filosófico que de simplemente «aprender» a memorizar el contenido de doctrinas concretas.

Platón hizo una famosa comparación del beneficio de la filosofía con la experiencia de alguien que ha pasado su vida encadenado en una cueva, observando las sombras proyectadas en la pared.[9] Supongamos que un día el prisionero escapa y contempla el mundo real que existe fuera de la cueva. Al principio, queda deslumbrado por la luz y, cuando vuelve, explica a sus compañeros de cautiverio que lo que están viendo no son más que sombras proyectadas por diversos objetos. Ellos, por supuesto, piensan que ha perdido la cabeza.

Esto es lo que experimenta cualquiera que se haya percatado de la falsedad de una ilusión común. Sócrates intenta sacarnos de ese trance haciéndonos preguntas, pero los beneficios del despertar pueden ser difíciles de describir a los que todavía se encuentran bajo el engaño. Sin embargo, puede decirse que la meta prometida que nos espera consiste en una mayor libertad. Creo que esta libertad socrática se asemeja a lo que los psicólogos modernos llaman «flexibilidad cognitiva», o disposición a la exploración de perspectivas alternativas, un rasgo que tiene el potencial de mejorar la salud mental y la resiliencia emocional.

Los diálogos socráticos que nos conducen hasta allí pueden considerarse un «curso de choque» filosófico, en el que se ponen a prueba nuestras creencias sobre la vida. Cuando los leemos de la forma adecuada, lo que hacemos es utilizar nuestra imaginación para ensayar mentalmente el hecho de estar allí en plena conversación con Sócrates y sus acompañantes. Así podemos desarrollar habilidades de pensamiento que nos beneficien en el mundo real y nos liberen de errores comunes. Imagina, por ejemplo, que te conviertes por un momento en el venerable sofista Protágoras, o en el carismático joven noble Alcibíades, y dejas que el drama del diálogo se desarrolle en tu propia mente. Si eres capaz de verdad de experimentar el impacto de las preguntas de Sócrates, es posible que aprendas a pensar de forma más crítica y reflexiva. Estas habilidades pueden ayudarte cuando te enfrentes a las afirmaciones de los sofistas modernos en Internet, o a figuras de autoridad en otros ámbitos de la vida. Pero requiere práctica. Por eso es mejor abordar cada diálogo en una *palaestra* mental distinta, en un campo de entrenamiento diferente donde practicar el método socrático.

Sócrates es importante no solo porque es la fuente originaria de la que procede la mayor parte de la filosofía tal y como la conocemos hoy en día, sino también porque gran parte de nuestra literatura moderna sobre la mejora personal está, en última instancia, en deuda con él. En cierto modo, Sócrates es el bisabuelo de la autoayuda y de la psicoterapia modernas. En algunos casos, la tradición filosófica y terapéutica que él inició ha degenerado inevitablemente en la «complacencia» de los sofistas. Aun así, si volvemos a su método original, comprenderemos mejor todo lo que vino después y seremos capaces de aprender a encontrar nuestro propio camino en el bosque de los consejos de superación personal. Si logramos imaginarnos a Sócrates de un modo que haga que su filosofía cobre vida, podremos seguir sus pasos durante un breve tiempo, aprenderemos a hacernos algunas de las preguntas que él se hacía y reflexionaremos sobre nuestras vidas con mayor profundidad de lo que estamos acostumbrados. Lo que esto promete es algo más de lo que suelen ofrecer las obras modernas de autoayuda: una forma de vivir, guiada por nuestra propia razón y no por los consejos de otros, que puede llevarnos a la libertad y la auténtica plenitud.

Este libro cuenta la vida de Sócrates como si fuera un viaje filosófico. Es un relato «dramatizado», en el que se trata a Sócrates como un personaje literario para explorar la relación entre su pensamiento y su vida. Espero que, al menos en algunos momentos, tengas la sensación de que estás leyendo una biografía histórica, pero, en realidad, más de la mitad de este libro lo componen diálogos en los que se aplican conceptos filosóficos extraídos de textos clásicos. Considéralo una invitación a acercarte a la filosofía no como un tema erudito y abstracto, sino como una guía práctica para la vida. Sócrates, como dice Plutarco, fue el primero en demostrar que la filosofía se puede aplicar a nuestras vidas en todo momento y en todos los aspectos, y a cada una de nuestras experiencias y actividades.[10] Puede que no dispongamos de un relato muy fiable de la vida de Sócrates, pero lo que sí tenemos son historias sobre él y las conversaciones que le atribuyen sus alumnos. Lo que más importa no es si Sócrates hizo o dijo realmente ciertas cosas, sino si tú y yo podemos beneficiarnos hoy de las ideas que se le atribuyen, o conseguir información del tipo de preguntas que se dice que hizo. Según Platón, por ejemplo, el propio Sócrates nos habría dicho:

> Si sigues mi consejo, te importará poco Sócrates y mucho más la verdad. Si crees que digo la verdad, muéstrate de acuerdo conmigo; pero si no, resísteme con todos los argumentos que puedas reunir.[11]

Nunca conoceremos al verdadero Sócrates. No obstante, la figura literaria de «Sócrates», la que se encuentra en los diálogos, nos dice que debemos aprender a conocernos a nosotros mismos. A lo mejor, aunque su historia mezcle realidad y ficción, al narrarla de un modo que ponga de relieve ciertas cuestiones y su relevancia para la superación personal, pueda ayudarnos a vislumbrar la verdad sobre nosotros mismos hoy y liberarnos de ciertos errores que, de otro modo, podrían cegarnos y mantenernos aprisionados.

1
EL JUICIO

—No puedo afirmar con certeza, compatriotas atenienses, cómo os han afectado las palabras de mis acusadores. De lo que sí estoy seguro es de que hablaron de forma tan persuasiva que casi me hicieron olvidar quién era.[1]

Estamos en el año 399 a. C. El filósofo Sócrates, descalzo como de costumbre y vestido con su raída capa, se ha puesto en pie para dirigirse a un jurado de varios centenares de atenienses apiñados ante él en la sala del tribunal. Están en el Ágora, el centro urbano de Atenas. Muchos de los presentes apenas pueden contener su rabia. Lo que dice a continuación no hace sino provocarlos todavía más.

—Algunos de ustedes quizá piensen que estoy bromeando; les prometo que no es así. Lo que yo afirmo es que me gané tan mala reputación entre ustedes precisamente por la sabiduría que poseo.

La sala permanece en silencio, pero tan solo porque sus ocupantes están momentáneamente pasmados por esta observación.

Sócrates continúa:

—Los filósofos que me precedieron, y con los que se me ha comparado falsamente, afirmaban poseer una sabiduría sobrehumana. Profesaban saber cosas que ningún hombre sabe con certeza: sobre la naturaleza del sol y de la luna y otros asuntos por el estilo. La sabiduría que yo adquirí, por el contrario, era la propia de los mortales. Me han oído decir muchas veces en el pasado que mis propias investigaciones no tienen nada que ver con lo que hay bajo tierra, en el Hades, o con lo que se encuentra por encima de nosotros en el reino celestial de los dioses. ¡No soy esa clase de filósofo!

Con esos ojos saltones, esa nariz respingona, esa cabeza calva y esos gruesos labios que le sobresalen de la barba, les recuerda a un tosco personaje de comedia, o a los bestiales sátiros de la leyenda: no les gusta su aspecto y no confían en él. A pesar de ello, los mira sin temor y habla con una seguridad absoluta.

—Me he ocupado de algo mucho más cercano: «Lo que sea bueno o malo en una casa», por tomar prestada una frase de Homero. Es en esto, en el campo del conocimiento más apropiado para la vida de los mortales, en el que sí me considero sabio.

Los enfurecidos miembros del jurado se aprietan contra la barandilla con los ojos encendidos mientras no cesan de lanzarle insultos al filósofo acusado. Algunos incluso empiezan a pelearse entre ellos. Sócrates, a pesar de tener setenta años, no se inmuta en absoluto. Sin embargo, debe dejar de hablar mientras los encargados del tribunal, con cierto esfuerzo, restablecen el orden. Ni su joven esposa, Jantipa, ni sus hijos están presentes. Nadie se ha sorprendido de que insistiera en que se quedaran en casa. Todos, no obstante, lamentan la ausencia de Querefonte, el amigo de la infancia de Sócrates y compañero filósofo, recientemente fallecido. Uno de los jóvenes alumnos de Sócrates, Jenofonte, que más tarde llegaría a hacerse famoso, está ausente por el servicio militar. La mayoría de sus demás amistades están aquí: Critón, su compañero de toda la vida, un rico agricultor que creció en Alopece, el mismo demo (barrio de las afueras) ateniense que Sócrates; Fedón de Elis, el hermoso joven noble a quien Sócrates había rescatado de una vida de esclavitud tras ser capturado y vendido a un burdel ateniense; Platón, uno de los jóvenes y ricos alumnos aristocráticos de Sócrates, que años más tarde se convertiría en el filósofo más famoso de Atenas. Todos y cada uno de ellos tiene un aspecto de profunda preocupación por la creciente hostilidad de la multitud.

Unos días antes, Meleto, un joven aspirante a poeta, desconocido para Sócrates, de nariz larga, barba desaliñada y cabello lacio, le había entregado lleno de nervios una citación verbal. Las calles de Atenas bullían llenas de corrillos donde se hablaba de las acusaciones. Quinientos jurados, más uno para evitar un empate, se habían presentado en la *Heliaia*, o tribunal supremo, la mañana del juicio. Se sentaron en los bancos delante de los litigantes, separados de ellos por una barandilla de madera sagrada, que ayudaba a impedir las peleas. Otros cientos de observadores se agolpaban también en la sala. El sol caía con crueldad sobre sus ocupantes a través de un techo abierto. Por encima de ellos, a lo lejos, en lo alto de la Acrópolis, una colosal estatua de bronce de la diosa Atenea vigila los juicios desde el Partenón, su templo.

El jurado estaba compuesto únicamente por ciudadanos atenienses varones mayores de treinta años. Aunque se les elegía por sorteo y, por tanto, procedían de distintos estratos sociales, la mayoría eran veteranos de la Guerra del Peloponeso, y se sentían muy agradecidos por los tres óbolos diarios que el Estado les pagaba por cumplir esa tarea. Se rezó y se ofrecieron los sacrificios necesarios para santificar el acto. El aire del edificio no tardó en llenarse del humo dulce y almizclado procedente del incienso, que duró el día entero, lo que les recordaba a todos su juramento a los dioses. También ayudaba a disimular el olor de cientos de cuerpos sudorosos apiñados.

—Votaré de acuerdo con las leyes —prometieron—. En cuanto a los asuntos sobre los que no hay leyes, emitiré mi voto de acuerdo con la comprensión más justa de las cosas, y no por favor ni por enemistad —continuaba el juramento. También prometieron escuchar por igual a acusadores y acusados y excluir de la consideración cualquier asunto que no tuviera que ver con el caso de la acusación.

—Lo juro por Zeus, Apolo y Deméter —terminaron por murmurar. Además, afirmaron que los dioses les bendecirían si cumplían su palabra y les maldecirían si la incumplían.

A pesar del solemne juramento que prestaban, un escritor satírico contemporáneo afirmaba que muchos jurados tenían una mentalidad demasiado mezquina para emitir sus votos de forma desapasionada. Decía que se enajenaban llenos de prepotencia al tener a los grandes y buenos de Atenas acobardados a sus pies, sobre todo a intelectuales engreídos como Sócrates. Según Aristófanes, pedir clemencia a algunos de estos jurados era tan inútil como intentar cocer una piedra.[2] Los comparó con un enjambre de avispas furiosas, que se deleitaban en poder infligir un gran dolor. También afirmaba que los funcionarios del tribunal que supervisaban los juicios eran fácilmente sobornables. No todos los jurados de Atenas se parecían a los viejos y amargados entrometidos a los que despreciaba, pero sus caricaturas debían de ser reconocibles para los espectadores que se reían de ellas. Tal vez los miembros del jurado también vieran algo de sí mismos en el protagonista de otra obra de Aristófanes, *Las nubes*, que acaba intentando escarmentar a Sócrates quemando su escuela hasta los cimientos. Estaba claro desde el principio que era poco probable que el filósofo más controvertido de Atenas tuviera un juicio justo.

El heraldo había anunciado formalmente los cargos.

—Meleto, hijo de Meleto de Pito, ha presentado bajo juramento la siguiente denuncia contra Sócrates, hijo de Sofronisco de Alopece. —Leyó en voz alta la declaración jurada—. Sócrates infringe la ley porque no reconoce a los dioses reconocidos por la ciudad y porque introduce otras divinidades nuevas; e infringe la ley porque corrompe a la juventud.[3]

El jurado escuchó entonces la intervención de Meleto, seguido de Ánito y Licón, los testigos de cargo. Ánito, el más famoso de los tres, había heredado una próspera curtiduría. Fingió representar los intereses de otros artesanos y se convirtió en un destacado político demócrata. Como en el pasado había sido acusado de sobornar a todo un jurado, pidió o, según una fuente, pagó a su amigo Meleto para que presentara los cargos en su lugar. Contaban con la ayuda de Licón, un orador agitador (poco más sabemos de este hombre). Sócrates afirmó que los testigos habían cometido perjurio al prestar falso testimonio contra él. El jurado escucharía por fin al filósofo hablar en su propia defensa antes de votar su culpabilidad y la condena a muerte que Meleto había solicitado oficialmente.

Sócrates, que había estado paseándose de un lado a otro de la tribuna, se detiene y se vuelve hacia los miembros del jurado mientras pide pacientemente que no le interrumpan.

—Veo que algunos de ustedes se están enfadando, pero, aunque parezca una afirmación presuntuosa, la palabra *sabiduría* no la elegí yo, sino Apolo, dios de Delfos.

En cuanto menciona al dios, la sala vuelve a enmudecer, salvo por el incesante goteo del reloj de agua situado junto a la entrada, que cronometra los juicios. Durante un rato Sócrates se queda inmóvil, con el rostro congelado y el ceño fruncido. Perdido en sus pensamientos, mira a lo lejos por encima de las cabezas de los miembros del jurado. Era una expresión muy familiar para sus amigos, que significaba que estaba sumido en una profunda contemplación. Al verle así, algunos de ellos recordaron una escena sucedida décadas atrás, ante un templo de otro mundo, en las laderas del monte Parnaso. Allí empezó realmente su historia, o eso le gustaba decir a él. Su amigo de la infancia, Querefonte, estaba con él en ese momento, agitando sus largos y delgados brazos, mientras ambos hablaban con entusiasmo sobre dos famosas palabras, inscritas en un pilar junto al umbral del templo de Apolo.[4]

Delfos se encuentra a varios días de camino al noroeste de Atenas, en la ladera de la montaña donde Apolo, hijo de Zeus, supuestamente mató a un dragón llamado Pitón. Según la leyenda, Zeus también había arrojado allí una gran piedra, llamada *Omphalos* ('ónfalos') u ombligo, porque marcaba el centro del universo. Este peñasco sagrado se encontraba en el recinto del templo délfico de Apolo. Los griegos de todo el Mediterráneo viajaban allí cada cuatro años para asistir a los Juegos Píticos, en honor de la victoria de

Apolo sobre el dragón. Se trataba de un lugar misterioso, lleno de tesoros de tierras lejanas. Desde este lugar sagrado, en las montañas, los problemas mundanos parecían relativamente fugaces y sin importancia. Casi se podía creer que aquel sitio era, de hecho, el centro del universo. El templo también se encontraba en el centro de la filosofía: en cierto sentido, era la cuna de la sabiduría griega.

En Delfos habían inscrito dos máximas muy importantes. La primera, y con mucho la más famosa, decía: *Gnothi Seauton*, «Conócete a ti mismo».[5] A Sócrates le encantaba esta inscripción, a la que a menudo hacía referencia, y que había estudiado con sus propios ojos. A lo largo de los siglos venideros, los filósofos escribirían libros de muchos volúmenes tratando de interpretar estas dos palabras. Allí a la entrada de la morada del dios inmortal, el significado más obvio era que debemos recordar que somos mortales y actuar en consecuencia: conocerse a uno mismo es saber que uno, a diferencia de los dioses, debe morir.[6] Sócrates consideraba que la filosofía era, en cierto modo, una meditación sobre la muerte que duraba toda la vida. Se había reconciliado desde hacía mucho tiempo con su propia mortalidad, por lo que no se inmutaba ante la amenaza de ejecución que se cernía sobre él.

—La mayoría de ustedes conocieron a Querefonte —dice Sócrates en voz baja, rompiendo el silencio. Vuelve de nuevo la mirada hacia quienes le escuchan y otea lentamente la sala—. Era mi amigo desde la infancia. También era vuestro amigo. Se exilió con el pueblo y regresó a Atenas tras la derrota de los Treinta Tiranos. —Muchos asienten, y la sala permanece en silencio, aunque algunas expresiones se ensombrecen aún más. Sócrates continúa—: Un individuo muy impetuoso. Realizó el viaje hasta Delfos y le preguntó...

Varios miembros del jurado reanudan bruscamente sus gritos, causando un alboroto y obligándole a esperar mientras se restablece el orden. Una vez más, pide de manera educada que no se le interrumpa, pero tiene que alzar la voz para que se le oiga por encima de los murmullos contrariados.

—Le preguntó... —A pesar de los gritos de enfado de los miembros del jurado, Sócrates continúa—: Le preguntó al oráculo si había alguien más sabio que yo. El dios Apolo habló por boca de su sacerdotisa y respondió que ningún hombre es más sabio que Sócrates.

Algunos miembros del jurado comienzan a abuchearle, pero se ven acallados por otros, que les instan a escuchar al acusado. Sócrates señala a la galería.

—Aunque mi amigo Querefonte ya no se encuentra entre nosotros, su hermano menor, Querécrates, sí que está hoy en el tribunal y confirmará que cada palabra que acabo de decir es la verdad.

Ante esto, Querécrates asiente con lentitud y con la mirada fija en Sócrates. Ya tiene los ojos llenos de lágrimas porque parece tener claro cómo acabará el día.

—¿Por qué lo menciono? —pregunta Sócrates mientras se inclina hacia delante. Se da cuenta de que sacar el tema ha molestado a muchos en la sala. Baja la voz y mira directamente a los más enfurecidos—. Para explicar cómo me he ganado tan mala fama.

Sócrates espera a que se apaguen sus murmullos antes de comenzar su relato.

—Cuando las palabras del oráculo llegaron a mis oídos, me quedé perplejo, e inmediatamente me pregunté: «¿Qué puede haber querido decir Apolo al afirmar que yo, Sócrates, era el más sabio de todos los hombres?». Se trataba de un enigma para el que aún no tenía respuesta, pues yo sabía que no poseía sabiduría alguna, ni grande ni pequeña. Pero, Apolo es un dios, por lo que iría contra su naturaleza profetizar una falsedad.

De hecho, como todos los presentes se dan cuenta, habría sido un ultraje que Sócrates se hubiera presentado ante un tribunal y hubiera acusado al dios de mentir.

—Después de pensar en ello durante mucho tiempo, se me ocurrió un método para poner a prueba su respuesta. Me di cuenta de que, si lograba encontrar a alguien más sabio que yo, podría volver a Delfos y presentar al dios pruebas contrarias a su afirmación. Al señalar una aparente excepción a esa afirmación, le obligaría a aclarar lo que había querido decir. De hecho, procedería de forma parecida a como se hace aquí, en un tribunal, cuando se impugna el testimonio de un testigo. Le diría: «Habéis afirmado que yo soy el más sabio de todos los hombres, pero aquí hay un hombre que es evidentemente más sabio que yo».[7] Por lo tanto, me dirigí directamente a alguien que tenía una gran reputación por su sabiduría, un famoso estadista, cuyo nombre no necesito mencionar.[8] Una vez que empecé a hablar con él en persona, me resultó imposible creer que fuera en realidad sabio, aunque mucha gente, sobre todo él mismo, lo consideraba así.

Sócrates continuó:

—Traté de demostrarle que, aunque se creía extremadamente sabio, estaba equivocado. Eso provocó que su resentimiento hacia mí aumentara, y su odio lo compartieron varias de sus amistades que escucharon nuestra conversación. Cuando me alejé de su compañía, empecé a pensar para mis adentros que, aunque no podía creer que ninguno de los dos supiera nada en verdad importante sobre «el bien» o el objetivo de la vida, yo era mejor que él en ese sentido. A pesar de no saber nada, creía de manera errónea que sabía cosas de gran importancia. Yo, en cambio, ni sabía ni creía saber tales cosas. Así pues, ya solo en ese aspecto del pensamiento parecía tener ventaja sobre este tipo de individuos. Me di cuenta de que era ignorante en cuanto a la verdadera naturaleza de la bondad, la belleza y otras cosas semejantes.

»Así que continué mi búsqueda, yendo de un hombre a otro, poniendo a prueba de esa misma manera a todos los que tenían pretensiones de sabiduría y, al hacerlo, muchos otros se volvieron contra mí. Algunos difundieron rumores, otros me increparon y unos pocos incluso me agredieron a puñetazos por la calle. Todo esto lo soporté sin quejarme. La idea de enfadarme con mis agresores me parecía tan inútil como culpar a un asno por darme una patada o a un perro por ladrarme. Al principio, me preocupaba bastante la hostilidad que provocaban mis preguntas. Sin embargo, me pareció que la única opción que tenía era perseverar. La palabra de Apolo era más importante que mi propia reputación. Me comprometí a buscar a cualquiera que pareciera tener conocimientos y con ello resolver el enigma de su oráculo.

»Esta búsqueda que emprendí fue mi equivalente a los poderosos Trabajos de Heracles. Vagué de un lugar a otro, siempre en busca de un sabio. Y os lo juro por el perro, ciudadanos de Atenas, que debo deciros la verdad sobre el resultado de mi misión. Lo que descubrí, después de mucho investigar, fue que los hombres con mayor reputación de sabios eran a menudo los más necios. Otros a los que la mayoría tenía en menor estima eran, de hecho, mucho más sabios y mejores hombres.

Esto provoca murmullos en el jurado, ya que no todos parecen mostrarse de acuerdo con la observación de Sócrates.

—Mis trabajos me hicieron ganarme enemigos, muchos de los cuales eran hombres influyentes, y es la única razón de mi situación actual. Me llaman «sabio» quienes creen que poseo la sabiduría que otros no tienen. Pero la verdad es que solo Dios es sabio. Lo que Apolo quería demostrar con su afirmación era que, en comparación, la sabiduría de los hombres tiene poco o ningún valor. Cuando utilizó mi nombre fue como ejemplo de una verdad más general, como si dijera: «El más sabio es aquel que, como Sócrates, se da cuenta de que su aparente sabiduría no vale nada». Por lo tanto, después de todos estos esfuerzos, me vi obligado a resolver que la afirmación del oráculo no podía refutarse, pero también creí estar más cerca de comprender su significado.

Sócrates no se comportaba como era de esperar de un individuo al que estaban juzgando. Estas palabras en concreto molestaron a muchos miembros del jurado, ya que parecía haber puesto en duda su propia sabiduría. Como en los tribunales atenienses no había jueces, todo se les debía decir a los jurados. Sócrates iba en contra de las convenciones al referirse a ellos simplemente como sus compatriotas atenienses en lugar de hacerlo de una manera más formal como «hombres del jurado»; no parecía considerarlos sus jueces.

—Así que voy por el mundo, en obediencia al dios, buscando signos de auténtica sabiduría en aquellos, ya sean ciudadanos o extranjeros, que parecen ser sabios —continúa diciendo—. Si se demuestra que carecen de sabiduría, la afirmación del oráculo queda reivindicada. Esta vocación ha consumido mi vida hasta tal punto que no tengo tiempo libre para asuntos de interés público ni para mis propios asuntos privados. De hecho, me encuentro viviendo en la pobreza a causa de mi devoción a la filosofía y mi servicio a Apolo.

Sócrates tenía una forma de andar a grandes zancadas y de clavar la mirada de un modo tan intenso en aquellos con quienes hablaba, que hacía que algunos de los hombres del jurado se sintieran como espadines acechados por un pelícano hambriento. Muchos se sentían agraviados por la sensación de que eran ellos quienes estaban siendo juzgados por el acusado. A pesar de sus miradas hostiles, continúa:

—Algunos de vosotros diréis: «¿No te avergüenzas, Sócrates, de haber seguido un camino en la vida que está destinado a llevarte a una muerte prematura?». Os equivocáis si creéis que un hombre bueno debe tomar sus decisiones teniendo en cuenta las posibilidades de vivir o morir. Tan solo debe considerar si está haciendo el bien o el mal. De lo contrario, según vuestro criterio, debemos suponer que Aquiles y los demás héroes que cayeron en Troya eran individuos despreciables. Porque arriesgaron sus vidas, según Homero, despreciando el deshonor más de lo que temían el peligro. De hecho, dondequiera que esté el lugar de un hombre, ya sea por elección propia o a instancias de su caudillo, allí debe permanecer. Incluso en el momento de mayor peligro, debe mantenerse firme y prestar atención solo a su honor, y sin temer ni por un momento a la muerte.

»A mí me ordenaron, junto con los demás soldados, permanecer en mi puesto y mirar a la muerte a la cara los generales que elegisteis para comandarnos en Potidea, Delio y Anfípolis. ¿No sería extraño, por tanto, hombres de Atenas, que ahora hiciera lo contrario y huyera del peligro? Apolo me ha ordenado, según tengo entendido, que emprenda la misión de un filósofo más que la de un soldado. El camino de la filosofía me ha traído a esta sala, donde ahora me enfrento a la amenaza de una ejecución. Sería a la vez extraño y contradictorio por vuestra parte elogiarme por enfrentarme a la muerte para proteger nuestra ciudad, pero culparme por hacerlo para preservar el carácter de sus ciudadanos. ¿Qué valor tienen las murallas de la ciudad si los hombres que están dentro de ellas no son buenos?

»La verdad es que si hubiera desobedecido al oráculo de Apolo y hubiera abandonado mi vocación filosófica por miedo a enfrentarme a una sentencia de muerte, me habríais acusado de impiedad con la mayor de las justificaciones, porque entonces sí que habría fingido tener conocimientos divinos, creyéndome sabio en cosas en las que no lo era. El mayor de los miedos del hombre, el miedo a la muerte, es, después de todo, una sabiduría fingida. No puede ser verdadera sabiduría porque finge conocer lo desconocido. Nadie sabe siquiera con certeza si la muerte, a la que los temerosos asumen como el mayor mal de la vida, no será, de hecho, nuestro mayor bien. Esta es la peor clase de ignorancia, la que yo llamo doble ignorancia. Porque, ignorante de su propia ignorancia, el hombre presume de saber lo que no sabe.

»Aquellos que se exhiben rogando con lágrimas en los ojos por vuestra misericordia se comportan como si fueran a sufrir algo terrible al morir. Actúan como si, de algún modo, pudieran ser inmortales si se les permitiera seguir viviendo. En cierto aspecto clave me considero diferente y quizá más sabio que estos y otros hombres. Aunque sé muy poco del Hades, el mundo subterráneo, no pretendo saber nada de él, ni espero vivir eternamente. No obstante, lo que sí sé es que la injusticia es un mal y que la desobediencia al superior de uno, sea dios u hombre, es a la vez insensata y deshonrosa. Por lo tanto, nunca temeré lo que posiblemente sea bueno más de lo que temo lo que con certeza es malo.

»Supongamos que alguien me dijera "Sócrates, haremos oídos sordos a tus acusadores. Puedes salir libre, siempre y cuando abandones la filosofía, pero si alguna vez te sorprenden haciéndolo de nuevo serás ejecutado". A eso yo respondería: "Hombres de Atenas, os honro y os amo, pero obedeceré al dios Apolo y no a vosotros. Mientras tenga vida y fuerzas, nunca dejaré de practicar la filosofía, y seguiré exhortando a todo el que me encuentre a hacer lo mismo".»

Se vuelve hacia los asistentes y los mira, como acostumbra a hacer, desde debajo de sus espesas cejas.

—Diría: «Eres mi amigo, un ciudadano de la gran ciudad de Atenas. ¿No te avergüenzas de acumular dinero y reputación, mientras te preocupas tan poco por la sabiduría y la mejora de tu alma?». Si responde que sí le importa, lo interrogaré a fondo. Si pienso que no alberga ni sabiduría ni virtud, sino que solo dice que sí las tiene, le reprenderé tanto por infravalorar las cosas más importantes de la vida como por sobrevalorar las menos importantes. Seguiré diciéndoles esto a todos aquellos a los que me encuentre, jóvenes y viejos, atenienses o extranjeros, pero especialmente a los ciudadanos, pues son mis parientes, pues no hago más que ir por todas partes persuadiéndoles a todos ellos, viejos y jóvenes por igual, de que no se preocupen por su reputación ni por sus bienes, sino de que su mayor preocupación sea lograr las mejoras posibles en su propio carácter. La sabiduría moral no se adquiere con dinero. Al contrario, tal sabiduría es fuente de verdadera riqueza y de todo lo que es bueno para el hombre y para la ciudad. Hago esto a las órdenes de Apolo, y estoy seguro de que ningún bien mayor ha acontecido jamás a Atenas que mi búsqueda de la filosofía, a su servicio.

»Nadie aquí puede negar que esto es lo que enseño. Si creéis que esta doctrina corrompe a la juventud, entonces tal vez pueda concluir que soy un malhechor. Lo que me desconcierta, sin embargo, es cómo podéis creer que un hombre pretenda deliberadamente empeorar su propia ciudad. Al hacerlo, no solo perjudicaría a los demás, sino también a sí mismo. Tal vez supongáis que soy tan estúpido que, al intentar enseñar sabiduría y virtud, a pesar de mis mejores esfuerzos, por accidente consigo lo contrario. Pero nuestra ley no castiga a nadie por hacer daño sin querer, sino solo por hacerlo de un modo deliberado. Me declaréis culpable o no, e incluso si me condenáis a muerte, como desean mis acusadores, comprended que nunca daré la espalda a la filosofía, aunque pudierais ejecutarme muchas veces.

Al oír tan descaradas palabras de desafío, el jurado estalla. Cientos de cuerpos, apiñados en el tribunal, avanzan a gritos y agitan los brazos, mientras otros intentan, con dificultad, apaciguar o al menos contener a la turba indignada. Sócrates se calla unos momentos, entre gritos de «¡Baja de ahí! ¡Baja de ahí!» salpicados de insultos. Los mira directamente a los ojos. De nuevo, pide a los miembros del jurado que se calmen y que tengan paciencia. Habían acordado escucharle hasta que terminara su tiempo en el reloj de agua, y todavía quedan unos minutos.

—Hombres de Atenas, por favor, no me interrumpáis. Tengo algo más que deciros, que quizá os haga gritar en voz alta, pero creo que oírlo os hará bien, así que os ruego que escuchéis. Si matáis a un hombre como yo, os haréis mucho más daño a vosotros mismos que a mí. Nada de lo que hagáis podrá dañarme. Mis acusadores, de hecho, no pueden hacerme daño, porque, como dejaré claro, la naturaleza nunca permitirá que un hombre malo dañe a uno que es bueno. Pueden, por supuesto, hacer que me maten, o que me exilien, e incluso confiscar mis pocos bienes. Quizá se imaginan, como otros lo harán, que me van a infligir un gran daño al hacerlo. En eso no estamos de acuerdo. Porque, en verdad, el mal de quitar injustamente una vida, o de infligir cualquier otra forma de castigo injusto, es mucho mayor que el mal de sufrirlo.

Donde unos momentos antes no se podía oír en aquel tribunal nada por encima del rugido de la turba indignada, ahora la estancia ha vuelto a quedar callada, en silencio. El reloj de agua empieza a agotarse. Sócrates pone fin al mutismo y se vuelve hacia sus compatriotas atenienses.

—Puede que Ánito y Meleto consigan matarme, pero no pueden hacerme daño.

La práctica de la contemplación de la muerte

¿Cómo recordar quiénes somos realmente cuando, a lo largo de toda nuestra vida, unas voces poderosas y a menudo elocuentes intentan convencernos de algo distinto? Podemos empezar a partir de la sencilla premisa de que lo que parece verdadero puede resultar falso. Sócrates desarrolló un método para ayudarnos a distinguir entre la «apariencia» y la «realidad», y así desenmascarar la presunción de sabiduría en nosotros mismos y en los demás. Los que se creían más sabios solían terminar sus conversaciones con él sintiéndose más tontos. Algunas personas creen que la filosofía se puede aprender leyendo libros, memorizando las mejores partes y repitiendo lo que han leído. Sócrates creía que algo así no conducía a la verdadera sabiduría, sino a la ilusión, o apariencia, de que se poseía sabiduría: que eran opiniones más que conocimiento.

Para Sócrates, la filosofía era una práctica y una forma de vida. El método socrático comienza con una revelación negativa: la idea de que no podemos adquirir sabiduría de los libros del mismo modo que adquirimos cebollas en una verdulería. No se puede comprar la sabiduría, a ningún precio, gracias a los esfuerzos de otras personas. Solo puede surgir de nuestro propio esfuerzo. El método socrático es un proceso activo de reflexión. Su lema constante es «sí, pero...» porque busca de forma incesante una excepción tras otra a nuestras definiciones, suposiciones y otras reglas verbales. Nos obliga a pensar por nosotros mismos mediante el cuestionamiento continuo de nuestros supuestos y valores más importantes, como nuestros objetivos de superación personal.

Sócrates no pensaba que los libros fueran inútiles. De hecho, era un lector ávido que disfrutaba citando a otros escritores. Aun así, creía que, al igual que los oráculos crípticos de Apolo, debemos cuestionar lo que leemos y ponerlo a prueba tratando de identificar excepciones o situaciones que ya no son verdaderas. Incluso la afirmación de que ningún hombre era más sabio que Sócrates y el imperativo de conocernos a nosotros mismos se deben examinar de este modo para que se puedan comprender de la forma correcta. La sabiduría no se puede enseñar, pero tal vez se pueda aprender, sobre todo si nos esforzamos por examinar nuestra propia vida y los supuestos en los que se basan nuestras acciones.

Puedes empezar ahora mismo. Pero ¿por dónde hacerlo? Por el final, por supuesto. Imagina que te enfrentas a una ejecución como la de Sócrates, o quizá incluso que tus iguales juzguen toda tu vida, y posiblemente te condenen. Por seguir con el argumento, supongamos que tu destino queda sellado y que no tiene sentido intentar convencer al jurado de que te declare inocente. Si volvieras la vista atrás, ¿qué es lo que más te importaría de tu vida? En otras palabras, ¿qué querrías que destacara de tu vida?

Vayamos un poco más allá. Imagina que, como Sócrates, te acercas a los labios el cáliz de la muerte, y que estás a punto de dar el sorbo fatal que te cerrará los ojos para toda la eternidad. Imagínate que son tus últimos momentos. Haz una pausa y piensa en lo que te ha parecido más importante a lo largo de tu vida. Si no tienes claro qué responder, utiliza esta pregunta para encontrar una pista: ¿a qué dedicabas la mayor parte de tu tiempo? El tiempo es uno de nuestros mayores bienes y recursos. ¿En qué has invertido realmente tu tiempo, ayer y anteayer? ¿Qué importancia crees que tuvieron en verdad esas actividades, si las recuerdas al final de tu vida?

La búsqueda de la riqueza es fácil de examinar desde esta perspectiva. Como dice el refrán, no te la puedes llevar contigo. ¿De qué te va a servir tener un millón de dólares en tu cuenta bancaria cuando estás a punto de morir? Supongamos que es demasiado tarde para gastarlo, ya sea de un modo inteligente o a lo loco. Cuando ya sabes que se te ha acabado el tiempo, es obvio que el dinero en sí no tiene ningún valor intrínseco. Lo que importa, en todo caso, es el uso que decidamos hacer de ese dinero. Muchas de las cosas que parecen valiosas a lo largo de la vida son de este tipo. Las almacenamos con la esperanza de utilizarlas algún día, cuando llegue el momento, pero no tienen ningún valor real a menos que se utilicen con sabiduría.

Hoy podemos cuantificar la fama de forma aún más sencilla que la riqueza. A lo mejor tienes un millón de seguidores en las redes sociales. Imagínate que en tu lecho de muerte te preguntas: ¿eso ha hecho que merezca la pena vivir? La fama, como la riqueza, es, en el mejor de los casos, un medio para alcanzar un fin. Crea la oportunidad de influir en mucha gente. Pero si no utilizas tu reputación para nada bueno jamás, ¿qué sentido tiene dedicar tiempo a adquirirla? ¿Y si esto fuera aplicable para muchas de las cosas que le parecen valiosas a la mayoría de la gente? ¿Y si nacemos en una sociedad que confunde perpetuamente la apariencia de valor con el valor real?

¿Y qué hay de la búsqueda del conocimiento? A mucha gente le parece un objetivo más noble que ganar riqueza y fama, pero ¿todo el conocimiento es igual de valioso? ¿Acaso alguna vez las últimas palabras de alguien han sido: «¡ojalá me hubiera terminado de ver todos los DVD de *Friends*, para saber cómo acaba la serie!»? ¿Y qué hay de saber cómo ayudar a la gente mediante el estudio de la ciencia o la medicina? ¿De qué sirve este conocimiento, o cualquier otro, a menos que lo pongas en práctica y lo hagas con sabiduría? Cuando nos enfrentamos a nuestra propia mortalidad, a menudo resulta obvio, al pensarlo en perspectiva, que muchas de las cosas que imaginábamos importantes solo tenían un valor potencial. Lo que importa es cómo las utilizamos, antes de que se nos acabe el tiempo.

No hace falta enfrentarse a la ejecución para descubrirlo. ¿Por qué? Porque Sócrates ya lo ha hecho por ti. Todo su monólogo anterior ocurre bajo la sombra de la muerte. Durante su juicio, Sócrates se presenta a sí mismo como un hombre dispuesto a vivir en relativa pobreza, y arriesgarse a hacer enemigos poderosos, con el fin de continuar con su misión filosófica. Incluso a sabiendas de que su vida estaba a punto de terminar, seguía considerando que la sabiduría era inconmensurablemente más importante que la riqueza y la reputación. Deberíamos preguntarnos, al igual que él preguntó a los jurados, si nos han engañado de alguna manera, a lo largo de nuestras vidas, para «infravalorar lo importante y sobrevalorar lo banal».

Mucha gente, quizá la mayoría, jamás se plantea esta perspectiva hasta que ya es demasiado tarde, pero a veces, si tenemos suerte, tenemos una segunda oportunidad. En la novela de Charles Dickens, *Cuento de Navidad* (1843), el tacaño Ebeneezer Scrooge tiene una epifanía moral y decide compartir su riqueza con los pobres tras tener un sueño en el que el fantasma de la Navidad futura le muestra su propia lápida. En 1888, Alfred Nobel, el inventor de la dinamita, se llevó un susto similar al leer su propia necrológica, publicada por error, ya que no le gustó que lo describieran como un «mercader de la muerte».[9] Decidió modificar su testamento y utilizó la mayor parte de su fortuna personal para crear los famosos Premios Nobel, que recompensan a aquellas personas que le han proporcionado el mayor beneficio a la humanidad en diferentes ramas de las ciencias y las artes.

La filosofía era para Sócrates, ante todo, un proceso para mejorarnos mediante el examen crítico de nuestros valores más profundos. Estaba convencido de que el propósito de la vida misma era conversar a diario sobre la virtud, o la mejora de nuestro propio carácter, porque «la vida no examinada no merece la pena vivirla». Después de su juicio, les recordó a sus amigos que debían seguir cuestionándose a sí mismos y a los demás, incluidos a sus propios hijos, para purgar los engreimientos intelectuales, sobre todo si parecían preocuparse más por la riqueza que por la sabiduría.

La sentencia

El resultado del juicio es bien conocido. El jurado deliberó mientras votaba. Cada hombre dejó caer en un ánfora uno de los dos pequeños discos de bronce que se le habían entregado, para indicar si era culpable o no. Cuando volvieron a sus bancos, el heraldo gritó: «¿Quién no ha votado? ¡Que se levante!». Nadie se levantó. Luego se vació la urna y se contaron los votos. El heraldo anunció el veredicto del jurado: Sócrates era culpable. La ley ateniense permitía al acusado proponer una alternativa a la pena de muerte. Todo el mundo esperaba que Sócrates, como la mayoría de los individuos en estas circunstancias, le pidiera misericordia al tribunal haciendo desfilar a su llorosa esposa e hijos ante ellos y rogara al jurado que lo enviara al exilio con tal de que le perdonaran la vida. Sin duda, habrían accedido a hacerlo. Ninguno de ellos quería que su muerte pesara sobre su conciencia.

Sócrates, sin embargo, no se mostró arrepentido. La ausencia de su familia dejó claro que no tenía intención de hacer un despliegue emocional. Era, como él decía, «un hombre como los demás, una criatura de carne y hueso, y no de madera o piedra», que amaba a su mujer y a sus hijos. No obstante, «no tuve la osadía ni el descaro ni la inclinación de dirigirme a vosotros como os hubiera gustado, llorando y lamentándome y diciendo y haciendo todas las cosas que habéis estado acostumbrados a oír de otros». Lo que menos quiso en el momento de mayor peligro de su vida fue comportarse de un modo que consideraba indigno de él. «Tampoco me arrepiento de mi defensa, y prefiero morir después de hablar a mi manera que hablar a vuestra manera y vivir.»

En vez del exilio, propuso que el jurado le «castigara» por su supuesta impiedad, y por corromper a la juventud, con comidas gratuitas de por vida a costa del erario de la ciudad. Se trataba de un honor que solía concederse a los atletas victoriosos. Tras discutirlo con sus amigos, Sócrates dijo al tribunal que estaba dispuesto a aceptar una multa de treinta monedas de plata, pero era demasiado tarde. Su «discurso grandilocuente», como lo describió más tarde uno de sus alumnos, ofendió a los miembros del jurado. Votó en su contra un número todavía mayor de los que le habían declarado culpable. Le condenaron a muerte.

Este viejo arrogante, que se atrevía a cuestionar las cosas que ellos tenían en más alta estima, parecía demasiado peligroso como para dejarlo vivir. El jurado estaba convencido, basándose en la impresión que les habían transmitido la sátira y los chismes, de que el filósofo que tenían ante sí no era más que un charlatán intelectual cuya costumbre de cuestionarlo todo suponía una amenaza para su sociedad. En realidad, no conocían a Sócrates en absoluto.

2
EL PRIMER FILÓSOFO

Sócrates trabajó la piedra en su juventud. Su padre, Sofronisco, era un maestro escultor que esperaba enseñar a sus hijos un oficio valioso. Los puso a trabajar, afanándose bajo nubes de polvo, entre sus esclavos.[1] Sócrates había recibido el encargo de desbastar un bloque de mármol de la isla de Paros para un friso, que más tarde se erigiría ante los Propileos, la gran entrada a la Acrópolis ateniense.[2] Las cuerdas y las poleas chirriaban mientras los obreros colocaban un pesado bloque tras otro para que los cincelaran una y otra vez hasta que estuvieran listos para ser alisados y pintados. La vida de un artesano en un ajetreado taller de cantería era tediosa, polvorienta y ensordecedora. Sócrates seguro que tuvo dificultades para oírse a sí mismo en algunos momentos.

Su madre, Fenáreta, afirmaba que Sócrates empezó a hacer preguntas en cuanto aprendió a hablar. Preguntaba sobre la naturaleza del mundo que nos rodea. ¿Cómo nació el sol? ¿De qué está hecho? ¿Dejará algún día de aparecer sobre el horizonte? También sentía curiosidad por la naturaleza humana. ¿Pensamos con la sangre, con el aliento o con el cerebro? ¿Qué es el conocimiento, una opinión o un recuerdo? De todos los jóvenes de Atenas, Sócrates era el que más se preocupaba por estas cuestiones.[3] La escultura en la que estaba trabajando representaría a tres diosas, las llamadas Gracias o Cárites,[4] que personificaban las virtudes involucradas en conceder y recibir favores. Una doncella ofrecía un precioso regalo, otra lo recibía con gratitud y una tercera retribuía a la dadora. Las tres Gracias simbolizaban este ciclo virtuoso bailando juntas en círculo. En cuanto Sócrates se puso a trabajar en esta obra y le dedicó todo el día a su preparación, se vio asediado por nuevas preguntas. ¿Qué son la generosidad y la gratitud? ¿Cómo son en su forma perfecta? Después de insistirle a su padre en vano, se dirigió a los mejores escultores del Ática, la región en la que se encuentra Atenas, en busca de respuestas. Se quedó totalmente insatisfecho. Le contaban ejemplos de grandes hombres de la historia, pero eso no fue suficiente. A Sócrates le habían enseñado desde su infancia a admirar la capacidad de los artesanos para plasmar en piedra de forma maravillosa virtudes humanas como la sabiduría y el valor. Fueron los griegos quienes introdujeron y dominaron el arte de la escultura realista. De joven, Sócrates se sentía cada vez más consternado por la incapacidad de los griegos para expresar con palabras su visión de la perfección humana respondiendo a una sencilla pregunta: ¿qué es la virtud?

Mientras estaba en el trabajo, Sócrates se mostraba impaciente por terminarlo para reunirse con sus dos mejores amigos, Querefonte de Esfeto y Critón de Alopece. A Critón lo conocía desde la infancia, ya que crecieron en el mismo demo, o asentamiento a las afueras de Atenas. A Querefonte, que venía del otro lado de la ciudad, lo conoció más tarde. Hablaban con entusiasmo de las últimas teorías de las grandes mentes griegas. En concreto, prestaban atención a Jonia, una estrecha región de la costa occidental de Asia Menor formada por una serie de prósperas colonias en la frontera entre el mundo griego y el persa. Las ciudades jonias estuvieron gobernadas por Persia, pero en las últimas décadas se habían aliado con Atenas, lo que suponía una afluencia de costumbres e ideas desconocidas.

Querefonte era un tipo poco convencional y por completo sincero, especialmente encaprichado con un movimiento emergente que algunos llamaban «amor a la sabiduría» o *philosophia*, conocido hoy, por supuesto, como filosofía. Era una especie de inadaptado. Llevaba el pelo largo, utilizaba un bastón y, al igual que Sócrates, andaba descalzo. Su tez amarillenta, su cuerpo larguirucho y sus pobladas cejas oscuras harían que más tarde los satíricos compararan su aspecto con el de un espectro resucitado del Hades por alguna forma de nigromancia. Querefonte se animaba tanto cuando discutía sobre nuevas ideas que su capa oscura y holgada se agitaba como las alas de un murciélago enloquecido. Tras sufrir la monotonía del taller de cantería, situado lejos de las murallas de la ciudad, Sócrates se animaba cuando por fin podía reunirse con sus amigos para hablar de filosofía. Habría dado cualquier cosa por tener la oportunidad de aprender más.

El primer filósofo había llegado a Atenas unas décadas antes, procedente de la ciudad jónica de Clazomene.[5] Anaxágoras vivía en Atenas como residente extranjero, o meteco, e inevitablemente algunos sospechaban que simpatizaba con los persas, el más poderoso de los enemigos «bárbaros» de Grecia.[6] Era polímata, dedicó su vida a múltiples campos de estudio, lo que más tarde le valió el apodo de *Nous*.[7] Aunque la palabra se derivaba de un término técnico empleado en su filosofía, también era parecido a llamarle «Cerebro» o «el Intelectual», y quizá podría utilizarse para referirse a alguien que piensa demasiado.[8] Todo el mundo había oído hablar de Anaxágoras, y se le veía a menudo en Atenas, aunque se mantenía distante y rara vez hablaba con desconocidos.

Al filósofo lo habían llevado a Atenas para que fuera el maestro de un joven noble llamado Pericles, que más tarde se rodearía de algunos de los pensadores más influyentes de la época. Pericles animaba sus discursos con innovadoras doctrinas filosóficas aprendidas de su nuevo consejero. La filosofía natural intentaba explicar el mundo a través de la lógica y la cuidadosa observación. Si a esto se le unía el talento innato de Pericles para la oratoria y su formación en retórica formal, esta educación le convirtió en el mayor orador político de su época, del que se decía que blandía el «temible rayo» de Zeus con su lengua.

Aunque había nacido en el seno de una familia de nobles ricos, Anaxágoras había abandonado su finca de Clazomene y dejado que la hierba creciera en ella para que las ovejas pastaran allí. Cuando sus parientes le reprocharon que descuidara su herencia, supuestamente se encogió de hombros, se la cedió y les dijo: «¿Por qué no la cuidáis vosotros?». En Atenas vivía de forma modesta, pero podía contar con el mecenazgo de su famoso alumno. No necesitaba ganarse la vida dando conferencias públicas. Sócrates y Querefonte eran jóvenes y no lo suficientemente ricos ni importantes como para que los invitaran a los salones intelectuales de los hombres más destacados de Atenas. Solo podían soñar con conversar algún día con un pensador de la talla de Anaxágoras.

Además de su filosofía, Anaxágoras se había llevado a Atenas varias piezas de tecnología punta. Una de ellas era un mapa del mundo conocido, con el mar Mediterráneo en el centro, basado en un diagrama creado años antes por otro filósofo jonio.[9] Pericles y sus amigos paseaban alrededor de este curioso objeto, debatiendo su exactitud. A veces, se limitaban a contemplarlo absortos en silencio. La novedosa experiencia de contemplar como un dios una imagen del mundo se convirtió en un símbolo de la elevada igualdad que parecían alcanzar los estudiantes de filosofía natural. Anaxágoras encarnaba esta «grandeza de pensamiento», y algunos la veían también en Pericles.

Cuando criticaban al filósofo por haber descuidado la tierra que le vio nacer, señalaba hacia el cielo y bromeaba: «¡Oh, pero si a mí me importa mucho mi patria!». Cuando hablaba de los planetas y otros misterios de la naturaleza, daba la impresión de que consideraba todo el cosmos como su patria y que había metido de lleno su mente en un mundo inconmensurablemente más vasto que el nuestro. Anaxágoras esquivaba la atención pública y mantenía sus discusiones filosóficas en privado, limitándolas a un estrecho círculo de amigos. No obstante, mientras todavía era amigo de Pericles, se produjo un notable fenómeno que lo convertiría en un personaje conocido y lo expondría a un gran peligro personal.

Una noche, muy al norte de Atenas, cuando Sócrates todavía era un niño pequeño, unos barqueros que recogían sus redes fueron testigos de algo brillante y aterrador que se dirigía hacia la Tierra desde el cielo. Lo vieron cerca de Egospótamos, la desembocadura de un pequeño río que llegaba hasta el Helesponto, un estrecho que une el mar Egeo con el mar de Mármara y separa Europa de Asia. Los pescadores contemplaron con los ojos muy abiertos cómo una enorme explosión lanzaba nubes de polvo al aire y una enorme ola chocaba con sus pequeñas embarcaciones y casi las hacía volcar. Un meteorito del tamaño de una carreta de piedras había caído en Egospótamos.[10]

Algunos afirmaban que Anaxágoras había predicho el impacto de la «piedra que cae», aunque otros lo discutían. En cualquier caso, prestó su considerable peso a sus teorías «naturalistas» sobre los cuerpos celestes. Hizo falta un intelectual extranjero para decir lo indecible: que tal vez los planetas no eran unos seres sobrenaturales de leyenda, sino simples trozos de roca. Postulaba que surcaban nuestros cielos porque la rotación de los cielos los mantenía en movimiento como los guijarros que vuelan dentro de un cuenco giratorio. Los incultos no estaban preparados para un desafío tan dramático a sus antiguas supersticiones. Así que Anaxágoras mantuvo sus doctrinas en privado. Sin embargo, tras el descubrimiento del meteorito, su filosofía se convirtió en la comidilla de Atenas y se hizo famosa en todo el mundo griego.

Los vientos de la controversia se agolparon en torno al tema de la filosofía natural cuando Sócrates todavía era un niño, pero para cuando llegó a la edad adulta, se habían convertido en una tormenta. Muchos atenienses, sobre todo los que no leían, suponían que fenómenos como el movimiento de las estrellas, los cometas y los vientos, así como la aparición de truenos, relámpagos y terremotos, eran provocados por los dioses. Los filósofos jonios, por el contrario, tendían a explicar estos fenómenos en términos naturales y no sobrenaturales, y lo atribuían todo a causas físicas. Esto, por supuesto, convirtió a Anaxágoras en una figura controvertida.

Afirmaba que el cosmos comenzó como una masa caótica, de tamaño infinito y naturaleza indiferenciada, compuesta de partículas diminutas, mucho más pequeñas de lo que se ve a simple vista, y que se mezclaron entre sí. En algún momento, de algún modo, estos ingredientes se transformaron en las criaturas, plantas y sustancias naturales que la humanidad conoce. Anaxágoras especulaba con que quedaba «una porción de todo en todo». Las cosas solo parecían estar compuestas de la sustancia que predominaba en ellas, aunque todas las demás sustancias estaban presentes en menor cantidad. Por supuesto, esto significa que nada es puro. Todo está contaminado con todo lo demás. Esto proporcionó una metáfora para la naciente democracia de Atenas: quizá, independiente con respecto del nacimiento, la virtud y el vicio se mezclan dentro de cada uno, nobles y plebeyos por igual. Anaxágoras creía, por tanto, que, aunque nuestros sentidos nos proporcionan una experiencia directa de la naturaleza, somos propensos a dejarnos engañar por las apariencias. Por ejemplo, una estatua puede parecer tallada en mármol si está compuesta predominantemente de partículas de mármol, pero debe contener también trazas de otras sustancias.

Esta idea tan simple entusiasmó a Sócrates y a sus amigos, y les despertó la imaginación además de obligarles a cuestionar el mundo que les rodeaba de forma más radical de lo que se habían atrevido nunca las generaciones anteriores. La filosofía natural de Anaxágoras y otros pensadores jonios fue una de las primeras precursoras de las ciencias naturales actuales. Para muchos jóvenes atenienses, supuso un método radical para cuestionar las formas de pensar que las generaciones anteriores daban por sentadas. La filosofía natural sería incluso un factor decisivo en las campañas militares de

Atenas y en su evolución hasta convertirse en la potencia regional dominante.

Durante la invasión persa liderada por el gran rey Jerjes décadas antes, las ciudades-estado griegas se habían visto obligadas a formar una alianza defensiva. Quizá Esparta, la ciudad con mayor capacidad y liderazgo militar, podría haber parecido la ideal para proporcionar un liderazgo natural. Empero, para defender a Grecia de futuras invasiones se necesitaba una fuerte alianza marítima. Sin interés por la política, ni por la guerra naval, los espartanos se retiraron, dejando un vacío de poder. Atenas, su mayor rival, dio un paso al frente. Las ciudades griegas asistieron a una cumbre en la isla de Delos, donde se prometieron lealtad mutua, formando lo que los historiadores posteriores llamarían la «Liga de Delos». Para financiar esta alianza, los miembros pagaban impuestos y tributos, que debían depositarse en el tesoro del famoso templo de Apolo de la isla.

La riqueza y el poder de Atenas no tardaron en crecer de forma considerable. La ciudad empezó a dominar al resto de la liga, que pasó a conocerse simplemente como «Atenas y sus aliados». Las demás ciudades podían elegir entre contribuir con barcos tripulados a la armada de la liga o pagar tributo. La mayoría optó por el tributo, deseosa de evitar los peligros del servicio militar. Esto redujo las armadas de las demás ciudades griegas a la vez que proporcionaba fondos a Atenas para construir sus propios barcos. Su armada llegó a dominar las olas del Egeo sin ninguna clase de oposición.

Sócrates había sido testigo del ascenso al poder de Pericles, con Anaxágoras a su lado.[11] En teoría, Atenas no tenía gobernantes, salvo el propio *demos* o «pueblo», o al menos los ciudadanos varones adultos con derecho a voto en la

Asamblea. Los ciudadanos más poderosos eran los diez individuos elegidos cada año por la Asamblea para el cargo de *strategos*, o general militar, que también actuaban como los estadistas de mayor rango de Atenas. El principal oponente político de Pericles era Cimón, un *stratego* destacado y aliado de los aristócratas ricos de Atenas. En el 461, cuando Sócrates estaba a punto de cumplir diez años, Pericles utilizó la ley del ostracismo para instigar una votación contra Cimón, alegando que odiaba al pueblo llano y simpatizaba demasiado con la aristocracia y los rivales de Atenas, los espartanos. Pericles consiguió que su oponente fuera desterrado durante una década, lo que le allanó el camino para convertirse en el principal estadista de la ciudad. Al año siguiente, Pericles fue elegido *stratego* por primera vez, y seguiría siendo la figura más destacada de la Asamblea durante unas cuatro décadas, lo que le otorgó una autoridad personal excepcional.

Las tensiones que habían existido, pero habían estado ocultas durante mucho tiempo, provocaron que la política ateniense en ese momento se dividiera en dos facciones opuestas: los demócratas y los oligarcas. Los demócratas, liderados por Pericles, creían que el poder debía ser compartido por todos los ciudadanos varones, lo cual era una noción progresista para aquella época. (Sin embargo, las mujeres, los residentes extranjeros y los esclavos no podían votar, y la democracia ateniense se diferenciaba de la moderna en varios otros aspectos.) Los oligarcas, un grupo más conservador asociado a Cimón, desconfiaban del populacho y querían que el poder volviera a manos de una élite reducida, es decir, los descendientes acaudalados de las antiguas familias aristocráticas de Atenas. Los espartanos desconfiaban de las democracias extranjeras, a las que consideraban impredecibles, y preferían que Atenas estuviera gobernada por un puñado de oligarcas, elegidos entre los aristócratas que se mostraban amistosos con ellos.

Pericles se hizo con el poder en la Asamblea mediante la aplicación de medidas populistas, aunque sin dejar de ser un moderado. Uno de sus mayores logros fue introducir la remuneración de los cargos públicos y del servicio de jurado, lo que significaba que incluso los ciudadanos atenienses más pobres podían llegar a ocupar estos cargos, lo que les proporcionó así una mayor voz en los asuntos de Atenas. En tiempos de guerra, los ciudadanos más pobres servían como remeros en las trirremes, o barcos de guerra, de esta manera la facción demócrata controlaba efectivamente la armada ateniense.

En el 454, cuando Sócrates todavía era un adolescente, Pericles convenció a la Asamblea para que comenzara a recorrer un camino peligroso del que no se podía volver atrás. Trasladaron a Atenas el tesoro de la Liga Délica, en teoría debido al temor de que Persia saquease la isla de Delos. En su momento de mayor apogeo, la alianza estaba formada por unas trescientas ciudades-estado. De ese modo, Atenas, que llevaba años imponiendo su voluntad a los demás miembros de la alianza, hizo innegable su preeminencia. Pocos años después, con acceso a toda esta riqueza, Pericles iniciaría el ambicioso programa de construcción de la Acrópolis, que transformó su ciudad en la envidia de todo el mundo conocido. A esas alturas, su autoridad era tal que los satíricos bromeaban comparándolo con Zeus, rey de los dioses.

Pericles fue el principal estadista y *stratego* de la ciudad durante su edad de oro cultural y el apogeo de su poder militar, lo que le convirtió *de facto* en el gobernante de un Imperio ateniense. Aun así, siguió comprometido con la causa democrática. Pericles siempre se presentó como un servidor de la Asamblea popular, a pesar de la situación tan rara e incómoda que suponía su enorme autoridad personal. Para consolidar su poder sobre el resto de la liga, Atenas había tratado con dureza durante décadas a las ciudades extranjeras: una democracia orgullosa en casa, pero una agresora imperialista en el exterior. Las demás ciudades-estado griegas, especialmente Esparta, observaron con preocupación la rápida evolución del Imperio ateniense. Esparta estaba situada en las profundidades del Peloponeso, la gran península que constituye el sur de Grecia. Los hoplitas espartanos, su infantería pesada, eran superiores en las batallas terrestres, mientras que la flota ateniense tenía el control del mar. Esparta y sus aliados dominaban la mayor parte del Peloponeso, pero Atenas dominaba ahora muchas ciudades costeras e islas. Todo el mundo era consciente de que se avecinaba una gran guerra.

A las generaciones posteriores de filósofos les gustó citar un famoso incidente para mostrar cómo la filosofía podía tener importancia práctica, incluso en tiempos de guerra. Cuando Pericles estaba a punto de partir de Atenas al mando de una flota, su tripulación se alarmó al presenciar un eclipse solar. (Esto ocurriría mucho más tarde, en el 431, cuando Sócrates estaba en la madurez.) Cuentan que, después del mediodía, el sol «tomó la apariencia de una media luna y algunas de las estrellas se hicieron visibles antes de que volviera a su forma normal».[12] Era habitual que los soldados se retiraran o los marineros se negaran a zarpar cuando presenciaban un presagio que parecía vaticinar un desastre. La superstición determinó el resultado de muchas batallas, sobre todo para los más crédulos. Los espartanos se habían negado, por motivos religiosos, a participar en la batalla de Maratón hasta que la luna estuviera llena. Los atenienses, sin embargo, tenían un arma secreta, que podían desplegar contra el miedo a lo sobrenatural.

Pericles le habló al timonel de su nave insignia, que estaba aterrorizado y encogido ante lo que consideraba una seria advertencia enviada por los dioses. Mientras el resto de la tripulación escuchaba, el gran estadista le explicó pacientemente que, según las enseñanzas de su amigo Anaxágoras, los eclipses solares eran un fenómeno completamente natural. Algunos de los primeros filósofos habían afirmado que el sol era del tamaño de un pie humano basándose en su aspecto, pero Anaxágoras había demostrado que era mucho más grande. No sabía con exactitud lo grande que era, pero seguramente excedía en tamaño incluso a la península del Peloponeso. La luna, les siguió explicando, no era más que un enorme trozo de roca, de menor tamaño que el sol, pero más cercano a ellos, y por lo tanto capaz de pasar por delante del astro y oscurecer su luz.[13] Pericles levantó su manto y lo usó delante de los ojos del timonel, lo que le tapó la vista, y le preguntó si había algo terrible o portentoso en ello. Luego se volvió hacia el resto de los tripulantes a la vez que señalaba al sol. «Entonces, ¿cuál es la diferencia entre que mi capa tape el sol y ese fenómeno en el cielo, aparte de que se trata de un objeto mucho más lejano y grande?» Pericles imponía tal autoridad que sus hombres se liberaron de la tiranía de la superstición y la flota zarpó a la guerra.

Pericles, gracias a la influencia de Anaxágoras, les había demostrado a los atenienses que la filosofía era capaz de sustituir la superstición irracional por la creencia en explicaciones naturalistas más realistas. Hoy podríamos incluso destacar que este uso de la razón para cuestionar falsas creencias y eliminar el miedo irracional podría considerarse un ejemplo primitivo de psicoterapia cognitiva. Como muestra la historia, aunque la filosofía podía dar a Atenas una ventaja militar sobre algunos de sus enemigos, obviamente esto tenía un precio. Existían facciones religiosas conservadoras dentro de la sociedad ateniense que se irritaban ante cualquier idea que amenazara sus puntos de vista tradicionales.

Una mañana, mientras Sócrates observaba a los cadetes que realizaban sus ejercicios en los terrenos del Liceo, al pie del monte Licabeto, Querefonte se le acercó corriendo asustado y haciendo revolotear su vieja capa como las alas de un murciélago asustado.

—¡Sócrates, van a juzgar a Anaxágoras en el Ágora! ¡Le acusan de sacrilegio![14]

A Sócrates no le sorprendió. A Cimón se le había permitido volver a Atenas tras pasar una década condenado al ostracismo. Su regreso había envalentonado a la facción oligarca. El caso contra Anaxágoras lo presentó uno de los parientes de Cimón, que pretendía dañar la reputación de Pericles destruyendo la de su mentor, e incluso pidió la muerte del filósofo. Las acusaciones se centraron en la afirmación más controvertida de Anaxágoras: que el sol era una roca ardiente, un trozo de mineral de hierro fundido, del que había caído a tierra la piedra de Egospótamos.

El día del juicio, Sócrates y Querefonte se unieron a los miles de ciudadanos atenienses que se agolpaban alrededor de la sala del tribunal del Ágora. El edificio quedó en silencio cuando Anaxágoras entró. La filosofía natural le ayudaba a mantener la compostura en muchas situaciones. Rara vez cambiaba de expresión y nunca se le había visto sonreír, y mucho menos reír. De todos modos, no estaba preparado en absoluto para lo que debió parecerle una gran injusticia y una humillación pública. Ni siquiera tuvo el valor de mirar a los ojos a sus acusadores. La multitud se quedó conmocionada al ver la figura frágil y afligida en la que se había convertido. Sin embargo, se sintieron conmovidos al ver la dulzura con la que su amigo Pericles le apoyaba.

Como general, Pericles era famoso por su prudencia y cautela, y nunca arriesgaba una batalla en aras de la gloria si con ello ponía en peligro innecesario la vida de sus soldados. Siempre decía que, si estuviera en su poder, haría que todos sus conciudadanos vivieran para siempre. En esos momentos, Pericles se vio obligado a contemplar cómo el pueblo al que había jurado proteger amenazaba con ejecutar a uno de sus mejores amigos.

Sócrates y sus compañeros esperaban oír hablar a Anaxágoras en defensa de la filosofía. En lugar de eso, Pericles habló en su nombre, y se dirigió al tribunal a su manera habitual. Hubo muy poca filosofía en su discurso. En su lugar, como era usual, pidió clemencia en nombre de su amigo y mentor. A pesar de su famosa compostura, sus ojos se humedecieron al lamentar la situación del filósofo. Primero atacó la integridad de los acusadores, tachándolos de enemigos de la democracia, hipócritas y fanáticos religiosos, y luego evocó la simpatía de los jurados por su humillado amigo, llamando su atención sobre el noble nacimiento del hombre, sus humildes medios, su mala salud y la profunda pena y arrepentimiento que mostraba.

Anaxágoras estaba sentado con la cabeza entre las manos, mudo e impotente. De vez en cuando miraba en dirección al reloj de agua, un dispositivo introducido en el mundo griego, según algunos, por generaciones anteriores de filósofos jonios. Siempre le había tranquilizado su fiabilidad, pero ahora el mecanismo le parecía opresivo, ya que el tiempo asignado para su defensa empezaba a agotarse lentamente. Pericles concluyó y los miembros del jurado comenzaron sus deliberaciones.

Los jurados votaron y emitieron el veredicto mayoritario de que el filósofo Anaxágoras era culpable de sacrilegio. Pericles, que no estaba acostumbrado a tal derrota, se quedó atónito. Ni siquiera él fue capaz de deshacer el daño causado a la reputación de Anaxágoras por las décadas de habladurías que circularon por las calles de Atenas. Los antepasados de su amigo eran persas, y muchos atenienses sentían una tremenda desconfianza hacia los intelectuales extranjeros. Los acusadores del filósofo pidieron la pena de muerte. Pericles había apostado su reputación a la defensa de su maestro, y sabía que aquel veredicto lo utilizarían en su contra mientras permaneciera en cualquier cargo público. Ya le habían pedido que se distanciara de su viejo amigo. No obstante, en uno de los movimientos más audaces de su carrera política, hizo precisamente lo contrario.

Anaxágoras, que apenas era capaz de mantenerse en pie debido a su enfermedad, parecía completamente abatido por el veredicto. Su pequeño grupo de estudiantes, sentado con el filósofo, se mostró emotivo de un modo infrecuente, y algunos incluso se golpearon el pecho en señal de dolor. Pericles, con voz retumbante, exigió saber si había alguien en el tribunal que pudiera decir algo en contra de su propia conducta. La sala se quedó en silencio durante lo que pareció una eternidad mientras Pericles, callado, miraba fijamente a los ojos de los hombres más destacados del jurado. Nadie dijo nada. Al final, alzando la voz, exclamó:

—¡Pues yo he sido alumno de este hombre! —Los miembros del jurado se quedaron atónitos—. No os dejéis llevar por la calumnia para condenarle a muerte, más bien escuchadme y liberadle inmediatamente —añadió bajando la voz.

Aquello era poner a prueba su autoridad. Pericles desafiaba al pueblo ateniense a que le condenara junto a su amigo. Aun así, no querían perder a su mejor estadista, por lo que aceptaron llegar a un acuerdo. Anaxágoras fue multado con cinco talentos de plata, más de lo que un artesano como Sócrates podría ganar en toda su vida, y lo enviaron al exilio.

Anaxágoras fue desterrado a la ciudad jonia de Lámpsaco, en la orilla oriental del Helesponto, donde pasaría el resto de sus días contemplando el Egospótamos, el mismo lugar donde había caído su famosa piedra. Avergonzado por los cargos que se le imputaban, el filósofo llegó a la conclusión de que debería haberse preparado mentalmente para tales acontecimientos con mucha antelación. Los alumnos que tuvo en esta época contarían que les enseñó a imaginarse, y con frecuencia, todas las desgracias con las que podrían encontrarse en la vida, incluidas el exilio y la muerte. Razonaba que, si alguno de estos contratiempos les ocurría, estarían más preparados que él, y que los golpes del destino no les herirían tan en lo profundo, al haberlos tenido previstos.

De todos modos, Anaxágoras se tomó mal su exilio. Pericles se preocupó tanto por los asuntos de Estado que se olvidó de su anciano mentor. Muchos años después, los amigos del filósofo lo encontraron tumbado en su diván, desesperado, con la cabeza cubierta por su manto y en pleno proceso de dejarse morir de hambre. Cuando Pericles se enteró, se apresuró a acudir en su ayuda. Pericles le suplicó a Anaxágoras que viviera, y le insistió en que todavía necesitaba mucho de su sabiduría y guía. Anaxágoras se descubrió la cabeza y le dijo: «Pericles, incluso quienes necesitan una lámpara echan aceite en ella».

Mientras estaba exiliado en Lámpsaco, Anaxágoras recibió dos noticias devastadoras a la vez, más de lo que la mayoría de personas podrían soportar. Los atenienses le habían juzgado por segunda vez, esta vez *in absentia*, sin que el tribunal ni siquiera oyera su defensa. Tras décadas de rumores, finalmente añadieron el cargo de medismo, o connivencia con los persas, al cargo de sacrilegio. El jurado lo sentenció, por defecto, a muerte, y el método de ejecución sería el suicidio forzado bebiendo cicuta.[15] También se le informó de que sus hijos habían muerto.

La filosofía consoló a Anaxágoras ante la muerte y la pérdida, ya que había seguido su propio consejo de prepararse para futuras catástrofes con mucha antelación. Cuando le llegó la noticia de su condena, el frágil y anciano filósofo replicó con calma que la propia naturaleza le había condenado a morir de todos modos hacía mucho tiempo, y también a los atenienses. También se decía que cuando Anaxágoras fue informado de que sus hijos habían muerto, se limitó a responder que siempre había sabido que eran mortales. «Sí, pero ¿no te perturba morir en tierra extranjera?», dijo alguien. El filósofo se limitó a replicar imperturbable que el camino al Hades era casi el mismo desde dondequiera que se parta.

La filosofía natural le permitió a Anaxágoras contemplar la muerte con un cierto grado de estudiada indiferencia. Les enseñó a los griegos que se equivocaban «al aceptar el ser y el perecer» como algo más que una apariencia, «pues ninguna cosa ni es ni perece». Las minúsculas partículas que componen las cosas se reorganizan, como la cera que se moldea para darle forma humana y luego se vuelve a fundir para hacer algo nuevo. En este sentido, las apariencias son engañosas. En un sentido estricto, nada se crea ni se destruye, y nadie nace ni muere. Debemos enfrentarnos a la apariencia de la muerte, y reconocerla como un proceso natural puede ser, al menos para algunos, un consuelo.

Un autor griego compuso el siguiente epitafio siglos más tarde, donde resume la vida de Anaxágoras en unos pocos versos:

El sol es una masa fundida,
afirmaba Anaxágoras;
este fue su crimen, con su vida debe pagar el precio.
Pericles rescató demasiado tarde a su amigo de ese destino;
con el espíritu roto, por su propia mano muere.[16]

Pericles había salvado a su amigo de la ejecución, pero lo hizo demasiado tarde como para salvar su reputación. De hecho, según algunos relatos, el primer filósofo que enseñó en Atenas nunca se recuperó de la humillación de su juicio. Muchos años después, poco después de la muerte de Pericles, Anaxágoras se quitaría la vida, destrozado por el exilio y la condena a muerte.

Tras el juicio que llevó al exilio del filósofo, Sócrates y Querefonte salieron del Ágora caminando en silencio, reflexionando aún sobre la tragedia que habían presenciado.[17] De repente, oyeron una voz familiar que les llamaba. Su amigo Critón llevaba de la mano a otro hombre y lo conducía enérgicamente en su dirección.

—Este hombre es mi compañero de *demos* —explicó al mismo tiempo que sonreía y señalaba a Sócrates.

Les presentó a Arquelao, a quien reconocieron como uno de los estudiantes sentados junto a Anaxágoras en la sala del tribunal, aunque, a diferencia de su maestro, era ciudadano ateniense.[18]

—Tú eres el escultor que hace todas esas preguntas —comentó Arquelao.[19]

Sócrates asintió.[20]

—Ven conmigo, tengo algo importante que enseñarte —añadió el discípulo de Anaxágoras.

Al principio, Querefonte temió que se metieran en problemas al verse entre filósofos tan poco tiempo después del juicio, pero Sócrates no dudó.

Arquelao los condujo fuera de las puertas de la ciudad hasta una gran casa en el *demos* septentrional de Colargos. Allí se reunieron con un pequeño grupo de amigos de Anaxágoras que se habían encontrado en privado para discutir sobre el juicio. Entre ellos había varios atenienses notables, incluido un joven poeta, Eurípides. Muchos años después, Eurípides escribiría una tragedia titulada *Faetón*, en la que reflexionaba sobre el juicio de Anaxágoras. Narra la historia de un hijo mortal de Helios, el dios sol, que se identifica con Apolo. Faetón, «el radiante», desea con todas sus fuerzas subir hasta los cielos, su legítimo hogar, y aprender sus secretos. En un acto sin sentido, intenta conducir el carro de Helios, que transporta al sol, al que describe, en el lenguaje de la filosofía natural, como un simple terrón dorado de tierra. Sin embargo, resulta ser una tarea mucho más peligrosa de lo que esperaba y pierde por completo el control de los caballos, por lo que acaba volando demasiado cerca de la tierra y quema su superficie con el fuego del sol. Por el bien de la humanidad, Zeus se ve obligado a intervenir y a destruir a Faetón con un rayo, que lo hace arder como una estrella fugaz, o un meteorito, que se estrella contra la tierra a orillas de un caudaloso río. Los atenienses también consideraron que el deseo de Anaxágoras de conocer los secretos del cielo era una arrogancia peligrosa y una afrenta a los dioses, por lo que se aseguraron de que quedara destruido.

Arquelao sacó un pergamino de otra habitación y empezó a leerlo.[21]

—Aquí están las enseñanzas de nuestro maestro —dijo, lo que provocó que la sala se quedara en silencio.

Los demás se mostraron nerviosos, pero Sócrates estaba cautivado y se acercó con impaciencia para escuchar. Se cree que Anaxágoras fue el primer filósofo que compuso un libro así, en prosa griega e incluso con diagramas. Exponía una visión del mundo en un lenguaje sobrio, racional y objetivo, algo muy poco habitual.[22]

Al principio, el estudio de la filosofía natural se había visto limitado en gran medida a la élite adinerada. Los alumnos de Anaxágoras, entre los que había muchos jóvenes demócratas y amigos de Pericles, difundieron ampliamente su libro a lo largo de los años posteriores a su exilio e hicieron innumerables copias baratas que se podían comprar en el mercado. Los distintos elementos de la doctrina de la filosofía natural se convertirían en objeto de sátiras populares, a las que acudían con frecuencia incluso los analfabetos. Las enseñanzas del primer filósofo de Atenas acabarían resultando familiares, aunque a veces de forma tergiversada, tanto a ricos como a pobres.[23]

Por tanto, el intento de Cimón y su facción de silenciar a Anaxágoras mediante la condena de sus enseñanzas fracasó estrepitosamente cuando su filosofía llegó hasta las manos de las masas.

Sócrates había oído sobre todo discusiones de segunda mano sobre las ideas de la filosofía natural y cotilleos sobre su derrotado representante en Atenas. Ahora, por primera vez, podía estudiar directamente las enseñanzas de Anaxágoras, en palabras del propio filósofo. Según la leyenda, Zeus y los demás dioses gobernaban el mundo, pero no lo creaban. Los pensadores anteriores habían asumido que la naturaleza se formaba o bien por acontecimientos aleatorios o bien a través de alguna ley estricta de necesidad causal. Cuando Sócrates escuchó la lectura de Arquelao, en cambio, le oyó decir por primera vez que el *Nous* era la causa que lo organizaba todo. Anaxágoras afirmaba, al parecer, que un vasto Intelecto Cósmico, o Conciencia, era el responsable de imponer orden en el caos original del universo. El *Nous*, según decía en su libro, es la mejor de todas las sustancias, y solo esta permanece pura, mientras que todo lo demás se mezcla. El *Nous* actúa con absoluta libertad, e impregna, mueve y organiza todo el cosmos. Quizá sorprendentemente, Anaxágoras no equiparaba este *Nous* con Zeus, ni con ninguno de los dioses de la mitología griega; parecía pensar que tenía una naturaleza más abstracta e impersonal.

Sócrates supuso al principio que Anaxágoras se refería a que el *Nous*, un Intelecto perfecto, organizaba todo de acuerdo con una razón perfecta. Por lo tanto, el hecho de estudiar la naturaleza para un filósofo significaría estudiar lo que la razón considera mejor para cada cosa y, es presumible, lo que es mejor para los seres humanos. Es más, un intelecto perfecto debe ser en sí mismo perfectamente sabio. Sócrates, por tanto, anticipó que esta filosofía implicaría el estudio de conceptos éticos, como la naturaleza de la sabiduría y la locura, el bien y el mal, la virtud y el vicio. Más tarde dijo: «Estas esperanzas que albergaba no las habría vendido ni por una gran suma de dinero, y me apoderé de los libros y los leí tan rápido como pude en mi afán por aprender lo que la razón considera bueno y malo».[24]

Aun así, las esperanzas de Sócrates pronto se vieron frustradas. Descubrió que la filosofía natural de Anaxágoras tenía poco más que decir sobre el *Nous* y casi nada sobre la virtud. El libro seguía explicando casi todo en términos de causas físicas. «Era como si Anaxágoras aceptara que sus acciones son causadas por su propia mente —murmuró Sócrates—, pero que prefiriera explicar cómo acabó en el exilio utilizando términos puramente mecánicos.» La filosofía natural nos haría describir cómo se movían los músculos de las piernas de Anaxágoras para mover los huesos y llevar su cuerpo al exilio. El discurso de defensa que Pericles pronunció en el tribunal se explicaría en términos de que el aire de sus pulmones se canalizó a través de sus cuerdas vocales de una manera particular y con ello creó ciertas sílabas. Sócrates pensaba que este tipo de filosofía era absurda, y que no servía de ayuda a nadie.

Estaba convencido de que había una forma mucho mejor y más obvia de explicar la situación del filósofo jonio. Sócrates pensaba que seguramente la filosofía natural de Anaxágoras era culpable de un extraño error, que consistía en confundir razones y causas. Sin duda, era verdad que, sin huesos ni músculos, Anaxágoras no podría caminar desde el tribunal y navegar hasta Lámpsaco. Sin embargo, no era una forma muy útil de plantear las cosas decir que sus huesos y músculos fueron la razón de su exilio. La obsesión de Anaxágoras por explicar los acontecimientos de manera única en términos de sus causas físicas le dejó a tientas en la oscuridad a la hora de tratar de comprender el comportamiento humano. El pueblo ateniense pensó que lo mejor era condenar a muerte a Anaxágoras; Anaxágoras, por el contrario, pensó que lo mejor era que sus amigos pidieran clemencia en su nombre y lo que a él le parecía una sentencia más leve. Obvio, esas fueron las razones de sus actos. Por tanto, Sócrates decidió preocuparse cada vez más por aquellas cuestiones relacionadas con nuestros valores, como qué es lo que los hombres consideran mejor en la vida y cómo se relaciona con lo que es éticamente bueno o malo.

La práctica de la clarificación de valores

La mayoría de la gente supone, y así se suele afirmar a menudo, que Sócrates no escribió nada. Pero esto no es del todo cierto. Según el *Fedón* de Platón, mientras Sócrates esperaba su ejecución, intentó escribir poesía por primera vez. (También se rumoreaba que había ayudado a su amigo Eurípides a componer algunas de sus tragedias). Redactó mientras estuvo encarcelado un himno de alabanza al dios Apolo, el Señor de las Musas, que en cierto modo era también el dios patrón de la filosofía. Una fuente posterior afirma que comenzaba con los versos:

> *¡Salve, Apolo, señor de Delos!*

Sócrates era un admirador de las fábulas de Esopo y también intentó convertir una de ellas en verso. Nuestra fuente afirma que comenzaba con las siguientes palabras:

«No juzguéis la virtud, hombres de Corinto,
como la deciden los tribunales», clamaba Esopo.[25]

La «virtud» es la traducción convencional de la palabra griega *areté.* Los académicos modernos tienden a preferir «excelencia», ya que *areté* se refiere a las cualidades que hacen que algo sea excepcionalmente bueno. Una buena mesa, por ejemplo, es robusta y uniforme; un buen caballo es fuerte y rápido, pero ¿qué hace que un ser humano sea bueno? La cita parece apuntar a que sería una estupidez, como cuando se consulta a un jurado, el hecho de tomar las opiniones de la mayoría de la gente como guía de lo que es mejor en la vida. Hoy llamamos a ese error *argumentum ad populum*, la falacia de apelar a la popularidad de una idea como si eso demostrara que es correcta. Sin duda, estaría en consonancia con el carácter de Sócrates abrir su poema recordándonos que debemos pensar por nuestra propia cuenta.

La respuesta a la pregunta «¿Qué es lo mejor en la vida?» es demasiado importante como para que dependa de otras personas. Cada uno de nosotros tiene el deber de responderla por sí mismo, mediante el uso de su propia razón. Sócrates se frustró cada vez más con los filósofos naturales porque creía que se centraban demasiado en las causas físicas y no se preocupaban lo suficiente por la ética, que plantea las cuestiones más importantes de la vida humana. Aunque la palabra *filosofía* significa literalmente «amor a la sabiduría», Anaxágoras tenía muy poco que decir sobre la naturaleza de la sabiduría o sobre la bondad moral y la virtud. Estaba preocupado por el «cómo» de la vida, mientras que Sócrates quería saber el «por qué»: ¿con qué objetivo o propósito vivimos?

El primer paso que daremos, por tanto, consiste en centrarnos de lleno en la cuestión de qué es lo mejor para el ser humano: ¿qué significa vivir bien y prosperar? La palabra griega que designa este concepto es *eudaimonía*. Es una palabra poco habitual y difícil de traducir correctamente, pero *eudaimonía* se refiere de manera básica a la condición de alguien que vive una buena vida, o más bien la mejor vida posible. Tradicionalmente se ha traducido por la palabra *felicidad*, pero esto deriva de un uso anticuado del inglés. *Feliz* significaba antiguamente «bienaventurado» o «afortunado». La felicidad, en su sentido original, es lo contrario de ser desdichado. En otras palabras, la felicidad es algo más que un sentimiento: es un estado del ser.

Un buen terapeuta dirá que hay una gran diferencia entre «sentirse mejor» y «mejorar». Los antiguos filósofos nos muestran que hay una gran diferencia entre «sentirse bien» y «estar bien», o incluso entre «sentirse feliz» y «ser feliz». Es un ejemplo de nuestra tendencia a confundir apariencia y realidad: sentirnos bien nos parece bueno. Un adicto, por ejemplo, puede ser feliz en el sentido de sentirse bien, pero ser totalmente desdichado en el sentido de vivir mal. La palabra *eudaimonía*, por el contrario, significa tener una vida feliz en el sentido de ser afortunado o de florecer en la vida.

No tenemos una palabra satisfactoria en español para describir este concepto, mientras que los antiguos filósofos griegos lo consideraban lo más importante de la vida. Tal vez sea una señal de que, a lo largo de los siglos, nos hemos vuelto más complacientes, más dependientes de las opiniones de los demás y tan perezosos que descuidamos razonar por nosotros mismos sobre el objetivo fundamental de la vida.

Sócrates empezó con el paso del tiempo a entablar discusiones con sus amigos todos los días, examinando sus propias vidas y debatiendo el significado de la *eudaimonía*. Varios de sus alumnos escribieron diálogos basados supuestamente en esas conversaciones, y fue a través de estos «socráticos» como su filosofía llegó a ser conocida por las generaciones posteriores. Se dice que los principales alumnos de Sócrates fueron Platón, Jenofonte y Antístenes. Esquines, Fedón, Euclides y Aristipo también escribieron diálogos de Sócrates y atrajeron a sus propios seguidores. Aunque la mayoría de estas obras se han perdido, como ya se ha dicho, las de Platón y Jenofonte sobrevivieron. Estos diálogos suelen centrarse en la tarea de definir un concepto importante, a menudo una virtud ética. Por ejemplo, la obra magna de Platón, *La República*, se ocupa de forma principal de la definición de la justicia.

Aunque el mismo Sócrates no dejó ningún diálogo, es posible que los poemas mencionados no fueran lo único que escribió. Muchos siglos después, el filósofo estoico Epicteto les diría a sus alumnos que Sócrates escribió tanto o más que cualquier otro filósofo. ¿Cómo es posible, si no dejó nada? Epicteto afirmaba que Sócrates guardaba numerosas notas privadas, tal vez como una versión antigua de un diario de superación personal. En estos escritos, solía examinar y reevaluar sus propias convicciones. Como no siempre podía tener interlocutores con los que debatir, Sócrates «solía discutir consigo mismo y examinarse a sí mismo», se nos dice, por medio de notas escritas. En cualquier momento dado, siempre utilizaba sus notas privadas para aplicar su método filosófico al menos a una cuestión práctica. «Estas son las cosas que escribe un filósofo», dice Epicteto.[26]

Sócrates comenzó su poema sobre Esopo refiriéndose al concepto de virtud; sus notas privadas muy posiblemente tenían un enfoque similar. De hecho, Epicteto afirma que Sócrates solo escribía para su propio beneficio y el cuidado de su alma. Dejó la redacción de ensayos filosóficos y diálogos, se nos dice, a sus seguidores, que estaban más preocupados que él por el reconocimiento público. En otras palabras, Sócrates llevaba una especie de diario de superación personal, pero que nunca estuvo destinado a ser publicado. Aunque estas notas privadas existieran, no tenemos ni idea de cómo eran. Pero tal vez sí la tengamos. Resulta que poseemos un breve diálogo, escrito por Jenofonte, en el que Sócrates aparece enseñando a un joven filósofo a clarificar sus valores mediante un ejercicio formal escrito.

En el último capítulo vimos preguntas diseñadas para ayudarnos a reevaluar de forma crítica nuestros objetivos y deseos en la vida. Ahora vamos a pasar del uso destructivo o negativo de las preguntas a su uso constructivo o positivo. Muchos años después, un joven preocupado por la mejora personal le preguntó a Sócrates cuál era el mejor sitio para empezar a aplicar la filosofía. Le respondió que nuestro viaje filosófico debía comenzar por comprender los conceptos de bien y mal, concretamente en relación con llevar una vida virtuosa. Sócrates le mostró entonces cómo aplicar su método filosófico a tales conceptos utilizando un ejercicio muy similar a la «técnica de las dos columnas» que se encuentra en la terapia cognitiva moderna.[27] Vamos a empezar con una versión simplificada, que yo llamo la técnica de «una columna».

Coge un trozo de papel, o utiliza un ordenador, y piensa en un montón de ideas con una lista de las cosas que crees que contribuyen a la *eudaimonía* o la buena vida. En otras palabras, ¿qué constituye la prosperidad, el éxito personal? Otra forma de enfocar esto sería pedirte a ti mismo que definieras lo que es bueno enumerando todas las cosas más importantes de la vida. Intenta pensar por ti mismo y, como aconsejaba Sócrates, cuestiona tus suposiciones sobre lo que es bueno o contribuye a esa prosperidad. Por ejemplo, al principio puede que digas que para prosperar hace falta salud física, pero ¿se te ocurre algún ejemplo de personas que hayan tenido éxito en la vida a pesar de tener mala salud o estar discapacitadas?

Seguramente tendrás que repetir este ejercicio varias veces. Puede que incluso tengas la sensación de que tu lista evoluciona de forma constante. Es normal. Cada vez que revises las respuestas que has dado, intenta llegar más lejos que antes para crear una definición más precisa y completa. Aquí tienes algunas preguntas, derivadas de uno de los diálogos socráticos, que pueden resultarte útiles:

- ¿Qué es, para ti, la felicidad o la prosperidad (*eudaimonía*)?
- ¿A qué tipo de persona se la puede denominar como próspera?
- ¿Qué tipo de cualidades o posesiones pueden contribuir a la «prosperidad»?
- ¿Cuál sería la definición de una persona «próspera»?
- ¿Cómo podemos describir la prosperidad?

Se trata de preguntarnos qué significa vivir lo mejor posible. A eso se referían los antiguos filósofos cuando se planteaban la pregunta fundamental: «¿Qué es una buena vida?»

o «¿Qué es la *eudaimonía*?». Es parecido a preguntarse «¿Cuál es el objetivo o propósito fundamental (*telos*) de la vida?». En general, los filósofos griegos asumían que la *eudaimonía* representaba el objetivo supremo de la vida, aunque discrepaban sobre cómo definirla con mayor precisión. En cierto modo, plantearse este tipo de preguntas era el equivalente antiguo de preguntarse «¿Cuál es el sentido de la vida?». Para prácticamente todos los filósofos griegos, la buena vida parecía consistir, al menos en parte, en ciertas virtudes, entre las que destacaba la sabiduría.

Una de las mayores innovaciones en el campo de la psicoterapia moderna en las últimas décadas ha sido el cambio hacia un mayor énfasis en los valores personales. Por ejemplo, antes se creía que para tratar la depresión clínica había que ayudar a los pacientes a identificar actividades placenteras e introducir más de ellas en su rutina diaria. Ahora nos damos cuenta de que la depresión tiene más que ver con la falta de sentido que con la falta de placer. La psicoterapia moderna para la depresión basada en pruebas, como la denominada «activación conductual», se centra en aclarar cuáles son los auténticos valores de cada persona, sobre todo los relacionados con los puntos fuertes del carácter, y en realizar más actividades que sean coherentes con ellos.[28] Las personas suelen deprimirse cuando sienten que sus vidas están vacías o carecen de sentido, porque se han alejado demasiado de sus valores fundamentales y del tipo de personas que en realidad quieren ser. Aun así, todo el mundo puede beneficiarse de la aclaración de nuestros valores y de aprender a vivir más coherentemente de acuerdo con ellos.

Sócrates abandona el taller

Las preguntas del tipo más profundo sobre la filosofía natural seguían preocupando a Sócrates mientras seguía trabajando en el ajetreo del taller de su padre. Pasaba los dedos por el liso mármol de Paros de las *Tres Cáritas*, ya casi terminadas. Cuando le preguntaron cuál era el propósito de su vida, Anaxágoras dirigió la mirada hacia el cielo y luego respondió con melancolía que había nacido «para estudiar el sol, la luna y los cielos». Les había contagiado a sus alumnos esa pasión por el conocimiento, y poco a poco se había extendido a la juventud de Atenas. A Anaxágoras se le llamaba tanto filósofo, o «amante de la sabiduría», como «hombre sabio». Era experto en muchos campos. Aun así, la sabiduría que poseía le había servido de poco durante su juicio. Acabó como un hombre destrozado, que se había encogido de vergüenza ante el jurado, y se había postrado ante ellos suplicando su misericordia. ¿De qué servía saber si el sol es una roca ardiente si uno no poseía una sabiduría que le ayudara a mantenerse firme ante el tribunal, enfrentándose a la injusticia con la misma valentía que un soldado se enfrenta al enemigo en la batalla, en lugar de huir al exilio y vivir temiendo por su vida? Cuando se encontró mirando a la muerte a los ojos, Anaxágoras se tambaleó, pero Sócrates no lo hizo.

Anaxágoras había convencido a sus seguidores de que el objetivo de la vida era la filosofía contemplativa y el estudio de la naturaleza, que puede liberarnos de las supersticiones. Sócrates, sin embargo, acabaría convencido de que, en realidad, se trataba del estudio del ser humano. El filósofo jonio suponía que nos hacemos sabios contemplando el cielo y aprendiendo muchas cosas sobre la naturaleza, pero ¿y si se equivocaba?

¿Cómo podemos estar seguros si primero no respondemos a la pregunta «¿Qué es la sabiduría?»? Para ello, tendríamos que examinar no los cielos, sino nuestra propia vida. Sócrates decidió que la filosofía no puede prometer al hombre nada externo. Del mismo modo que la piedra es el material con el que trabaja el cantero, la propia vida de cada individuo es el único material adecuado para quienes quieran practicar el arte de vivir.

Sócrates se dirigió a sus amigos desesperado.

—Dejo mis herramientas —les dijo con brusquedad—. Me es imposible seguir.

Algunos de ellos se quedaron escandalizados y le advirtieron que, si no volvía al trabajo, corría el riesgo de provocar el estallido del famoso carácter violento de su padre. A pesar de aquello, Querefonte y Critón lo comprendieron, porque a ellos les preocupaban precisamente las mismas preguntas. Querefonte incluso llegó a estar bastante preocupado por su amigo. ¿Qué diría la familia de Sócrates sobre abandonar la profesión de su padre? ¿De qué viviría? Entonces, ocurrió algo que cambiaría la vida de Sócrates para siempre.

Critón sonrió e hizo un gesto hacia las *Tres Cáritas.*

—Sócrates, amigo mío, supón que los dioses te concedieran una bendición hoy mismo. ¿Deberías aceptarla con elegancia o con ingratitud? —le preguntó.

—Con gratitud, por supuesto —respondió Sócrates—. Si al menos supiera a qué te refieres, pero, por el perro, ¡de todos modos trataría de ser agradecido!

—Como todo el mundo sabe, tuve la suerte de heredar lo que muchos consideran un gran recurso en forma de tierras que me dejó mi padre, y que he rentabilizado admirablemente, en eso creo que estarás de acuerdo conmigo —le explicó Critón. Sócrates, perplejo, asintió—. En nuestro pequeño círculo de amigos ha ocurrido que lo único que nos gusta es discutir de filosofía, pero, lo cierto es que, sin tu habilidad para interrogar, nuestras conversaciones tendrían poco valor —añadió.

—¿Qué quieres decir? —quiso saber Sócrates.

—Amigo mío, tienes un talento único, para plantear las preguntas más cruciales, las que todo el mundo suele ignorar. Aunque a menudo salgo de tu presencia sintiéndome confuso, y parece que nunca llegamos a las respuestas que buscamos. Con el paso del tiempo he llegado a creer que este viaje, estimulado por tus hábiles preguntas, ha sido más valioso para mí que cualquier conferencia a la que haya asistido o cualquier libro que haya leído.

—Es muy generoso de tu parte decirlo...

A Sócrates le divertía que, por una vez, su carácter interrogador hubiera complacido a alguien en lugar de irritarle.

—Ya no necesitarás tus herramientas, pues nunca volverás al taller de tu padre —afirmó Critón.

Sócrates, desconcertado, intentó hablar de nuevo, pero Critón le hizo callar.

—Deseo regalarte la tierra suficiente como para que te construyas una pequeña casa, y lo suficiente además para que la alquiles, ganándote así la vida con tu propiedad mientras ayudas a otros a beneficiarse de su trabajo.

Sócrates trató de negarse, pero Critón insistió.

—Si deseas ejemplificar la gratitud, como has dicho, aceptarás mi regalo con elegancia, y me lo devolverás de la siguiente manera...

—Te lo pagaré como pueda, amigo mío —le interrumpió Sócrates—. Pero sin el trabajo de mis manos, ¿cómo voy a poder hacerlo?

—Mediante el trabajo de tu mente —le contestó Critón riendo—. Y espero que la ejercites al máximo asistiendo a las conferencias de los sabios, siempre que sea posible, y pasando tu recién descubierto tiempo libre discutiendo sus ideas con nosotros, tus amigos, pues me parece que eso es lo que más nos beneficia a todos.

Querefonte no pudo contenerse más y se abalanzó sobre Critón y Sócrates entre carcajadas de alegría.

Sócrates se dio cuenta de que la filosofía con la que había crecido no era la que necesitaba. Se nos dice que «Critón lo sacó de su taller y lo educó, impresionado por la belleza de su alma». Tuvo la libertad de pasar el resto de sus días discutiendo filosofía moral con amigos y desconocidos por igual, entre las tiendas y columnatas del Ágora. Anaxágoras y los demás filósofos naturales habían asumido que la filosofía, el amor a la sabiduría, significaba adquirir tantos conocimientos como fuera posible. Para Sócrates, no obstante, algunas formas de conocimiento eran inconmensurablemente más importantes que otras. La filosofía exigía examinar la naturaleza de la sabiduría e ideas como la bondad, la virtud y la justicia. En lugar de trabajar en la piedra, esculpiendo imágenes de los dioses, Sócrates comenzaría a esculpir su propio carácter. Se esculpiría a sí mismo, cincelando para retirar los restos de las falsas creencias, con la esperanza de revelar la verdadera naturaleza de su propia alma. Por lo tanto, Critón, su amigo, sacó a Sócrates del taller de su padre y se dedicó toda su vida a descubrir una nueva forma de filosofía.

3
EL SÓCRATES FEMENINO

Tras abandonar el taller de cantero, Sócrates se entregó al estudio de la filosofía. Tenía talento para detectar las contradicciones, algo que su nuevo círculo de amigos encontraba agotador. Sócrates, decían, no podía considerar una afirmación sin que se le ocurriera inmediatamente alguna excepción u observación contraria. Sin embargo, a sus viejos amigos Critón y Querefonte les encantaba todo aquel cuestionamiento, y poco a poco otros empezaron a fijarse en el talento de Sócrates para el debate racional, o lo que los griegos llamaban dialéctica.

Anaxágoras, por ejemplo, había afirmado que el sol era un enorme trozo mineral de hierro al rojo vivo, como el metal fundido en una fragua. Al principio esto le pareció plausible a Sócrates; incluso hoy en día, mucha gente sigue pensando que el sol es una gran bola de fuego. Pero pronto empezó a notar sutiles problemas con esta hipótesis.

—Los herreros miran todo el día el metal que se trabaja en sus fraguas, y cualquiera puede mirar incluso el más grande de los fuegos, pero nadie puede mirar al sol durante mucho tiempo sin quedarse ciego —afirmó.

Querefonte se quedó sin palabras, al igual que sus compañeros filósofos.

—La piel se broncea tras quedar expuesta a la luz del sol, pero ¿cómo responde al fuego? —añadió Sócrates.

Querefonte se mostró de acuerdo en que la cercanía del fuego puede quemar nuestra piel, pero nunca la broncea.

—¿Algo más? —preguntó con un suspiro.

—La verdad es que sí —respondió Sócrates—. La luz del sol nutre las plantas, pero el fuego las mata.[1] En resumen, el sol parece fuego, pero no se comporta como lo haría el fuego.[2]

A Sócrates las explicaciones de la filosofía natural, aunque plausibles, le parecían a menudo simplemente especulativas. A medida que surgían en su mente más dudas de este tipo, empezó a ver la supuesta «sabiduría» de Anaxágoras como presuntuosa, incluso ridícula, como su afirmación de saber que los hombres vivían en moradas en la Luna. Sócrates también se sintió decepcionado por la actitud conservadora de los filósofos naturales hacia las cuestiones éticas. Si hablaban de la virtud, lo hacían por lo habitual como los moralistas tradicionales, para dar máximas o ejemplos de grandes hombres, derivados de las obras de Homero y otros poetas famosos. Sócrates seguía buscando un método filosófico que le permitiera evaluar de manera crítica estas afirmaciones sobre el bien del hombre, con el fin de examinar el objetivo mismo de la vida.

Se decía que Fenáreta, la madre de Sócrates, era una mujer formidable e inteligente.[3] Descrita por su hijo como una matrona «noble y corpulenta», se la consideraba una *maia*, una mujer mayor y sabia que aconsejaba a los padres sobre el casamiento de sus hijas y, posteriormente, atendía a las futuras madres como comadrona.[4] Sabía identificar las virtudes de los jóvenes y llamar la atención sobre ellas de las mujeres y sus familias. Su nombre, bastante apropiado, significa «la que saca a la luz la virtud».

A Fenáreta no se le había pasado por alto que su hijo, extremadamente inquisitivo, estaba superando a los filósofos naturales. Por eso, cada vez que Sócrates estaba cerca de ella, mencionaba a alguien venido del extranjero que había llegado a Atenas y había obtenido el favor de Pericles no mucho antes de que Anaxágoras se exiliara. Era una de las mujeres más notables y controvertidas de la historia griega: se llamaba Aspasia de Mileto.

Fenáreta había acudido varias veces a casa de Aspasia para oírla hablar de su tema favorito, el arte de amar.[5] Le había sorprendido gratamente encontrarse en presencia de una mujer intelectual, aunque de dudosa reputación en la ciudad. Cuando se le presentó la ocasión, llamó naturalmente la atención de su hijo sobre las cualidades de esta mujer.

—¿Has oído hablar de la invitada de Pericles, la dama de Mileto? —le preguntó.

—¿La jonia que viste finas sedas de Kos? —respondió Sócrates encogiéndose de hombros—. En el Ágora la llaman prostituta y alcahueta de otras mujeres para los ricos.

Hubo un momento de incómodo silencio. Sócrates había evitado por los pelos una reprimenda: las matronas como su madre, que presentaban a mujeres jóvenes a posibles pretendientes, se cuidaban mucho de ser acusadas de proxenetas.

—Sería más exacto describirla como una filósofa y una experta casamentera —le explico Fenáreta con paciencia.

—¿A qué te refieres? —inquirió Sócrates, intrigado de repente.

—¿Cuáles crees que son los deberes de una buena casamentera? —le preguntó Fenáreta.[6]

—No muy distintos de los de una buena proxeneta o *madame*, y quizá ahí esté la confusión —replicó Sócrates. Fenáreta frunció el ceño, pero estaba acostumbrada a la franqueza de su hijo. Sócrates se lo pensó un poco más y luego añadió—: Debe presentar a su cliente de la forma más atractiva posible.

—¿Cómo? —quiso saber Fenáreta.

—Se trata de arreglarse bien el pelo y la ropa, como te he visto hacer a ti.

—Por supuesto —admitió Fenáreta—. Pero ¿acaso no es posible que alguien con ropa fina, cara bonita y ojos atractivos mire mal a la gente?

Sócrates estuvo de acuerdo.

—¿Y qué hay de una persona con una voz que suene muy dulce y encantadora, pero, aun así, la utilice para decir cosas bastante desagradables?

Su hijo asintió de nuevo.

—Algunas formas de hablar hacen amigos, mientras que otras hacen enemigos —reflexionó.

—Como ves, una buena casamentera también debe instruir a su clienta para que hable y actúe de un modo lo más atractivo posible para los demás.

Sócrates admitió que a menudo había oído hablar de su madre haciendo precisamente esto con las jóvenes elegibles, a las que había sido llamada a visitar.

—¿Quién, además, sería mejor casamentera, aquella que pudiera hacer a su clienta atractiva para una persona o para muchas?

Sócrates supuso que la respuesta debía ser muchas, aunque se dio cuenta de que esa descripción del arte de su madre, influida sin duda por Aspasia, empezaba a sonar en efecto más a la de una *madame* que a la de una casamentera. Fenáreta, sin percatarse de su mirada de perplejidad, continuó:

—¿Y no sería la mejor casamentera de todas la que puede hacer que sus clientas atraigan de este modo a toda la ciudad?

Sócrates asintió una vez más. Pensó que una casamentera experta capaz de describir a su clienta de forma que resulte atractiva podría incluso convertirse en embajadora de Atenas y ayudar a la ciudad a entablar amistad y formar alianzas con otras ciudades, aunque en la sociedad griega nunca se había otorgado tal papel a una mujer.

A Sócrates le cautivó la sensación de que su madre hablaba no solo de emparejamiento, sino también de formación de la virtud.

—¿Qué más has oído enseñar a esta Aspasia sobre el arte de amar? —le preguntó Sócrates.

—Como bien sabes, la diosa Afrodita tiene dos tipos diferentes de santuarios —le explicó Fenáreta—. Unos están dedicados a la Afrodita Común y otros a la Afrodita Celestial.

Afrodita Pandemos y Afrodita Ourania eran sus nombres griegos.

—La Afrodita Común, hija de Zeus, es la principal responsable del amor físico. La Afrodita Celestial, no obstante, fue creada a partir de Ouranos, un dios mayor y más sabio, y se ocupa de amar a los demás por su carácter. —Fenáreta hizo una pausa porque sabía que estaba a punto de llegar a una cuestión que le sería de sumo interés a su hijo filósofo—. La gente suele rezar a la Afrodita Común para que preste su encanto a sus palabras y acciones, pero esta plegaria solo la puede cumplir su homóloga celestial, que nos enseña a amar la mente más que el cuerpo.

Fenáreta comentó que, según su experiencia, quienes se enamoran de otras personas únicamente por su bello aspecto a menudo se frustran con el carácter de su amada, en especial si el afecto de la pareja no es recíproco. A menudo acaban amando y odiando a la misma persona. Incluso si nos enamoramos de la belleza física de alguien y no acabamos frustrados con su comportamiento, debemos reconocer que el buen aspecto se desvanece a medida que envejecemos.

—Si tu afecto por alguien es puramente físico, está destinado a menguar con el tiempo, mientras que, si te has enamorado de su carácter, tu amor puede hacerse más profundo a medida que se hace más sabio con la edad.

Además, explicó, la atracción física puede ir apagándose con el tiempo simplemente por el exceso de familiaridad, del mismo modo que nuestro apetito por la comida y la bebida se sacia si comemos demasiado. Pero el amor al carácter de alguien, si es de verdad bueno, solo se enriquece con la familiaridad, a medida que aprendemos a apreciar más sus virtudes. Además, si la persona amada progresa hacia la sabiduría y la virtud, se hace aún más merecedora de nuestro amor.

—Es más natural que el amor de la mente sea recíproco que lo sea el amor del cuerpo —añadió Fenáreta—. Para empezar, ¿cómo podrías odiar a alguien que sabes que te ve como una persona de verdad buena? No tienes garantizado que le vayas a amar a cambio, pero es más probable que lo hagas si se interesa por tu personalidad y no solo por tu aspecto. En segundo lugar, ¿cómo podrías odiar a alguien si sabes que se preocupa más por lo que es bueno para ti que por lo que es sexualmente gratificante para sí mismo?

Sócrates se mostró de acuerdo. El amor de otro puede influir en nuestro carácter moral. Alguien que cree que es amado principalmente por su aspecto físico cultivará su apariencia, llegando incluso a descuidar su alma. Quien sabe que es amado por su alma, la cultivará por encima de todo, y se convertirá en una persona mejor.

—Sin embargo —continuó Fenáreta—, además de mejorar a su persona amada, un amante del bien también se mejora a sí mismo, y eso es el mayor beneficio que puede obtener del amor.

—¿Cómo? —quiso saber Sócrates.

Fenáreta le explicó que, si el amante tiene sentido común, se dará cuenta de que no puede hacer buena a su persona amada a menos que él mismo llegue a ser bueno.

—Además, supón que amas a dos personas, a una tan solo por su cuerpo, por su buena apariencia, y a la otra por la bondad y sabiduría de su mente. —Sócrates escuchó atentamente—. ¿A cuál de las dos confiarías el cuidado y la mejora de tus propiedades? ¿A cuál para criar y mejorar a tus hijos?

Sócrates no necesitó responder.

—Entonces, ¿a cuál de estas dos personas estarías dispuesto a confiar toda tu vida, tu alma y tu propia mejora? —le preguntó finalmente su madre.

Sócrates pareció sumido en sus pensamientos durante un momento.

—Entonces, ¿cómo puede uno atraer a alguien bueno para que se enamore de él?

—Para encantar al amado, la diosa Afrodita enseña a sus seguidores a lanzar hechizos y hacer girar ruedas mágicas —respondió Fenáreta, sonriendo.

Sócrates se mostró desconcertado.

—Venga, respóndeme a esto —añadió Fenáreta sin dejar de sonreír—. ¿Qué debes hacer si quieres que un amigo te invite a cenar?

—Pues claro —exclamó Sócrates—. Primero le invitaría a mi propia casa.

—Y si quieres que un extranjero te muestre hospitalidad cuando visitas su país, ¿qué deberías hacer?

Sócrates contestó que suponía que primero había que mostrar hospitalidad al visitante cuando estaba en Atenas.

—Así que ya sabes tejer los hechizos que pueden encantar a los demás —declaró Fenáreta—. Debes comportarte como deseas que se comporten los demás. Si quisiera simplificar aún más el encantamiento, diría: quien desea ser amado primero debe aprender a amar a los demás.

Sócrates se quedó estupefacto. Nunca había soñado que podría aprender más sobre la virtud preguntando a su madre por su pericia como casamentera que escudriñando los escritos de los más grandes filósofos vivos.

—¿Dónde puedo estudiar este arte? —inquirió Sócrates.

Fenáreta se sintió complacida por el entusiasmo de su hijo. Explicó que Aspasia parecía una sacerdotisa de la Afrodita Celestial, pues enseñaba a quienes acudían a verla cómo mejorarse a sí mismos y a los demás, a través del amor a las virtudes de la mente.

—¿Cómo es posible que haya estado estudiando filosofía todos estos años sin enterarme de estos misterios? —murmuró Sócrates.

Fenáreta sonrió y esperó a que él respondiera a su propia pregunta.

—Porque hasta este mismo momento, solo se me había ocurrido preguntar a los hombres —añadió desconcertado.

El diálogo con Aspasia

Aspasia tenía casi la misma edad que Sócrates y, aunque procedía de una clase social y una cultura diferentes, eran almas gemelas. Era una mujer inteligente, con una mente inquisitiva y que estaba fascinada por el lenguaje. Procedía de la cuna de la escuela filosófica jónica, cuyas enseñanzas había estudiado Sócrates. Fenáreta, experta casamentera, consideró que su deber era presentar a Sócrates a Aspasia. Ambos se hicieron amigos rápidamente.[7]

Durante uno de sus primeros encuentros, Sócrates sugirió que el amor se encontraba entre los bienes más elevados, con lo que quería decir que era una de las cosas más importantes de la vida.[8] Aspasia se había pasado la vida reflexionando sobre estos misterios, y su arqueo de cejas le dejó bien claro que sus opiniones le parecían demasiado ingenuas y simplistas.

—Dime, ¿el amor es de algo o es de nada? —le preguntó a Sócrates.

—¿Quieres decir si el amor tiene siempre un objeto? —respondió Sócrates en tono servicial antes de continuar—: Seguramente sí, puesto que todo amor se dirige hacia lo que se ama; de hecho, a menudo nos referimos a su objeto como «lo amado».

—¿Cómo podríamos definir con más precisión el objeto del amor? —inquirió Aspasia.

Sócrates respondió que, en su opinión, el verdadero objeto del amor es lo que llamamos «belleza» o «bondad», que, según dijo, pueden incluso equivaler a lo mismo.

—¿El amor es entonces un deseo de tener lo que es amado, como lo bello o lo bueno?

Sócrates asintió con lentitud.

—¿Puede el amante poseer ya lo que desea? —inquirió Aspasia.

La voz de Sócrates sonó llena de incertidumbre cuando respondió que no, que normalmente carecemos de lo que deseamos.

—Pero seguro que los ricos, por ejemplo, a veces hablan de su amor por la riqueza que ya tienen —soltó.

Aspasia ya se esperaba esta objeción, muy frecuente entre los alumnos novatos. Le dijo que cuando estos decían que amaban algo que ya poseían, lo que realmente querían decir es que desean seguir teniéndolo. Aunque ya tuvieran plata o cualquier otro objeto precioso, no lo tienen de forma permanente, ya que el futuro es incierto. Por lo tanto, todo lo que podemos desear, todavía no lo poseemos en plenitud.

—El amor es el deseo de algo que no somos y que no tenemos —susurró Aspasia con voz misteriosa.

Sócrates sintió que la cabeza le daba vueltas, como si tal vez se estuviera enamorando de sí mismo. Murmuró vacilante:

—Si el verdadero objeto del amor es lo bello, entonces...

Hizo una pausa, perdido en sus pensamientos, así que Aspasia terminó la frase por él.

—Entonces el amor «quiere», pero no «tiene» belleza.

Sócrates la miró con gesto incómodo durante un momento en silencio. Sus grandes ojos marrones le daban un aspecto de inocencia, pero su ingenio e inteligencia eran innegables, y hablaba con notable elocuencia y seguridad en sí misma. Era una de las mujeres más bellas y enigmáticas que había visto en su vida. A regañadientes, admitió que, basándose en esa lógica, el amor en sí mismo no puede ser bello, puesto que su propia naturaleza es una carencia de belleza que desea encontrar en aquellos a quienes amamos. Y lo que era todavía peor, como Sócrates había tratado de equiparar la bondad y la belleza, esto significaba que al amor ni siquiera se le podía considerar algo bueno, ya que el amor siempre busca la bondad fuera de sí mismo.

Estos argumentos son bastante preocupantes por lo que significan para las relaciones humanas. Sócrates y Aspasia eran conscientes, además, de que el amor estaba personificado por el dios Eros. Su argumento, por tanto, parecía jugar con la impiedad, al insinuar que Eros no es bueno. Sócrates se sonrojó y empezó a moverse nervioso. Aspasia, experta indiscutible en el arte de amar, le había obligado a reconocer que el amor no era bueno ni bello. Tal vez los atenienses se equivocaban incluso al considerar al amor, o a Eros, como un dios.

Aunque Sócrates había acudido a escuchar a Aspasia hablar sobre el tema del amor, había algo más en su conversación que le había llamado la atención: el modo en el que la joven noble le había interrogado no se parecía a nada que él hubiera experimentado antes. Había bajado la filosofía de los cielos y la había aplicado a los asuntos humanos mediante el examen de sus suposiciones sobre la naturaleza del amor, algo de lo que nadie aparte de los poetas solía hablar. Volvió a pensar en una de sus citas favoritas de Homero. Ocurre cuando Odiseo se entera de «qué mal y qué bien se ha obrado en tus salas, mientras tú has recorrido tu largo y penoso camino»[9]. Después de haber estado perdido en su viaje filosófico durante casi una década, a Sócrates se le había mostrado un método que le ponía de nuevo los pies en la tierra con preguntas sobre la vida y las relaciones humanas. Aspasia estaba utilizando la filosofía para investigar asuntos mucho más importantes y cercanos que aquellos con los que había luchado el astrólogo Anaxágoras.

—Si el amor no es bello ni bueno, ¿eso significa que es algo feo y malo? —continuó Sócrates.

Aspasia volvió a sonreír.

—No, no, mi querido Sócrates, deberías saber que no debes suponer que lo que no es bello debe ser necesariamente feo.

Se sintió reprendido y escuchó en silencio mientras Aspasia continuaba:

—¿Todo el que carece de sabiduría exhibe necedad, o hay una tercera alternativa que se sitúa entre estos dos opuestos?

Sócrates le pidió a Aspasia que ilustrara su argumento.

—Alguien que sostiene una opinión correcta no es exactamente ignorante, pero tampoco es sabio, a menos que sea capaz de justificarla racionalmente —le explicó ella.

—Ya veo —admitió Sócrates—. El hombre necio es como alguien perdido en el bosque, el sabio como alguien que sabe exactamente cómo encontrar el camino que necesita. El hombre que sostiene una opinión correcta, sin conocer el razonamiento que hay detrás de ella, sin embargo, es como alguien que por casualidad camina por el sendero correcto. No sabría volver a encontrarlo si se perdiera. Aun así, todos en Atenas están de acuerdo en que el amor, o Eros, es uno de los dioses más grandes.

Aspasia se echó a reír.

—¿Quieres decir que están de acuerdo todos los sabios o todos los necios?

—Todos ellos juntos, creo —dijo Sócrates con torpeza.

Con todo, se dio cuenta de que a ella no le convencía en absoluto esta apelación a la opinión popular.

—Vamos, vamos —replicó Aspasia—, ¿cómo va a ser eso posible si algunos ni siquiera lo consideran un dios?

—¿A quiénes te refieres? —preguntó Sócrates.

—Pues a ti, por un lado, y a mí, por otro —respondió ella.

Aspasia le continuó explicando que los atenienses suponen que los dioses son por completo felices y están satisfechos y plenos (*eudaimon*). Estar satisfecho y pleno significa tener todo lo que es bueno en la vida, pero si Eros carece de lo que es bueno, no puede estar verdaderamente satisfecho y, por tanto, no es un dios. Concluyó que Eros no es ni un mortal ni un dios, sino un *daimonion*, un ser sobrenatural que existe entre los mortales y los dioses.

Aspasia añadió que Eros no tenía el aspecto que se le suele atribuir: el de un hermoso joven alado coronado de rosas. Por el contrario, lo describe como una figura paradójica. Por un lado, parecía del todo empobrecido, correoso y sucio, y andaba por ahí sin zapatos y sin hogar, durmiendo en los portales, como un vagabundo. Por otro lado, aparecía como alguien extremadamente inteligente, ingenioso y hábil en la búsqueda de lo bello y lo bueno. Era como un hechicero astuto, que trataba siempre de encontrar la sabiduría en compañía de desconocidos, mientras los hechizaba con sus palabras. En resumen, Eros se parecía a un filósofo, y Aspasia hizo que se pareciera mucho al mismísimo Sócrates.

Ninguno de los dioses filosofa, continuó Aspasia, porque ya son sabios. Tampoco los mortales, que son tan necios que no les importa la sabiduría. La filosofía, o el amor a la sabiduría, es una condición intermedia, que sirve de puente entre la necedad y la sabiduría. Aspasia le dijo que, por tanto, Eros no era un dios, sino un filósofo. Según ella, Sócrates había asumido de manera errónea que el amor era bello porque tendemos a confundir las cualidades del amor con las del amado. Anaxágoras, el primer filósofo de Atenas, y otros como él profesaban tener conocimiento de muchas cosas, lo que consideraban que les hacía sabios. La gente acudía a estos filósofos en busca de respuestas sobre la naturaleza del universo. Daba la impresión de que Aspasia tenía una noción radicalmente distinta de la filosofía, que ponía menos énfasis en ofrecer respuestas y más en hacer las preguntas adecuadas, un talento por el que Sócrates se estaba forjando una reputación.

—De acuerdo —replicó Sócrates mirándola directamente a los ojos—, pero si lo que dices es cierto, y el amor en sí no es bueno, ¿de qué puede servir a la humanidad?

—Permíteme que te lo demuestre —replicó Aspasia, y le formuló otra pregunta—: Dado que el amor desea de algún modo lo bello, ¿qué es lo que desea de lo bello?

Sócrates respondió que el amor desea poseer lo que es bello.

—Pero, más concretamente, ¿en qué se beneficiará alguien obteniendo lo que es bello? —insistió Aspasia.

Sócrates no fue capaz de responder, así que Aspasia formuló la misma pregunta de otra manera.

—¿Qué tendrá aquel que desee lo verdaderamente bueno y lo consiga?

La respuesta a esta pregunta se le ocurrió con mayor facilidad a la mente griega de Sócrates porque todo el mundo estaba de acuerdo en que, por definición, alguien que consigue lo que es verdaderamente bueno vivirá una buena vida y experimentará la plenitud o *eudaimonía*. En resumen, habrá alcanzado el objetivo de la vida.

La mayoría de las cosas que deseamos en la vida no son más que un medio para alcanzar otro fin. El ejemplo más obvio sería el dinero, que consiste en monedas o trozos de papel, sin valor intrínseco, pero que puede ser útil como medio para conseguir otras cosas. La plenitud, explica Aspasia, es un fin en sí mismo. No hay necesidad de preguntarse para qué «sirve» la plenitud, porque significa tener ya lo que sea bueno. No hay un objetivo más profundo: ¡eso es el sentido de la vida! El amor, bien entendido, sería, pues, el deseo de alcanzar la *eudaimonía* y de realizarse mediante la posesión de lo que es verdaderamente bueno.

—Lo único que deseamos además de la posesión de nuestro bien supremo es que sea duradera —dijo Aspasia—. El amor es un deseo de que el bien sea siempre propio. ¿Qué deben hacer, pues, los que aman y desean el bien?

—Si lo supiera, no habría venido aquí, buscando aprender la respuesta precisamente a esta pregunta —contestó Sócrates, sonriendo.

Aspasia procedió a explicar que el verdadero amor, en la práctica, busca crear algo a partir de la belleza, de un modo tanto físico como psicológico.

—El amor, en un sentido estricto, no desea tan solo poseer lo bello, sino crear algo por medio de lo bello. ¿Por qué el amor desearía procrear? Porque, como hemos acordado, el amor desea tener el bien para siempre, lo que requeriría la inmortalidad, pero para los mortales lo más cerca que podemos estar de la inmortalidad es crear continuamente algo nuevo. Lo más cerca que el cuerpo físico puede llegar a estar de la inmortalidad es mediante la creación de descendencia, y se dejan atrás jóvenes que sustituyen a los viejos. Ten en cuenta que se dice que eres la misma persona desde el día en que naces hasta el día en que mueres, pero, desde la infancia hasta la vejez estás cambiando de un modo continuo. Tu pelo y tus uñas, tu carne y tu sangre, mueren y se regeneran constantemente. Además, tu mente cambia por igual, día a día, con diferentes costumbres, rasgos de carácter, opiniones, miedos y deseos que van y vienen. Y lo que es más extraño, nuestros conocimientos evolucionan del mismo modo, ya que cada día olvidamos cosas viejas y aprendemos otras nuevas.

»Los seres mortales se conservan de este modo, no siendo siempre los mismos, como un dios, sino sustituyendo continuamente lo viejo por lo nuevo. Por esta razón, todo ser mortal ama a sus propios vástagos y creaciones, ya que estos pueden hacerle sentir un paso más cerca de la inmortalidad, y darle así una visión del bien eterno.

Sócrates se sintió asombrado ante aquella idea.

—Sacerdotisa, ¿eso es verdad?

—Mira cuánto aman la gloria tus compatriotas atenienses. ¿Por qué es tan importante para ellos? Parece incomprensible, a menos que entiendas que en aras de la inmortalidad están dispuestos a arriesgarlo todo, incluidas sus propias vidas, e incluso las vidas de sus hijos. —Y añadió, en voz baja—: ¿Crees que Aquiles habría arriesgado su vida y habría muerto en Troya si no creyera que su valor sería honrado por incontables generaciones?

»Mientras que algunas personas desean procrear, y encuentran parejas sexuales, tienen hijos, y de este modo logran la inmortalidad con la continuación de su linaje familiar, o eso creen, en cambio, otras se embarazan mentalmente, conciben y dan a luz lo que más corresponde a la naturaleza humana, es decir, la sabiduría y las demás virtudes. La más importante y bella de todas estas virtudes es la justicia, que consiste en organizar los asuntos de los hogares, de las comunidades e incluso de las ciudades. Mediante la justicia, aplicamos la sabiduría a nuestras relaciones y compartimos nuestra sabiduría con otros seres humanos.

Aspasia continuó con la explicación.

—El amante de la sabiduría, o filósofo, irá en busca de lo bello y lo bueno con quien pueda crear sabiduría y concebir justicia. Cuando halle a alguien en quien capte el potencial para el aprendizaje, los dos amigos se encontrarán discutiendo de un modo instintivo sobre la naturaleza de la virtud. Los amantes de la sabiduría mantienen una amistad más estrecha que los que tienen hijos en común porque sus creaciones, los pensamientos que comparten, son más bellas y están más cerca de ser inmortales. Por ejemplo, ninguno de nosotros envidia a Homero, Hesíodo y otros grandes poetas por sus hijos, que nadie puede nombrar, sino por las magníficas creaciones literarias que dejaron tras de sí. Los envidiamos precisamente porque su descendencia, su poesía, está más cerca de ser inmortal que los niños.

Sócrates se quedó embelesado y perplejo ante el discurso de Aspasia. Ella se quedó callada durante lo que le pareció una eternidad, y le miró directamente a los ojos, como si buscara el potencial que había en él. Sócrates había quedado tan cautivado por ella que, para su vergüenza, no se dio cuenta hasta ese momento de que Aspasia había estado interpretando en su conversación el papel del amante, y él, el de amado.

«¿Acaso sus preguntas están destinadas a fecundarme, y hacerme dar a luz, de algún modo, a la sabiduría? —se preguntó.»

De repente, Aspasia se levantó y se dio la vuelta, diciendo que aunque el hijo de Fenáreta se hubiera iniciado en los misterios menores del amor, no estaba segura de que estuviera preparado para las revelaciones más avanzadas que constituyen los misterios mayores.

Sócrates se quedó consternado ante la idea de que aquella conversación se terminara. Aspasia aceptó continuar si él se esforzaba por seguirla. Le explicó que, al aprender el arte del amor, el típico joven comienza por contemplar cuerpos hermosos y finalmente se decanta por aquel cuya forma física más admira. Sin embargo, con el tiempo tiene que darse cuenta de que la belleza que tanto admira en un cuerpo también existe en otros. De hecho, a lo largo de los siglos, los poetas han empleado las mismas palabras y frases para alabar el aspecto físico de innumerables amantes de aspecto diferente.

—A menos que seas muy tonto, deberías darte cuenta de que todos los ejemplos de belleza física son, al final, uno y el mismo —dijo sonriendo.

Lo que más nos gusta de la apariencia de un individuo, como unos bonitos ojos marrones, no puede ser algo único. Se trata de una cualidad física que sin duda se debe encontrar en innumerables individuos. Nuestro apego al cuerpo del individuo amado disminuye de un modo natural cuando nos damos cuenta de eso, lo que nos transforma, según Aspasia, en amantes de la forma humana en general.

—Con el tiempo, deberías alcanzar una revelación más profunda: que una mente bella es más digna de alabanza que un cuerpo bello y, de hecho, que la belleza del cuerpo es relativamente trivial —añadió.

Sócrates reconoció aquello como la doctrina de Afrodita Celestial, que su madre ya le había enseñado. Aspasia afirmaba asimismo que quien logre entenderlo se sentirá atraído más por quienes tienen buen carácter, aunque su aspecto físico sea modesto.

—El amante, que deseará disfrutar de esta forma de belleza, buscará mejorar a su amada, guiando a la persona hacia un mayor conocimiento y virtud. Con el tiempo, ya no se limitará a una sola persona amada, sino que se adentrará en el vasto mar abierto de lo bello, donde dará a luz, mediante la práctica incansable de la filosofía, a conversaciones y percepciones magníficas, con innumerables amigos y amantes. Al final, será capaz de discernir un arte filosófico especial, cuyo objetivo es contemplar la idea eterna de la belleza, el bien mismo.

»De eso trata el verdadero arte de amar, que funciona como si subiera los peldaños de una escalera —dijo para concluir—. Comienza con la apreciación de la belleza física de otro, luego de mucha más gente, luego de todas las personas. Pasa de los cuerpos bellos a las acciones bellas y, finalmente, a los pensamientos bellos, hasta llegar al pensamiento de la belleza pura. Cuando te hayas elevado de este modo a la contemplación de la belleza, entonces la vida merecerá la pena, y poseerás una auténtica plenitud o *eudaimonía*. De esta contemplación nacerán por primera vez la verdadera sabiduría y la virtud, y tus creaciones te acercarán lo más posible a la inmortalidad de los dioses —remató Aspasia.

Por lo tanto, la filosofía no consiste en acumular conocimientos, como erróneamente había supuesto Anaxágoras, sino en una especie de amor que, a la vez que reconoce con humildad su propia naturaleza empobrecida, trata de vislumbrar el ideal de la sabiduría y la bondad perfectas en conversación con amigos de ideas afines. La filosofía es, en efecto, una actividad de la razón más que un mero conjunto de doctrinas que pueden memorizarse.

La práctica de la Regla de Oro

El punto de vista de Aspasia se basaba en que, al aprender a apreciar el potencial de sabiduría y bondad que muestran los demás, allanamos el camino hacia una comprensión más amplia de nuestro propio bien supremo. Sócrates hablaba una y otra vez con sus amigos sobre la virtud porque descubrió que sus esfuerzos le ayudaban a percibirla con mayor claridad. En su opinión, nos conocemos mejor a nosotros mismos cuando conversamos con los demás sobre las cosas más importantes de la vida. Hay varias razones para ello, pero en la que nos centraremos en este capítulo tiene que ver con el hecho de que solemos aplicar a los demás una norma moral distinta de la que aplicamos a nosotros mismos.

Sócrates emplea muchas estrategias diferentes para exponer la naturaleza contradictoria de nuestras creencias. Lo cierto es que suele pasarse por alto uno de sus métodos más sencillos e importantes. En los diálogos de Platón y Jenofonte utiliza una versión de lo que los terapeutas cognitivos modernos llaman la estrategia del «doble rasero». Se trata de llamar tu atención sobre el hecho de que estás aplicando un rasero a otra persona que es distinto al que tú te aplicas, ya sea a su carácter, sus creencias o sus acciones. Un día, un joven llamado Critóbulo, hijo de Critón, su amigo de toda la vida, acudió a Sócrates para pedirle consejo sobre cómo hacer amigos.[10]

—Aspasia me aconsejó una vez que las buenas casamenteras solo tienen éxito en la concertación de matrimonios cuando los informes favorables que transmiten de un lado a otro son verdaderos —le explicó Sócrates.

Le advirtió del peligro de dar falsos informes elogiando demasiado a los individuos, porque los engañados de esa manera acaban resentidos no solo entre sí, sino también con la casamentera. Sócrates, por tanto, comenzó preguntándole a Critóbulo qué clase de persona era un buen amigo. Se pusieron de acuerdo en los siguientes ejemplos:

- No es esclavo de la comida y la bebida, ni de la lujuria, el sueño o la vagancia, porque de lo contrario sería incapaz de hacer lo que es correcto ni para sí mismo ni para sus amigos.
- No es un derrochador, que siempre pide ayuda a sus amistades, les pide prestado sin devolverles el dinero o se resiente si se niegan a prestarle algo.
- No es un hombre de negocios codicioso, que intenta ganar dinero explotando a sus conocidos, sin hacer nada a cambio por ellos.
- No está tan obsesionado con triunfar en su carrera que no tiene tiempo para el ocio y sus amistades.
- No es un tipo pendenciero que siempre está buscando pelea, cargando así a sus amigos con muchos enemigos nuevos.

Incluso si una persona está libre de todas esas faltas, se mostraron de acuerdo en que, si acepta la buena voluntad sin corresponderla, no es una verdadera amistad. A esta estrategia de Sócrates la llamo la «definición negativa». Se puede utilizar el término griego *apophasis*, que significa «negación» o «denegación», para describir este enfoque. Es posible que nos resulte más fácil afirmar lo que no es una cosa antes de intentar explicar lo que es. En la teología mística, por ejemplo, el concepto de Dios se expresa a veces señalando solo lo que no es.

Con carácter general, no hace falta decir que alguien que explota financieramente a sus conocidos no es un buen amigo. No hay más que dar un pequeño paso para deducir, como hace Sócrates, que un buen amigo tendría la actitud contraria.

—Buscaremos a alguien que controle sus apetitos físicos, que sea digno de confianza y con un carácter honesto, justo en sus tratos con nosotros, y que quiera ayudar a sus amistades tanto como ellas le ayudan a él.

Se trata de una técnica extremadamente útil a la hora de clarificar nuestros valores. Por alguna razón, a muchas personas les resulta más natural decir lo que odian del comportamiento de los demás que lo que admiran. Los vicios pueden ser más fáciles de identificar que las virtudes, pero una vez que conoces lo malo deberías, tras averiguar cuál es su opuesto, ser capaz de definir lo bueno.

Critóbulo le preguntó a Sócrates cómo podía «cazar» a un buen amigo de este tipo. Sócrates respondió que los métodos para capturar a un animal mediante el engaño, la persecución o el uso de la fuerza suelen ser contraproducentes cuando se emplean con posibles amistades y se corre el riesgo de convertir a esas personas en nuestras enemigas. En vez de eso, existían hechizos y pociones que quienes saben utilizan para encantar a los demás y ganar su amor y amistad. Le habló de los encantos de Afrodita, que ya se han mencionado, y que se creía que enamoraban a los demás. Sócrates le comentó que Pericles lo hacía a través de sus palabras, que cautivaban a la Asamblea como un hechizo mágico.

—Creo que quieres decir que, si queremos ganarnos la amistad de un buen hombre, nosotros mismos debemos ser buenos tanto de palabra como de obra —le contestó el joven con astucia.

Critóbulo dijo que al principio había supuesto que los malos individuos eran capaces de utilizar el arte de la persuasión para ganarse buenas amistades. No obstante, se había dado cuenta de que eso solo funcionaba con gente ingenua. Como señaló Sócrates, los sabios no sucumben tan fácilmente a la persuasión, y son el tipo de amistades que más vale la pena tener. Así que, si quieres ganártelos, necesitarás algo más que palabras melifluas: debes demostrarles que mereces ser su amigo.

El joven quería que Sócrates le presentara a gente buena y les dijera que tenía todas las virtudes de un amigo ideal. Pero Sócrates se negó y adujo que eso no beneficiaría a nadie.

—Me da la sensación de que solo me ayudarías si soy merecedor de hacer buenos amigos: pero si no, no te inventarás algo para ayudarme —resopló Critóbulo.

—¿Cómo puedo ayudarte mejor? —replicó Sócrates—. ¿Con falsos elogios o instándote a que te conviertas en un buen hombre? No, Critóbulo, si quieres que te consideren bueno en algo, debes intentar serlo; esa es la manera más rápida, más segura y la mejor.

Esto se convirtió en una famosa máxima de Sócrates: «Debemos ser como queremos parecer».[11]

La gente se queja a veces de que la filosofía no da ninguna orientación práctica cuando se trata de la moralidad cotidiana. Les parece demasiado complicada e incomprensible. Con todo, a lo largo de los siglos, han existido innumerables personas que han utilizado una pauta ética sencilla y bien conocida, que se puede encontrar en varias tradiciones religiosas y filosóficas diferentes. Los cristianos la llaman la «Regla de Oro», y sus ejemplos más famosos se encuentran en el Nuevo Testamento.

> Así que, todas las cosas que queráis que los hombres hagan con vosotros, así también haced vosotros con ellos.[12]

Lo contrario sería cometer una hipocresía moral. El consejo de tratar a los demás como nos gustaría ser tratados por ellos no es, sin embargo, una ética completa: debe asumir que hacemos ciertas concesiones a los diferentes gustos y necesidades. Puede que yo quiera que los demás me den manzanas y ellos prefieran naranjas; aun así, ambos queremos comer algo cuando tenemos hambre.

Encontramos consejos parecidos en las obras de los estoicos. Pero antes que ellos, se le atribuye a Sócrates, cuatro siglos antes del cristianismo, en los diálogos de Platón y Jenofonte. El uso por parte de Sócrates de la estrategia de la doble moral implica constantemente algo parecido a la Regla de Oro, aunque no la enuncia con tanta claridad porque prefiere enseñar mediante preguntas y respuestas en lugar de afirmar preceptos morales. Critóbulo llega a la conclusión, por ejemplo, de que para ganarse buenos amigos primero debe convertirse él mismo en un buen amigo. En otras palabras, debe tratar a sus posibles amigos como él desea que ellos le traten. Las cualidades que admira en un amigo son las que debe tratar de cultivar en su propio carácter.

Una de las doctoras más destacadas en el campo del estudio de la terapia cognitivo-conductual, Judith Beck, ha descrito cómo se utiliza la estrategia del doble rasero con los clientes de psicoterapia. El terapeuta pregunta primero si sería razonable que otra persona adoptara las mismas actitudes y comportamientos que muestra el paciente.

> Cuando los pacientes consideran las creencias de otras personas, suelen distanciarse psicológicamente de sus propias creencias disfuncionales. Son capaces de ver una incoherencia entre lo que creen que es cierto o correcto para ellos mismos y lo que creen de forma más objetiva que es cierto sobre otras personas.[13]

Somos más capaces de juzgar el comportamiento de otras personas que el nuestro, especialmente cuando se trata de nuestros valores. Además, a veces basta con poner de manifiesto la contradicción entre lo que esperamos de los demás y lo que esperamos de nosotros mismos para motivarnos a cambiar.

Coge una hoja de papel y traza una línea en el centro para crear dos columnas iguales. Escribe la palabra *admirado* en la parte superior de la primera columna y la palabra *deseado* en la parte superior de la segunda. En la primera columna, enumera entre las tres y las cinco cualidades que más admiras en los demás o que buscas en una amistad ideal. Ahora imagina que pasas cada uno de esos elementos de la columna «admirado» a la columna «deseado». Anota cuáles serían las consecuencias si desearas cultivar esas cualidades en tu propio carácter. En otras palabras, ¿cómo sería si te parecieras más a las personas que admiras? ¿En qué beneficiaría eso a tu vida?

Ejemplo de diagrama: ADMIRADO frente a DESEADO

ADMIRADO *¿Qué cualidades admiro más en los demás?*	**DESEADO** *¿Cuáles serían las consecuencias si yo deseara encarnar estas cualidades?*
Autocontrol con respecto a la comida, la bebida y el sueño.	Mejorarían mi salud física y mental, y tendría más capacidad de ayudar a amistades y familiares.
Valora a las amistades por sus cualidades personales más que por lo que pueda obtener de ellas.	A cambio, la gente me apreciaría más por lo que soy en vez de por lo que pueden obtener de mí.
Resuelve bien las discusiones y no se mete en peleas.	Sufriría menos estrés, ahorraría tiempo y energía y mejoraría la vida de los que me rodean.
Buena gestión de las finanzas.	Sentiría menos estrés económico y tendría más capacidad de mantener a la familia y ayudar a los amigos.
Dedica más tiempo a los amigos y a la familia que al trabajo.	Mi vida estaría más equilibrada y sería más satisfactoria.

Sócrates no dibujó un diagrama como este, pero creo que hacerlo puede ayudarnos a comprender el enfoque que exhibe en diálogos como el que mantiene con Critóbulo. Como veremos, sí que empleó otro tipo de ejercicio de dos columnas con los estudiantes que deseaban aprender su método filosófico.

El nacimiento del método socrático

Sócrates, en su juventud, se vio profundamente influido por Aspasia, que le introdujo en el arte del amor. Durante este periodo formativo, todavía estaba perfeccionando su método filosófico distintivo. Aspasia le ayudó a darse cuenta de que la filosofía debía entenderse como un proceso dinámico de investigación y no como un conjunto de doctrinas fijas, como las que aparecían propuestas en el libro de Anaxágoras. Sócrates también experimentó por primera vez el modo en el que el método dialéctico podía aparecer en la conversación con otra persona, un espíritu afín, como la propia Aspasia. Al aplicar la filosofía a cuestiones relativas al amor y a la naturaleza de la belleza y la bondad, el proceso había adquirido una nueva vitalidad.

Sócrates se percató con rapidez de que Aspasia tenía un motivo personal para dirigir su pasión hacia las verdades filosóficas y alejarla del apego a cualquier hombre o mujer individual. A Aspasia le quedó claro que Sócrates se estaba enamorando de ella. Ya tenía previsto un futuro con Pericles, el hombre más importante de Atenas, así que tomó medidas para atemperar el afecto que Sócrates sentía por ella. Al enseñarle una forma superior de amor, despojado de posesividad, le preparó para afrontar el dolor emocional del amor no correspondido.

Mientras Sócrates todavía estaba asimilando la pérdida de Aspasia a manos de Pericles y luchando con la naturaleza del amor, un acontecimiento inesperado le sumiría en una crisis todavía más profunda. Le obligaría a reconsiderar su concepto de la filosofía y a comprometerse, con renovado vigor, con el amor a la sabiduría.

4
EL ORÁCULO DE APOLO

—¿Por qué no le preguntamos al dios que es sabio? —exclamó Querefonte con voz aguda a la vez que agitaba los brazos señalando en dirección a Delfos.

Ya habían pasado más de quince años desde el juicio de Anaxágoras, pero su exilio seguía ensombreciendo la práctica de la filosofía. Atenas, gracias a sus ideales democráticos, era la ciudad más tolerante respecto a la libertad de expresión, pero solo hasta cierto punto. Al hombre al que apodaban Nous, a aquel gran intelecto, lo habían arrastrado a los tribunales y vilipendiado públicamente. Los que lo habían condenado consideraban que su novedosa sabiduría cruzaba una línea roja al cuestionar la naturaleza de los dioses. Pericles había elogiado al filósofo jonio por su sabiduría, pero el jurado ateniense lo había declarado culpable de impiedad.

—¿Se puede llamar impío al sabio, o sabio al impío? —chirrió Querefonte.

Los jóvenes de Atenas se enfrentaban ahora a una pregunta que durante mucho tiempo había inquietado a Sócrates: ¿qué es la sabiduría? Los jóvenes más destacados buscaban a los mejores maestros. Si te relacionabas con el maestro equivocado, podías arriesgar tu reputación, o algo peor. Las opiniones en Atenas estaban divididas entre quienes consideraban sabios a filósofos como Anaxágoras y quienes los acusaban de ser unos charlatanes peligrosos. Una forma de resolver el problema sería dirigirse al oráculo de Apolo, el dios de la profecía y señor de las musas, cuyo amplio cometido abarcaba la filosofía, y preguntarle quién debía ser considerado sabio. Los filósofos naturales, en su mayoría, no tenían tiempo para la adivinación. Sócrates, sin embargo, mantenía una mente abierta respecto a las cuestiones teológicas porque le parecía que las explicaciones naturales eran bastante compatibles con la creencia en los dioses. Decía que incluso si el trueno era el resultado de una causa física, como la fricción de las nubes entre sí, el comportamiento de las nubes podía expresar la voluntad de Zeus.

A pesar de los intentos de destruir la reputación de Anaxágoras y suprimir sus enseñanzas, la filosofía se volvió cada más popular en Atenas tras su exilio. Apareció una nueva oleada de maestros que afirmaban ser sabios y que podían enseñar la virtud a los demás. Estos maestros de la sabiduría cobraban una buena cantidad de dinero por pronunciar elaboradas conferencias que contenían eslóganes y máximas ingeniosos. Pero Sócrates no tenía claro que la sabiduría y otras virtudes se pudieran aprender, como afirmaban ellos, simplemente escuchando y repitiendo sus palabras. Tampoco podía permitirse pagar sus honorarios. Esto les planteó a él y a sus amigos un problema: ¿dónde buscar la sabiduría?

A Querefonte se le había ocurrido una solución: le pedirían al oráculo de Delfos que confirmara la identidad del hombre vivo más sabio.[1]

—¿Cómo vamos a saber si un maestro es tan sabio como dice y si vale el dinero que cobra? —inquirió Querefonte.

Por alguna extraña razón, Sócrates se resistía a abandonar Atenas. El templo de Apolo, que albergaba el oráculo, se encontraba a unos cien kilómetros de distancia, en las laderas del monte Parnaso. Lo que finalmente le convenció fue la oportunidad de estudiar allí las antiguas inscripciones y de preguntar a los sacerdotes qué significaban.[2]

Sócrates y sus amigos, entre los que se encontraban los dos hermanos Querefonte y Querécrates, partieron de Atenas a finales del verano del año 434, en dirección a Delfos,[3] donde llegarían al cabo de unos cinco días. Pasaron por granjas dispersas en la pintoresca campiña ática al norte de Atenas, atravesaron senderos montañosos cubiertos de bosques, donde montaron guardia por los lobos —esta fue la parte más ardua del viaje—. Luego vino una larga caminata a través de las fértiles llanuras de Beocia antes de unirse a la Vía Sagrada, que ascendería por las laderas del monte Parnaso hasta llevarlos directamente a Delfos y al magnífico templo de Apolo.

El diálogo con Querécrates

Entre Querefonte y su hermano menor, Querécrates, estalló una discusión sobre la forma en que se había repartido la herencia familiar mientras recorrían el camino hacia Delfos, en las estribaciones de la montaña.[4] Al notar que ya no se hablaban, Sócrates tocó el tema con Querécrates.

—Seguro que no eres de esos que creen que una propiedad tiene más valor que su propio hermano —le dijo. Querécrates se quedó sorprendido al principio—. Los objetos materiales son incapaces de razonar, mientras que tu hermano tiene una mente, y eso es lo más valioso que nadie se pueda imaginar —siguió Sócrates—. Tú tienes muchas posesiones, todas las cuales requieren protección. Tú solo tienes un hermano, pero a cambio de beneficiarse de tu protección, él te ofrece protección a su vez.

Querécrates no fue capaz de negar que las personas son más valiosas que los objetos. Aun así, protestó diciendo que la riqueza podía atraer amistades o utilizarse para comprar esclavos, que podrían ser mucho menos irritantes que su hermano.

Sócrates frunció el ceño y dijo:

—Me extraña que algunos individuos se desvivan por hacer nuevas amistades, como si sintieran la necesidad de tener más ayudantes o compañeros. Aun así, no muestran ningún interés por su propio hermano. ¿Por qué valoran más la amistad de los desconocidos que la de sus parientes más cercanos?

Creía que el hecho de nacer de los mismos padres y criarse juntos debería darle buenas razones a la gente para mantener la amistad con sus hermanos, ya que se tiene mucho en común con ellos.

—Incluso muchos animales sienten un apego natural por sus hermanos. A los humanos que mantienen las familias unidas, al igual que los animales en manada, no solo se les trata con respeto, sino que también es menos probable que sean presa de otros.

Querécrates respetaba mucho a Sócrates, pero seguía muy enfadado con su hermano y no se quería dejar convencer con tanta facilidad.

—Sin duda, tener un hermano es un gran beneficio en la vida, tal como tú dices, Sócrates, pero solo si se comporta como debe ser. —Sócrates asintió—. Nunca hay que darles la espalda a los hermanos por razones insignificantes —continuó diciendo Querécrates—, pero si el desacuerdo es lo suficientemente grave, su compañía puede llegar a ser bastante insoportable.

Sócrates iba a responderle, pero Querécrates no había terminado.

—Entonces, ¿por qué debería intentar lo imposible, si mi hermano es inútil en todos los aspectos y el opuesto exacto de lo que debería ser? —añadió entre dientes.

Sócrates se detuvo un momento y sonrió levemente. Sabía que su amigo Querefonte no era el monstruo que su hermano creía que era.

—Dime, Querécrates, ¿todo el mundo encuentra a tu hermano igual de insoportable o hay algunos que se llevan bastante bien con él?

Sócrates estaba llevando a Querécrates hacia la percepción terapéutica de que la causa de su malestar no era Querefonte, sino su propia forma de pensar. En otras palabras, no era su hermano mayor quien le molestaba, sino sus opiniones sobre él.

Querécrates se negó a aceptar ninguno de aquellos razonamientos.

—Eso es precisamente lo que no soporto de él, Sócrates —le respondió con un gesto de desprecio que no disimuló—. Puede llevarse bien con otras personas cuando quiere, pero siempre que tengo que tratar con él, no es más que una molestia.

—Bueno, al igual que un caballo se convierte en una molestia para sus dueños si no saben cómo cuidarlo, tal vez un hermano también se convierta en un problema cuando no sabemos cómo tratar con él —le contestó Sócrates.

—¿Cómo es posible que me digas que no sé comportarme con mi propio hermano? —le replicó Querécrates—. Sé perfectamente cómo ser educado con quienes lo son conmigo. —Sócrates le escuchó con atención—. Pero cuando un hombre hace todo lo posible por molestarme, ¡nadie puede esperar que lo trate bien y, desde luego, no voy a intentarlo! —resopló Querécrates.

—Es extraño que digas eso —comentó Sócrates a la vez que se encogía de hombros.

Querécrates, desconcertado, le miró sin comprender durante un momento.

—Imagínate a un hombre que tiene un perro que es amistoso con todo el mundo, pero que se vuelve agresivo solo cuando él se le acerca. Este individuo, si tiene sentido común, se daría cuenta de que la agresividad del perro es algo que se puede corregir, simplemente porque no siempre se comporta así. No parece existir ninguna razón por la que no pueda aprender a ser tan amistoso con él como lo es con los demás. Dijiste que tu hermano sería una gran ventaja para ti si te tratara como es debido —añadió Sócrates—, y admitiste que sabes cómo tratarlo de un modo educado; sin embargo, no intentas hacerlo, porque él no te parece educado.

—Vaya, me temo que será porque no debo conocer el arte necesario para hacer que mi hermano se comporte de forma correcta conmigo —se mofó Querécrates.

Sócrates pareció complacido al oír aquello, lo que sorprendió a Querécrates.

—Ah, pues puedo asegurarte que no necesitarás usar ninguna técnica sutil u original con él —le replicó Sócrates—.

Creo que podrías ganarte la alta estima de tu hermano usando un método que ya conoces bastante bien.

—Ah, ¿sí? —contestó Querécrates enarcando una ceja—. Si de verdad crees que poseo alguna fórmula mágica para ganarme a la gente, será mejor que me la digas, Sócrates, ¡porque sigo sin tener ni idea de lo que estás hablando!

Sócrates volvió a sonreír y se tomó la respuesta como una invitación a impartir algunos de los consejos prácticos que había aprendido de su madre y Aspasia.

—Si quisieras que alguien te invitara a una cena, ¿qué harías? —le preguntó.

—Está claro que lo primero que debería hacer es invitarlo a mi casa como huésped —contestó Querécrates.

—¿Y si quisieras convencer a uno de tus amigos para que cuidara de tu propiedad, mientras tú estás fuera de casa? —continuó Sócrates.

Querécrates replicó que, del mismo modo, él debería ofrecerse primero a hacer lo mismo por el amigo.

—¿Y si quisieras que un extranjero te mostrara hospitalidad cuando estás de visita en su ciudad? —insistió Sócrates.

Querécrates respondió que, por supuesto, él iría primero ofreciéndose a hacer de anfitrión del otro hombre siempre que viniera a Atenas.

—¿Así que puedes recitar todos los hechizos mágicos que influyen en el comportamiento humano, pero has mantenido tus conocimientos en secreto hasta este momento? —exclamó el filósofo con fingida sorpresa—. ¿Por qué no los utilizas? Por lo que parece, amigo mío, estás diciendo que deberíamos plantearnos comportarnos con los demás como deseamos que se comporten con nosotros, y no me cabe duda de que tienes razón.

De este modo, Sócrates ayudó poco a poco a Querécrates a desembarazarse de su ira y a resolver la disputa con su hermano. El filósofo añadió que, mientras que la amistad de los individuos despreciables puede comprarse con regalos materiales, la de los hombres buenos se gana más a menudo mostrando cortesía hacia ellos, e incluyó a los dos hermanos en esta última categoría.

—¿Y si yo doy el primer paso, pero él me sigue maltratando? —quiso saber Querécrates, dubitativo.

—Bueno, no te habrá costado nada, y al menos tendrás pruebas concluyentes de que eres un buen hermano y de que él es un mal hermano, indigno de tu bondad. —Sócrates le pasó el brazo por el hombro antes de seguir—. Aunque conociéndoos a los dos como os conozco, dudo que sea así.

Esta conversación tuvo un profundo efecto en el joven Querécrates, que pronto empezó a mostrar una mayor tolerancia y cortesía, tal y como Sócrates le había aconsejado. También impresionó a Querefonte, su hermano mayor, que le agradeció de forma efusiva a Sócrates que arreglara las desavenencias entre ellos. A pesar de la tendencia de Sócrates a hacer preguntas provocadoras, se estaba ganando la reputación de ser un experto en poner fin a las disputas y restablecer la amistad.[5] Tal vez fuera por la influencia de su nueva mentora, Aspasia, que tanto hablaba del arte de amar.

Las preguntas que a Sócrates le gustaba hacer a sus compañeros parecían peculiares, incluso triviales, pero solo al principio. Con el paso del tiempo, demostraron ser más útiles en la práctica que las enseñanzas de cualquier otro filósofo. Por primera vez, Querefonte cayó en la cuenta de que Sócrates ya no practicaba la filosofía de la misma manera a la que estaban acostumbrados. Sócrates, fiel a su palabra, estaba aplicando la filosofía a la cuestión de la virtud en su propio hogar, entre sus amigos, incluso aconsejándoles respecto a su familia y otras relaciones. En sus manos, la filosofía empezaba a parecerse a una especie de medicina, aplicada a la mente más que al cuerpo.

La agradable fragancia del viento que soplaba entre los pinos y los olivos fue sustituida poco a poco por el olor de los humos penetrantes que ascendían desde una grieta en las rocas bajo el santuario de Apolo a medida que los amigos se acercaban al templo principal. El lugar era conocido antiguamente como Pýthō, que significa «pútrido», porque, según la leyenda, allí se quedó el cadáver de la gran serpiente que Apolo venció, pudriéndose bajo el sol. Al comienzo de los Juegos Píticos, que solo eran superados en importancia por los Juegos Olímpicos, se representaba en una ceremonia pública esta batalla mítica. La religión, la filosofía, la música, la poesía y el atletismo se mezclaban en un gran festival en honor del dios.

La sacerdotisa de Apolo, también conocida como la Pitia, se sentaba en un trípode sagrado, o taburete de tres patas, dentro del templo principal. Al inhalar los vapores, entraba en un trance en el que era poseída por el dios, que hablaba a través de ella. La fe en la exactitud de estos oráculos era casi universal, aunque a menudo eran ambiguos y se prestaban a interpretaciones. Por ejemplo, cuando los atenienses consultaron al oráculo tras la segunda invasión persa en el 480 a. C., Apolo proclamó a través de su sacerdotisa: «Aunque todo lo demás sea tomado, Zeus, el que todo lo ve, concede que solo el muro de madera no falle». Atenas no tenía muros de madera. Temístocles, fundador de la marina ateniense, convenció a la Asamblea de que el dios se refería a la capacidad defensiva de los trirremes de madera. Se dijo, pues, que Apolo, el Señor de Delfos, ni ocultaba ni revelaba su significado, sino que daba una señal, como un acertijo que se debía interpretar de la forma correcta.

Sócrates y sus compañeros subieron con paso solemne la ladera de la colina y recorrieron la Vía Sagrada junto a otros visitantes del templo. Cuando llegaron al estrecho barranco en el que se encontraba el manantial de Castalia, se lavaron los cabellos en sus aguas sagradas. Tras purificarse mediante este ritual, les permitieron atravesar las puertas del santuario de Apolo. Siguieron el camino empinado y sinuoso, flanqueado por decenas de esculturas conmemorativas y varios edificios pequeños y ornamentados donde Atenas y otras ciudades griegas habían depositado ofrendas votivas dedicadas al dios. Los amigos se detuvieron para admirar el tesoro ateniense, en cuya base estaba inscrito lo siguiente: «Los atenienses dedicaron esto a Apolo como primer botín de los persas en la batalla de Maratón». Sus amigos habían designado a Querefonte, el mayor del grupo, para que fuera quien presentara su pregunta al oráculo. Hizo un donativo a los sacerdotes, sacrificó un macho cabrío, derramó las libaciones a los dioses y recitó las oraciones prescritas.

Sócrates y los demás esperaron entre la multitud fuera del templo de Apolo. Cuando Querefonte estaba a punto de pasar entre las columnas, les miró y les sonrió. Tenía una expresión pícara. A pesar de sus excentricidades, sus conciudadanos lo consideraban un hombre inteligente y honorable. Un momento después, Querefonte desapareció cuando los sacerdotes lo condujeron al interior del templo. Mientras su amigo presentaba su pregunta a la Pitia, Sócrates pasó los dedos por la famosa inscripción que había estado deseando ver. Las palabras «Conócete a ti mismo» estaban grabadas en una de las columnas de la entrada del templo, tal como le habían dicho.

—¿Qué crees que significa? —le preguntó Querécrates.

—Sospecho que tiene varios significados —le respondió Sócrates.

La práctica del método socrático

Ya hemos visto que Sócrates utilizó un ejercicio escrito para enseñar su método filosófico. Jenofonte lo describe claramente en sus *Recuerdos de Sócrates*.[6] El diálogo en el que lo hace se sitúa muchos, muchos años después de los acontecimientos de este capítulo, pero proporciona una de las mejores presentaciones del método socrático. En ese diálogo, se muestra a Sócrates explicando su manera de filosofar a un nuevo estudiante, y utiliza un diagrama para ayudarle a adquirir las habilidades básicas necesarias. Es el ejercicio definitivo sobre cómo pensar como Sócrates.

Sócrates llega a una talabartería, a las afueras del Ágora ateniense, donde conoce a un joven llamado Eutidemo, conocido por su belleza e inteligencia. El joven se enorgullece de su biblioteca personal, que incluye, entre otras muchas obras, una edición completa de Homero. También ha acumulado, y sigue coleccionando, las obras de varios sabios, que estudia cuidadosamente para mejorarse a sí mismo; si viviera hoy, lo llamaríamos el típico «yonqui de la autoayuda». Por lo que se refiere a Sócrates, cualquiera que se sumerja en los libros y haya asistido a conferencias sobre superación personal merece elogios por su deseo de aprender. Sin embargo, Eutidemo quizá está malgastando su propio tiempo y dinero a menos que también aprenda a pensar por sí mismo sobre las cosas «sabias» que ha leído y oído. Al igual que aprender a tocar la flauta, o cualquier otra habilidad similar, esto requiere práctica diaria.

—Me han comentado que admiras los tesoros que nos guardaron los sabios de generaciones anteriores —le dice Sócrates.

Eutidemo sonríe.

—¡Por Zeus, así es, más que cualquier cantidad de oro y plata!

—Por Hera, eso es algo que admiro —exclama Sócrates—. Eso demuestra que eres el tipo de persona que sabe que, mientras que el oro y la plata no pueden hacer mejores a los hombres, las máximas de los sabios enriquecen a sus poseedores con la virtud.

Sócrates comenta que a algunas personas se las describe como esclavas de su propia ignorancia. Luego le pregunta a Eutidemo qué tipo de ignorancia podría esclavizar a un hombre de esa manera. Sin duda, no se trata del desconocimiento de oficios como el de zapatero, herrero o carpintero. Se muestran de acuerdo en que, más bien, aquellos que ignoran lo bello o lo bueno o lo justo son los más sometidos por la ignorancia, ya que carecen de conocimientos sobre las cosas más importantes de la vida. Por lo tanto, cada uno de nosotros, afirma Sócrates, debería tener como máxima prioridad escapar de esa situación tan deplorable.

Sócrates le pregunta a Eutidemo cuál es el objetivo más importante en la vida. Se siente aliviado al oír que el joven aspira a convertirse en un gran líder, como Pericles, y que da por sentado que para ello es necesario convertirse primero en una buena persona.

—¿Lo has conseguido? —le pregunta Sócrates.

Eutidemo se queda algo sorprendido. Pensaba que todo el esfuerzo que estaba dedicando a la superación personal debía mejorar de alguna manera su carácter. Sócrates piensa que, del mismo modo que los carpinteros y otros artesanos pueden mostrar su trabajo, una persona que ha dedicado muchas horas al estudio de la superación personal debería poder aportar pruebas tangibles de sus progresos.

—Te aseguro, Sócrates, que puedo darte cuenta de la virtud moral y del vicio moral; de este último hay muchos ejemplos que se oyen y se ven todos los días —le dice Eutidemo un poco indignado.

Ejemplo de ejercicio a dos columnas: INJUSTICIA

JUSTICIA	INJUSTICIA
	Decir mentiras y otras formas de engaño.
	Maltratar a los demás y hacerles daño.
	Robar a los demás.
	Vender a otros como esclavos.

Sócrates propone poner todo esto a prueba mediante un sencillo diagrama de dos columnas, que ha dibujado, probablemente, en una tablilla de cera. Escribe las letras iniciales de las palabras *justicia* e *injusticia* como encabezamiento de las dos columnas.[7] Luego pide ejemplos de injusticia, ya que, según Eutidemo, son bastante fáciles de identificar. Sócrates le pregunta si cosas como mentir o robar son desde una perspectiva moral malas y entonces deben anotarse bajo ese epígrafe. Eutidemo está de acuerdo. Hasta aquí, esto se parece a la técnica de una columna y al proceso de «definición negativa» que ya analizamos en un capítulo anterior. El método de enumerar las cualidades negativas que desaprobamos suele ser más fácil que empezar por enumerar las positivas... quizá porque a la gente le encanta quejarse.

El método socrático propiamente dicho comienza con el siguiente paso. Sócrates utiliza ahora el pensamiento creativo para idear situaciones en las que estos ejemplos podrían pasarse a la otra columna.[8] «¿Qué pasaría si un general electo le mintiera al enemigo o lo engañara de cualquier otra forma durante una guerra?», pregunta. Eutidemo opina que se trata de una excepción y que debería incluirse en el apartado de justicia y no en el de injusticia. «¿Y si captura al enemigo y se apodera de sus armas y armaduras?», pregunta de nuevo Sócrates. Eutidemo había dicho antes que todo robo era injusto, pero piensa que este acto en la guerra es posible y aceptable, por lo que también entraría en el apartado de justicia.

Ejemplo de ejercicio de dos columnas: JUSTICIA

JUSTICIA	INJUSTICIA
Saquear campamentos enemigos y ciudades hostiles durante una guerra, y confiscar armas enemigas.	Decir mentiras y otras formas de engaño.
Mentir o engañar de cualquier otra forma al enemigo durante una guerra.	Robar a otros.

Eutidemo estaba convencido de que estaba adquiriendo sabiduría y convirtiéndose en una persona mejor mediante la memorización de los aforismos sobre moralidad de los libros de sabios famosos. Pero, por su propia naturaleza, tan solo se trataban de generalizaciones, que no siempre son ciertas. La auténtica sabiduría consistiría en la capacidad de detectar las excepciones a estas reglas y adaptarlas en consecuencia. Sócrates y Eutidemo acuerdan revisar su definición inicial de justicia para decir que siempre es injusto robar o mentir a los amigos, pero puede ser justo hacerlo con los enemigos. Ambos piensan en un antiguo refrán griego según el cual la justicia consiste en ayudar a los amigos y perjudicar a los enemigos.

Pero el método socrático es implacable. Sócrates se pone ahora a pensar en excepciones a la definición revisada.

—¿Qué pasa si un general ve que sus tropas están en peligro de perder el ánimo y les miente para restaurar su moral diciéndoles que la ayuda está en camino? —inquiere Sócrates.

También pone el ejemplo de un padre que esconde medicinas en la comida de un niño pequeño que se niega a tragarlas. ¿O y si uno de tus amigos está deprimido y tiene tendencias suicidas, y le ocultas su espada por preocupación y por su seguridad? Eutidemo admite que, en casos como esos, se podría considerar justo engañar o incluso mentir a un amigo. A Sócrates se le daba especialmente bien inventar ejemplos que contradijeran cualquier afirmación. Se dice que practicó estas habilidades todos los días de su vida.

Eutidemo había empezado la charla con confianza, pero pronto se muestra inseguro y cambia sus respuestas.

—¡Sócrates, te aseguro que hasta hoy mismo tenía la certeza de que mis estudios de filosofía me habían proporcionado la mejor educación posible y me habían enseñado todo lo necesario para mejorar y convertirme en una buena persona! —exclama el joven.

Sócrates le sonríe con amabilidad.

—A pesar de todos mis esfuerzos —continúa Eutidemo—, tengo la sensación de que soy incapaz de responder ni siquiera a las preguntas más básicas sobre algunas de las cosas más importantes de la vida, ¡por ejemplo, el significado de la justicia! La verdad es que me siento totalmente desanimado —añade, bajando la cabeza.

—¿Alguna vez has estado en Delfos? —le pregunta Sócrates, lo que sorprende al joven. Eutidemo responde que sí, que ha estado dos veces—. ¿Te has fijado en las palabras *Conócete a ti mismo*, las que están inscritas delante del templo de Apolo que se alza allí?

El perplejo Eutidemo dice que se había fijado en la inscripción, pero que le había prestado poca atención porque daba por sentado que ya se conocía muy bien a sí mismo. Sócrates le explica que, a menudo, se tiene la impresión de conocer algo solo porque te sabes su nombre. Aunque, conocer y comprender realmente la cosa en sí suele requerir más esfuerzo. Eutidemo había tenido la certeza de saber lo que significaba la justicia, pues había leído muchos libros sobre ella, pero Sócrates le demostró con una tremenda facilidad que aquello no era más que una opinión y no un conocimiento real. Las definiciones verbales y las máximas tienden a conducir a grandes generalizaciones, que pueden refutarse con facilidad mostrando una sola excepción. Cualquier tonto puede recordar algunas palabras y repetirlas sin entenderlas. Por tanto, hay que evitar confundir la opinión, la mera apariencia de conocimiento, con el conocimiento real.

Sócrates le explica que, para conocernos realmente a nosotros mismos, debemos saber qué cualidades posee un hombre bueno y en qué se diferencia de uno malo. Si quisiéramos comprar un caballo, examinaríamos con mucha atención sus cascos, sus dientes y su cuerpo. Lo pondríamos a prueba para saber si es dócil o terco, fuerte o débil, rápido o lento, etcétera. Lo examinaríamos en función de las cualidades más importantes para un caballo. Para conocer a alguien, debemos examinar a la persona en términos de las cualidades que tienen más valor en un ser humano. Es decir, que para conocernos a nosotros mismos debemos saber cómo nos desenvolvemos cuando nos comparamos con virtudes como la sabiduría y la justicia. Debemos aclarar nuestra forma de pensar sobre cuáles son nuestros valores y desenmascarar esa clase de engreimiento que consiste en creer que sabemos lo que es la virtud cuando no es así.

—A través del autoconocimiento, los hombres llegan a mucho bien en la vida y, a través del autoengaño, llegan a mucho mal —le explica Sócrates sin dejar de mirarle desde debajo de sus pobladas cejas.

Eutidemo cree que esto es algo que debería ser obvio para todo el mundo. Si conociéramos nuestros puntos fuertes y débiles, evitaríamos cometer muchos errores. Con todo, nuestra debilidad más importante sería la ignorancia sobre las cuestiones más importantes de la vida, como lo que es bueno, sabio, justo, etc. Alguien que se da cuenta de que es ignorante sobre las cosas más importantes de la vida buscará, como es natural, aprender de alguien que considere más sabio que él, según Sócrates. El verdadero peligro consiste en creer que sabemos lo que nos conviene cuando, en realidad, no sabemos nada de eso. Estar al tanto de lo que sabemos y de lo que no sabemos es la forma más importante de autoconocimiento. Sócrates también creía que este nos permite conocer mejor a los demás y gestionar mucho mejor nuestras relaciones con ellos. Es posible que el hecho de darse cuenta de cómo sus propias creencias afectaban a sus emociones y su comportamiento le ayudara a entender cómo sus amigos, por ejemplo Querécrates y Eutidemo, podían estar engañados en sus suposiciones. Eso explica cómo pudo ayudarles.

Eutidemo era un estudiante inteligente.

—Puedes estar seguro de que aprecio la importancia de conocerme a mí mismo de esta manera, pero ¿dónde debe comenzar exactamente el proceso de autoexamen? —le pregunta.

—Bueno, ¿sabes qué cosas de la vida son buenas y cuáles son malas? —le responde Sócrates.

—Por supuesto, pues si ni siquiera conociera la diferencia entre el bien y el mal, ¡realmente estaría esclavizado por la ignorancia! —dice Eutidemo, desconcertado una vez más.

Pero fue precisamente su exceso de confianza en este conocimiento lo que le cegó ante su mayor oportunidad de superación personal

Cuando le pide un ejemplo de lo que es bueno para nosotros, Eutidemo responde que lo más obvio debe ser sin duda la salud, ya que todo el mundo está de acuerdo en que la enfermedad es mala. La salud suele ser una ventaja práctica en la vida, y preferible a la enfermedad. Sin embargo, la buena salud de un asesino en serie o de un dictador malvado podría proporcionarle a ese individuo más oportunidades de cometer actos insensatos o crueles. Incluso si utilizamos nuestra buena salud como una oportunidad para ir en busca de metas sabias y virtuosas, si tenemos mala suerte, el resultado puede ser el opuesto al deseado. Como señala Sócrates, tener buena salud y ser físicamente apto puede ser la razón de que alguien se aliste para una expedición militar nefasta, que tal vez le conduzca a la muerte o a la esclavitud. Desde esa perspectiva, habría sido mejor que esa persona estuviera demasiado enferma para ser reclutada por el ejército.

Sócrates continúa y enumera la belleza, la fuerza, la riqueza y la gloria como ejemplos típicos de cosas que la gente considera buenas. Eutidemo está de acuerdo y piensa que, obviamente, forman parte de la *eudaimonía* o vida buena.

—¿Cómo es posible que alguien prospere sin ellas? —exclama Eutidemo.

Sócrates le aconseja que examine sus suposiciones con más cuidado, ya que se trata de ejemplos cuestionables de bienes humanos.

—Añadirlos a nuestra lista de bienes sería incluir las fuentes de muchos problemas para la humanidad —afirma.

Eutidemo se queda perplejo, así que Sócrates le da algunos ejemplos.

—Muchos individuos quedan destruidos por admiradores cuyas cabezas se trastocan por su belleza —le explica—. Muchos hombres de gran fuerza se vuelven arrogantes y acaban emprendiendo tareas demasiado peligrosas para ellos, por lo que sufren la destrucción como resultado. Muchos individuos acaban corrompidos por el dinero o caen víctimas de quienes envidian su riqueza. Y muchos también acaban sufriendo grandes males por la gloria y la aclamación pública. Si tales cosas unas veces son beneficiosas y otras perjudiciales, ¿por qué hemos de decir que son más buenas que malas? Decir que son buenas o malas depende totalmente de las consecuencias de tenerlas, que pueden variar de forma inexplicable, sobre todo a largo plazo. Lo que al principio parece una ventaja en la vida puede convertirse a menudo en una desventaja, y viceversa.

Eutidemo se muestra de acuerdo, pero cree que la sabiduría debe ser, sin duda, algo bueno. Sócrates responde que depende de lo que entendamos por sabiduría. Muchos hombres considerados sabios por sus conocimientos técnicos, como escultores e ingenieros, se han visto capturados y esclavizados por ese motivo. El rey de Persia ordenó capturar a los hombres más cultos de su reino y los llevó a su palacio como esclavos. (Podría haber añadido que la supuesta sabiduría de Anaxágoras hizo que acabara en los tribunales y le fue de poco provecho como medio de hacer frente a la injusticia percibida en su juicio.)

—Bueno, parece que me equivoqué incluso al elogiar estas cosas. Así que ya no sé lo que uno debe pedir en sus oraciones —comenta Eutidemo riendo.

Sócrates se había dado cuenta del exceso de confianza inicial de Eutidemo. Lo tomó como una señal de que, a pesar de todas sus lecturas, probablemente nunca había cuestionado de esta manera esas suposiciones sobre la vida. Aunque al principio el joven se sintió bastante humillado por este ejercicio, y un poco confuso, siguió encontrándose con Sócrates para discutir asuntos similares, y con el tiempo se convirtió en uno de sus alumnos más devotos.

El método socrático es un procedimiento filosófico complejo y sutil. Sócrates creía que las habilidades cognitivas básicas necesarias para la vida se podían enseñar de esta manera, mediante un sencillo ejercicio de dos columnas. Cualquiera puede memorizar una definición de sabiduría o justicia que haya leído. Los libros de autoayuda están llenos de generalizaciones sobre lo que es llevar una buena vida. La sabiduría popular también contiene dichos notoriamente contradictorios. Desde «La prisa nunca es buena consejera» hasta «Quien duda está perdido», tenemos muchos refranes que ofrecen consejos opuestos. Lo cierto, desde luego, es que a veces conviene precipitarse; otras, es mejor detenerse a reflexionar. Debemos aprender a adaptarnos a las circunstancias. La sabiduría exige saber identificar cuándo una regla deja de ser válida y un buen consejo se convierte en uno malo. Por lo tanto, también debemos revisar nuestros supuestos morales, como, por ejemplo, nuestra definición del objetivo de la vida.

Casi cinco siglos después de Sócrates, un poeta romano llamado Persio escribió una sátira sobre las conferencias a las que asistían, en su época, los estudiantes de filosofía estoica.[9] «¿Os ha enseñado la filosofía a vivir una vida buena y honrada?», pregunta Persio. Debes, añade, ser capaz de distinguir lo verdadero de las falsas apariencias, «alerta ante el falso brillo del cobre bajo el oro». Como ya hemos visto, distinguir la apariencia de la realidad era una preocupación básica para los filósofos antiguos. Luego dice algo que recuerda al diálogo socrático que acabamos de comentar:

¿Has decidido a qué aspirar y también qué evitar,
marcando la primera lista con tiza y la otra con carbón?

A lo que se refiere es a examinar cuál es el objetivo de la vida dibujando dos listas, o columnas, con los bienes a los que aspirar en un lado y los males que hay que evitar en el otro. Tal vez, como Sócrates, el profesor estoico les preguntaría luego a sus alumnos si algunos de los elementos que habían enumerado pertenecían potencialmente a la otra columna.

Las técnicas de las dos columnas se utilizan mucho en la terapia cognitivo-conductual como una forma de facilitar el cuestionamiento socrático. Resulta sorprendente que Sócrates describiera una técnica similar casi dos mil quinientos años antes de que se inventara la TCC. Por ejemplo, a un cliente deprimido que piensa «No le caigo bien a nadie», se le suele pedir que enumere las pruebas que están a favor y las que están en contra de esa creencia mediante una tabla con dos columnas, encabezadas con «pruebas a favor» y «pruebas en contra». Al principio, podría parecer que el objetivo de este ejercicio es simplemente refutar una suposición errónea. No obstante, puede resultarnos beneficioso de formas más sutiles. ¿Qué ocurre si consideramos que se trata más del proceso de cuestionarnos nuestras creencias que de obtener un resultado? ¿Y si nos acostumbramos, como aconseja Sócrates, a cuestionar cada día nuestros supuestos sobre las cosas más importantes de la vida?

Creo que Sócrates posee lo que los psicólogos llaman «flexibilidad cognitiva». Es un experto en generar múltiples formas alternativas de ver una situación o un concepto. Eso le impide unirse demasiado a un supuesto concreto. Si le dices a Sócrates que crees que tener buena apariencia es una ventaja, se le ocurrirá una situación tras otra en la que parecerá que es una desventaja. Si le dices que el sol parece una bola de fuego, te enumerará varias maneras en las que te hará ver que no se comporta como tal. Todo es una hipótesis, pero a la espera de ser refutada. Ese tipo de flexibilidad cognitiva puede ser intrínsecamente terapéutica. Por el contrario, se ha descubierto que el pensamiento rígido, que tan solo puede considerar un número limitado de perspectivas, está asociado a diversos problemas psicológicos, como la preocupación patológica.[10]

Existe un conjunto fascinante de investigaciones modernas que, en mi opinión, tienen la clave para comprender otro de los principales beneficios del método socrático. Las definiciones de nuestros valores, como el objetivo de la vida misma o virtudes específicas, se pueden entender como una serie de reglas verbales. Los estudios que han realizado los psicólogos conductistas han demostrado que, aunque las reglas verbales pueden llegar a tener cierta utilidad, también tienden a causar un problema al que se le describe como insensibilidad al cambio en nuestro entorno. Por ejemplo, cuando en un experimento se les dice a los participantes «pulsad este botón rápidamente para ganar puntos» (una regla verbal), es más probable que sigan pulsándolo cuando ya no se conceden puntos que otro grupo de participantes que han descubierto cómo funciona el botón por ensayo y error.[11] Este resultado de la investigación tiene profundas implicaciones para la psicoterapia, ya que muchos de los problemas psicológicos que experimentan los pacientes de terapia entrañan una persistencia rígida en seguir ciertas reglas, o en utilizar determinadas estrategias para aceptar la situación, a pesar de que es evidente que no están funcionando. Es fácil que nos quedemos atascados en la rutina y continuemos haciendo lo que creemos que debemos hacer, una y otra vez, incluso cuando nos está perjudicando.

Por ejemplo, alguien que ha aprendido que «mentir está mal» de sus padres o de un libro o una conferencia puede negarse obstinadamente a decir ni siquiera una «mentira piadosa» que beneficiaría a sus seres queridos. O como escribió William Blake: «Una verdad dicha con mala intención supera todas las mentiras que puedas inventar». Si adaptamos el ejemplo utilizado por Sócrates en las páginas anteriores y defines de un modo rígido la mentira como algo que es malo, se podría pensar que cuando un amigo suicida te pregunta dónde está su pistola, deberías responderle diciéndole la verdad en lugar de mentirle para salvarle del peligro. Sócrates es más flexible en su pensamiento. Se instruyó a sí mismo y a sus alumnos para examinar constantemente sus reglas verbales, en especial las definiciones y las máximas morales, y pensar en excepciones a las mismas de un modo creativo. Quizá mentir sea injusto en algunos contextos, pero en otros no; quizá defender tu postura sea algo valiente en algunas situaciones, pero no en otras; quizá el conocimiento sea bueno para nosotros a veces, pero no siempre tiene que ser así.

Mientras que los filósofos anteriores a Sócrates enseñaban máximas o reglas morales, él animaba a sus alumnos a cuestionarlas. Me parece que se dio cuenta de que la verdadera sabiduría moral requiere cierto grado de apertura de mente, de flexibilidad y de adaptabilidad por parte de nuestro pensamiento. En una palabra, es más saludable a largo plazo que aprendamos a pensar por nosotros mismos que depender demasiado de la memorización de las sentencias de los sabios.

En el diálogo anterior, Sócrates le preguntó a Eutidemo si alguna vez había estado en Delfos y si había leído la famosa inscripción que hay allí: «Conócete a ti mismo». Le explicó que, aunque la mayoría de la gente supone de manera inocente que se conoce a sí misma, se equivoca en un sentido importante y, por tanto, es intelectualmente vanidosa. El auténtico autoconocimiento implica saber lo que sabemos y lo que no sabemos. En otras palabras, significa comprender los límites de nuestro conocimiento, sobre todo en lo que se refiere a algunos de los aspectos más fundamentales de la vida. El ejercicio de las dos columnas es una versión simplificada del método socrático para poner a prueba nuestro conocimiento de la vida buena, o *eudaimonía*, y la definición que tenemos de virtudes como la sabiduría y la justicia. Con métodos como este, y a través de una práctica constante, llegamos a darnos cuenta de que, a menudo, lo que nos parece cierto se contradice fácilmente y debe estar sujeto a revisión. Conocernos a nosotros mismos significa saber que no lo sabemos todo sobre el objetivo de la vida.

La respuesta de Apolo

Cuando Querefonte salió por fin del templo, tenía el rostro todavía más pálido que de costumbre.

—No nos hagas esperar, amigo mío. ¿Qué ha dicho el dios? ¿Quién es el hombre más sabio que existe? —dijo Sócrates.[12]

Querefonte miró con timidez a sus amigos.

—Bueno, no le hice la pregunta exactamente así —graznó.

—¿Qué quieres decir? —saltó Sócrates con los ojos muy abiertos—. ¿No te das cuenta de lo importante que es hacer la pregunta correctamente, sobre todo cuando no tienes más que una oportunidad de oír la respuesta?

Querefonte no dijo nada.

—¿Qué pregunta has hecho? —quiso saber Sócrates.

Se produjo una larga pausa antes de que Querefonte, con un titubeo poco característico de él, contestara.

—¿Hay algún hombre más sabio que Sócrates?

Esa fue, en efecto, la pregunta que le hizo al dios de Delfos y, hablando a través de la Pitia, su sacerdotisa, Apolo le respondió: «De todos los hombres, Sócrates es el más sabio».

Sócrates, por una vez, se quedó estupefacto.

—Esa no era la pregunta que se suponía que tenías que hacer —balbuceó al cabo de unos momentos.

—Los sacerdotes confirmaron la respuesta —respondió Querefonte con un leve tartamudeo.

Sócrates le regañó por desperdiciar la oportunidad de interrogar al dios.

—¿No te das cuenta de que tu pregunta contiene una suposición? —afirmó Sócrates—. Siempre que haces una pregunta que contiene una suposición, estás poniendo palabras en boca de la otra persona, ¡y en este caso era la boca de un dios! —exclamó finalmente.

—¿Qué suposición? —quiso saber Querefonte, un poco indignado.

—Que Sócrates es sabio —replicó Sócrates frunciendo el ceño.

—No he dicho nada semejante —dijo Querefonte a la vez que se encogía de hombros.

Sócrates se quedó pensativo.

—Puede que tengas razón. Entonces, ¿qué querrá decir Apolo? —murmuró para sí mismo frunciendo el ceño en señal de concentración, como si tratara de resolver un acertijo—. No poseo sabiduría, ni grande ni pequeña —añadió mirando a sus amigos.

Sócrates había acabado convencido de ello por Aspasia, que le había enseñado, paradójicamente, que no se puede ser a la vez filósofo y sabio.

—El dios no puede mentir. Hacerlo iría contra su propia naturaleza —afirmó Querefonte sonriente.

Todos se mostraron de acuerdo. Si la desconcertante afirmación del dios era cierta, sugeriría que aquellos que se llamaban a sí mismos sabios, e incluso aquellos que eran llamados sabios por otros, no eran más sabios que Sócrates. Tras pensárselo detenidamente, tomó una decisión. Sócrates buscaría a un hombre más sabio que él e informaría de ello a Delfos. Les presentaría a los sacerdotes pruebas contrarias como si se tratara del interrogatorio a un testigo en un tribunal, y ellos se verían obligados a aclarar o revisar el testimonio de la Pitia. Interrogaría a cualquiera que pareciera poseer sabiduría e intentaría refutar sus creencias, para aclarar si eran en realidad sabios o simplemente aparentaban serlo. ¿Dónde iría primero? A hablar, por supuesto, con el hombre más sabio del mundo.

5
EL HOMBRE MÁS SABIO DEL MUNDO

Una mañana de primavera, de camino al Ágora, Sócrates, ya entrado en la treintena, se fijó en un grupo de muchachos que jugaban a las tabas en una estrecha callejuela.[1] De repente, el más joven se levantó de un salto y llamó tramposo a uno de sus compañeros de juego. Tras una breve discusión, reanudaron el juego. Justo cuando el chaval que había gritado estaba a punto de jugar su turno, un carro tirado por dos bueyes dobló la esquina en dirección a los chicos. Todos se dispersaron, excepto ese joven, que estaba tan decidido a ganar que se negó a ceder. Levantó una mano para que el carro se detuviera, pero el conductor no le hizo caso. Con el ceño fruncido, el chico se tiró al suelo delante de las pezuñas de los toros que avanzaban. El conductor gritó de rabia, pero se vio obligado a detener bruscamente el carro.

Estaba claro que aquel chico era intrépido, hasta el punto de la temeridad. Poseía lo que los griegos llamaban *philotimia*, la pasión por la victoria, el honor y la fama. Un niño así estaba destinado a la grandeza o a la catástrofe. Sócrates preguntó en voz baja a uno de sus jóvenes compañeros de juego:

—¿Quién es ese niño y cómo se llama su padre?

—Su padre murió en la guerra y ahora se está criando en casa de Pericles; le llaman Alcibíades —le explicaron.

Aspasia, junto con su padre y su extensa familia, había zarpado de su hogar en Jonia aproximadamente una década antes. Poco después de su llegada, su sobrina, que vivía en Atenas, dio a luz a un niño. Lo llamaron Alcibíades en honor a su abuelo, el cuñado de Aspasia, un noble ateniense que había vivido en el exilio. La familia había perdido a Alcibíades el Mayor. Luego, su hijo Clinias, cuando todavía no había cumplido la treintena, murió en batalla en Coronea luchando contra los beocios. Así pues, a la edad de cuatro años, el niño ahora huérfano de padre fue acogido en la casa del mejor amigo de su padre, Pericles, que se convirtió en su tutor legal. Pericles se divorció de su primera esposa más tarde y Aspasia se mudó a vivir con él, convirtiéndose en su consorte y, finalmente, en su segunda esposa. Pericles y Aspasia criarían a su sobrino nieto, el joven Alcibíades, como si fuera su propio hijo.[2]

A lo largo de los años siguientes, Sócrates vio cómo toda Atenas se quedaba prendada del hijo de Clinias. Aspasia, la tía abuela del muchacho, se comportó como una madre con él y, como era inevitable, se preocupó por su educación. Cuando el muchacho llegó a la adolescencia, Sócrates empezó a fijarse en él en compañía de destacados intelectuales atenienses.

Alcibíades conservó su belleza juvenil cuando ya fue adulto, algo por lo que fue famoso en toda Grecia. Más tarde, al igual que otros nobles, se dejó el pelo largo, símbolo de estatus, porque a los pobres les resultaba más práctico cortárselo. Hablaba con un ceceo que le hacía pronunciar la letra *rho* como si fuera *lambda*, de modo que en lugar de «Sócrates» decía «Soklates». Ese problema con el habla se consideró encantador precisamente porque, a los ojos de muchos, parecía ser su única imperfección. Sócrates no se acercó al muchacho, aunque a menudo estaban en la misma compañía. Rara vez conversaron. Pero el filósofo escuchaba con interés cómo Alcibíades discutía con sus amigos e incluso con sus maestros. El resto de Atenas trataba a Alcibíades como a una celebridad. Le rodeaban y cotilleaban sobre él. Le querían, le consentían y le alababan. Quizá era imprudente y arrogante, pero también carismático, inteligente, valiente... y un líder nato.

Los nombres de los ilustres antepasados de Alcibíades estaban en boca de todos los que conocía. Su padre era un noble del clan de los salaminienses, cuyos antepasados se remontaban al legendario héroe Áyax. Los alcmeónidas, el clan de su madre, eran una de las dinastías más ricas y poderosas de la antigua Grecia. Alcibíades afirmaba que descendía de Néstor, el legendario rey de Pilos. Néstor, al igual que Áyax, quedó inmortalizado en la *Ilíada* y la *Odisea* de Homero.[3] Algunos de los alcmeónidas desempeñaron en el siglo VI un papel crucial en el derrocamiento del último tirano que gobernó Atenas. (Por «tirano» los griegos entendían un gobernante único que está por encima de la ley, como un dictador o un monarca absoluto.) Clístenes, uno de los alcmeónidas, instauró la democracia ateniense, el sistema político por el que la ciudad se hizo famosa desde entonces. Así pues, a pesar de su sangre noble y de su gran riqueza, Pericles y otros alcmeónidas siguieron siendo las principales figuras de la facción demócrata, que pretendía mantener el poder en manos del pueblo. Se esperaba que Alcibíades, nacido en el mismo clan noble y desde entonces pupilo de Pericles, continuara sus pasos.

Pericles fue uno de los primeros populistas, cuyo excepcional poder surgió, irónicamente, de su intención de que el pueblo tuviera un mayor control sobre el gobierno de su ciudad. Los ciudadanos atenienses le adoraban y le consideraban su líder. Mientras que los tiranos políticos imponen obediencia con amenazas de violencia, Pericles tenía casi tanta autoridad como ellos porque los ciudadanos le ofrecían libremente su apoyo. También fue un maestro de la diplomacia internacional. En todo su creciente imperio se le respetaba por decir que Atenas no hacía aliados recibiendo beneficios, sino otorgándoselos a los demás. Sus mociones debían someterse a votación, como las de cualquier otro, pero casi siempre se salía con la suya. Fue el mejor orador político de su época, y tenía a la Asamblea en la palma de la mano.

Mientras que Pericles se había forjado su autoridad a lo largo de décadas, Alcibíades, ansioso por superar a su tutor, se dedicaba a crear polémica como atajo hacia la fama. Una vez mordió a un oponente que le estaba ganando en un combate de lucha libre. El chico le gritó: «¡Muerdes como una niña!», Alcibíades, erguido en toda su altura, le replicó sin pudor alguno: «¡No, como un león!». Este momento teatral se hizo legendario.[4] A lo largo de los años siguientes, a Alcibíades se le compararía a menudo con un león. Si Pericles era efectivamente el gobernante de un gran imperio, su joven pupilo se asemejaba a un príncipe imperial. Toda Atenas quería que Alcibíades fuera el próximo Pericles, o incluso más grande.

Cuando acabó su adolescencia y comenzó el entrenamiento militar de cadetes, Alcibíades empezó a buscar un mentor que pudiera prepararle para convertirse en el siguiente gran líder de Atenas. No era una tarea para los miedosos. Unos años antes, había pedido a un profesor que le proporcionara un libro de las obras de Homero. Cuando el hombre balbuceó que no tenía ninguno a mano, recibió un puñetazo en la cara, y otros posibles tutores tampoco fueron rivales para el adolescente. Como muchos otros jóvenes atenienses, Alcibíades idolatraba a Aquiles, el trágico héroe homérico, cuyo padre le había implorado «ser siempre el mejor y superar a todos los demás».[5] Aquiles, según la leyenda, había recibido las enseñanzas de Quirón, el más sabio de los centauros. Alcibíades exigía que lo educara el más sabio de los griegos.

El célebre orador Protágoras de Abdera se había convertido en el consejero político y enviado de mayor confianza de Pericles a partir del exilio de Anaxágoras, ocurrido dos décadas antes. Protágoras fue el primero en adoptar el título de sofista, que significa «experto» o «sabio». Había evitado el error de Anaxágoras, el de hacer afirmaciones sobre los cuerpos celestes, y con ello de que le acusaran de blasfemo, al insistir en que tales cosas eran incognoscibles. En su lugar, se especializó en la enseñanza de la oratoria, la virtud y la mejora general del carácter. La palabra *sofisticación* deriva de los sofistas, y eso es lo que se ofrecían a impartir a los ambiciosos jóvenes hijos de las familias griegas ricas, junto con la habilidad de hablar de un modo persuasivo en los tribunales y ante la Asamblea. Por un curso de conferencias, Protágoras cobraba cien minas, más de lo que un artesano como Sócrates podía ganar en toda su vida. A pesar de sus exorbitantes honorarios, se había convertido en una celebridad y atraía a muchos devotos seguidores, incluidos aprendices, que pretendían convertirse ellos mismos en sofistas.

A su regreso de Delfos, todavía enojado por la respuesta del oráculo, Sócrates se puso a buscar a un sabio. No podía encontrar mejor candidato que Protágoras, ya que sus seguidores afirmaban que era el hombre vivo más sabio. El gran sofista estuvo prestando servicios políticos en Magna Grecia (sur de Italia) durante muchos años. Cuando Sócrates se enteró de su regreso, se dirigió inmediatamente a la casa de Calias, un famoso mecenas de intelectuales, con quien se alojaba Protágoras.[6]

Los amigos de Sócrates siempre habían admirado su perspicacia filosófica, aunque seguía siendo un gran desconocido más allá de ese pequeño círculo de amistades. Pero en ese momento, al difundirse la noticia de la afirmación del oráculo, y a pesar de sus orígenes relativamente humildes, su nombre empezó a llegar a oídos de los intelectuales más célebres de Atenas y de sus estudiantes de élite. Aun así, cuando llegó a la villa de Calias, el portero no le reconoció y al principio se negó a dejar entrar a aquel desconocido. Solo cambió de opinión cuando Sócrates insinuó que tenía un amigo interesado en pagar los servicios de Protágoras como tutor.

Sócrates entró y se encontró al gran orador, vestido con una túnica carmesí, paseándose por el lujoso patio de Calias. Algunos sofistas extranjeros a los que estaba formando y un grupo de jóvenes atenienses de clase alta caminaban detrás de Protágoras, pendientes de cada una de sus palabras. Entre ellos estaban los hijos de Pericles, Páralo y Jantipo, apodados los «chuparepollos» por quienes los consideraban poco inteligentes. Mientras Sócrates observaba cómo sus alumnos seguían a Protágoras, recordó haber visto una hermosa danza coreografiada en la que los devotos de Orfeo caían bajo el hechizo de su voz. Como para rematarlo todo, llegó Alcibíades, acompañado de un rico noble llamado Critias, unos diez años mayor que él, que le había invitado, por primera vez, a oír hablar a Protágoras y quizá a convertirse en su alumno.

A Sócrates le intrigaba mucho la afirmación de que un orador era capaz de enseñar sabiduría y virtud. Protágoras animaba a sus seguidores a utilizar la razón como guía para vivir sabiamente. Su lema más famoso era «El hombre es la medida de todas las cosas, de las que son que ellos son, de las que no son que ellos no son». A pesar de su carácter oracular, le valió la reputación de ser el primer humanista de la historia. Más tarde, escribió un libro, *Sobre los dioses*, que comenzaba así:

> Sobre los dioses no puedo saber ni si existen ni si no existen, ni de qué clase son en forma: porque existen muchas cosas que me impiden saberlo, su impenetrabilidad y la brevedad de la vida del hombre.[7]

Según algunos, esto sería lo que finalmente provocaría la expulsión de Protágoras de Atenas acusado de «blasfemia», como Anaxágoras antes que él.[8] Mientras que a los filósofos naturales se les consideraba como ateos, Protágoras pensó que era más seguro posicionarse como agnóstico.

Sócrates se acercó a Protágoras y le habló de un joven al que conocía y que buscaba el mejor maestro disponible. El sofista le contestó que tenía edad suficiente como para ser el padre de cualquiera de los presentes y que había ejercido esa profesión durante muchos años. Añadió que, sin embargo, debía ser prudente, ya que viajaba de una ciudad a otra persuadiendo a los mejores jóvenes para que dejaran a sus anteriores maestros y le siguieran a él.

—Mi sabiduría puede despertar envidias —explicó.

Según Protágoras, la sofistería era un arte antiguo. Los escritos de los grandes poetas, en especial Homero y Hesíodo, enseñaban la virtud, al igual que las religiones mistéricas, como el culto a Orfeo. Afirmaba que muchos entrenadores atléticos y músicos enseñaban la virtud en secreto. Sus alumnos más destacados eran jóvenes nobles de familias ricas y poderosas, que buscaban adquirir las cualidades de un futuro líder. Debido al temor de ser perseguidos por sus enemigos políticos, estos tutores practicaban la sofistería bajo diversas apariencias, pero con ello se arriesgaban a ser acusados de deshonestidad si los descubrían. Protágoras, para evitar esta acusación, se convirtió en el primero en asumir abiertamente el título. Por lo tanto, deseaba responder a las preguntas de Sócrates ante un público más amplio, ya que le daba la oportunidad de convertir la conversación en un espectáculo público, demostrar su pericia y defender su arte. Calias y Alcibíades reunieron con celeridad a todos los demás.

Sócrates repitió ante la multitud reunida que su joven amigo, que buscaba un maestro, deseaba saber qué enseñaba realmente Protágoras. Este sonrió y, con voz dulce como la miel, dirigió su discurso a la sala:

—En cuanto se convierta en mi alumno, volverá a casa como una persona mejor, y lo mismo sucederá todos los días a partir de entonces.

El sofista se mostró complacido con su respuesta, ya que le valió una salva de aplausos. Sócrates, que no se mostró impresionado, respondió encogiéndose de hombros. Lo mismo ocurriría, argumentó, con cualquier cosa que se aprendiera, ya que toda educación nos mejora en algún aspecto. Protágoras había hablado con demasiada vaguedad sobre cómo su enseñanza estaba destinada a mejorar a sus alumnos. Los médicos enseñan medicina y los músicos enseñan música, pero ¿qué enseña exactamente, preguntó Sócrates, un sabio profesional?

Protágoras le respondió que, aunque algunos de los sofistas más jóvenes enseñaban de todo, desde astronomía hasta poesía, él se centraba en enseñar la capacidad de tener buen juicio y dar buenos consejos. Sus alumnos aprendían a gestionar de forma adecuada su vida y sus propiedades. También se dedicaban a estudiar el arte de la política, por lo que destacarían en la vida pública, tanto en sus palabras como en sus actos. Aquello despertó el interés de Alcibíades. Protágoras parecía insinuar que podía enseñar a emular la grandeza de su amigo Pericles como orador político y estadista.

—Si no lo he entendido mal, lo que estás prometiendo es enseñar el arte de la buena ciudadanía, que seguramente equivale a lo mismo que enseñar la virtud o cómo llegar a ser una buena persona.

Protágoras hizo un gesto de asentimiento. Aunque Sócrates había recibido una respuesta, era evidente por la expresión de su rostro que todavía había preguntas que le preocupaban respecto a la respuesta de Protágoras. Hubo unos instantes de silencio. Luego, Sócrates dijo algo tan audaz que provocó algunos jadeos de asombro.

—Protágoras, la verdad es que nunca he creído que alguien fuera capaz de enseñar eso. Aunque, si dices que puedes enseñarlo, supongo que eres sincero.

Todas las miradas quedaron fijas en Sócrates cuando empezó a explicarse. Les dijo que tenía dos razones fundamentales para poner en duda la afirmación de Protágoras. La primera era que la Asamblea ateniense no parecía creer que la virtud pudiera enseñarse. Cuando tomaba decisiones sobre asuntos como la construcción de trirremes o de fortificaciones, la Asamblea solo consultaba a expertos, aquellos conocedores de las artes técnicas pertinentes. No obstante, Pericles se había encargado de que todos los ciudadanos varones tuvieran derecho a hablar sobre cuestiones generales de gobierno y justicia. No se esperaba que ninguno de esos individuos tuviera una formación especializada en el arte de la buena ciudadanía. Según Sócrates, esto implicaba que la Asamblea creía que las virtudes relevantes para la vida pública eran algo común en vez de ser producto de una educación.

Lo mismo ocurre con la vida privada, que Sócrates introduce como segundo punto. Si la virtud se podía enseñar, como afirmaba Protágoras, ¿por qué los atenienses más mayores no se la enseñaban a sus propios hijos?

—Mirad a estos dos jóvenes —exclamó señalando a Páralo y Jantipo—. Pericles, su padre, les ha proporcionado la mejor educación en todo lo que se puede enseñar, pero, en lo que se refiere a la virtud... —añadió Sócrates a la vez que fruncía el ceño—, se les deja vagar como ganado descarriado, y van recogiendo alimento dondequiera que lo encuentran... y cuanto menos se diga de su pariente, el joven Alcibíades, mejor.

Nadie dijo nada. A pesar de que la mayoría de los presentes en la sala estaban horrorizados por su franqueza, Sócrates continuó.

—Hay muchos hombres que, a pesar de ser buenos ellos mismos, nunca han hecho buenos a sus propios hijos, ni a nadie —comentó Sócrates con sencillez. Nadie, excepto quizá Alcibíades, quería oír más ejemplos polémicos, así que, por respeto a Protágoras, Sócrates concluyó—. Cuando pienso en este asunto de este modo, dudo que la virtud pueda enseñarse. Claro, puedo estar equivocado, ya que sé que eres un hombre de gran erudición con mucha experiencia en educación, así que, por favor, explícame cómo es posible enseñar a los hombres sabiduría o cualquier otra virtud.

Protágoras sonrió un momento. Sus seguidores, que no sabían qué pensar de aquel excéntrico individuo que había abandonado el trabajo de escultor, intercambiaron miradas. Algunos se habían sentido ofendidos. Protágoras estaba cada vez más irritado con Sócrates, pero intentó disimularlo.

—Me encantaría tener la oportunidad de explicaros mis puntos de vista —dijo con una voz tan encantadora que todo el auditorio pareció caer bajo su hechizo—. Con todo, en vez de desarrollar un argumento, creo que sería más agradable si simplemente os contara una historia.

Sócrates estaba a punto de oponerse a lo que consideraba una maniobra de distracción, pero todos los demás aplaudieron a Protágoras y le rogaron que la contara. Lo que siguió fue uno de los discursos más notables de la historia de la filosofía. Llegaría a ser conocido de manera tan sencilla como «El gran discurso de Protágoras».[9]

El gran discurso de Protágoras

Protágoras empezó diciendo que al principio había dioses, pero no criaturas mortales. Cuando llegó el momento, Zeus, el rey de los dioses, creó innumerables especies de animales mezclando los elementos de la tierra y el fuego. Luego ordenó a dos de los titanes, Proteo y su hermano Epimeteo, cuyos nombres significan «previsión» y «reflexión», que asignaran diferentes habilidades a cada criatura viviente. Reflexión suplicó poder asignar las habilidades él solo. Previsión accedió y dijo que inspeccionaría el trabajo de su hermano cuando estuviera terminado. Algunas criaturas se movían con lentitud y, para compensarlo, Reflexión les dio una gran fuerza. Otras eran débiles, así que les concedió velocidad. A algunas criaturas las armó, mientras que a otras les dio diversas formas de protección. A las criaturas pequeñas les concedió la capacidad de volar o la de ocultar sus moradas bajo tierra por seguridad. A las bestias grandes las protegía su tamaño. Se preocupó de conceder a todas las criaturas algún modo para que conservaran la vida.

Tras dotar a todos los seres vivos de los medios necesarios para sobrevivir entre sí, sin temer que una especie eliminara a otra, lo siguiente que el titán les concedió fue una protección contra su entorno y la dureza de las estaciones. Cubrió a algunos animales con una piel lo bastante dura para soportar el calor del verano y a otros con gruesas pieles para protegerse del frío durante los meses de invierno. A unos los dotó de fuertes pezuñas y a otros de pies acolchados, para caminar sobre la áspera tierra. A cada criatura se le asignaba su propia fuente de alimento. Algunas pastaban en la tierra, otras comían frutos que colgaban de los árboles o desenterraban raíces del suelo. Otras eran cazadoras y se alimentaban de los animales más débiles. A estas criaturas depredadoras les asignó una descendencia limitada, mientras que sus presas eran tan numerosas que siempre habría suficientes para servirles de alimento.

Sin embargo, a Reflexión le faltó sabiduría, y después de asignar a cada especie sus propias capacidades especiales, se dio cuenta de que no le quedaba nada que dar a los humanos. Cuando Previsión inspeccionó la obra de su hermano, descubrió que solo el hombre había nacido desnudo y se había quedado sin pezuñas, sin armas y sin un lecho en el que recostar la cabeza y descansar a salvo. Sin saber qué más hacer, robó la pericia técnica de la diosa Atenea y se la dio a la humanidad, junto con el fuego de Hefesto, el dios herrero. Juntos, estos dones permitieron a la humanidad sobrevivir en la naturaleza, aunque todavía eran incapaces de fundar ciudades.

Una vez que los seres humanos obtuvieron estos dones divinos, notaron su parentesco con los dioses y empezaron a rezar y a construirles altares. Inventaron la ropa, los lechos, las viviendas, la agricultura e incluso el lenguaje para expresar sus ideas y adquirir conocimientos. Al principio, los hombres vivían separados, aislados en lugares dispersos, pero al verse acosados sin cesar por bestias salvajes, intentaron construir ciudades para protegerse mutuamente.

Con todo, en cuanto los hombres se reunieron para salvarse, puesto que seguían sin leyes, empezaron a cometer actos malvados los unos a los otros y estallaron las luchas entre ellos. La sabiduría que rige nuestras relaciones con los demás, el arte de la política, pertenecía a Zeus, el rey de los dioses y patrón de la amistad y las familias. Sin el arte de la guerra, que forma parte de la política, los hombres no sabían cómo conquistar a sus enemigos, construir alianzas o asegurar la paz. Salieron de sus ciudades fracasadas y se dispersaron una vez más, para seguir pereciendo en la naturaleza.

Zeus contempló consternado aquella escena caótica y temió la posible destrucción de la raza humana, así que envió a

Hermes, su mensajero, para que les enseñara a los mortales la justicia y les inculcara el sentido de la vergüenza ante las malas acciones como medida disuasoria contra la injusticia. De este modo, Zeus concedió a la humanidad la capacidad de reunirse en ciudades y de mantener el orden a través de los lazos de amistad además de fomentar su sentido de comunidad. Hermes preguntó a Zeus si debía distribuir la virtud de la justicia y otras artes sociales y políticas entre los hombres de forma selectiva, del mismo modo que los conocimientos relativos a los oficios técnicos. Dijo que un hombre que poseyera el conocimiento de la medicina era suficiente para beneficiar a muchos hombres, un arquitecto era suficiente para construir muchas casas, y así sucesivamente.

Zeus decretó que a todo ser humano debía concedérsele al menos cierto conocimiento de la justicia y un sentido de la vergüenza respecto a sus propias malas acciones. Por último, decretó que, si un criminal era incapaz de respetar el imperio de la ley, debía ser desterrado o condenado a muerte como una plaga para la ciudad.

Y con este final, Protágoras concluyó su historia, y el público rompió a aplaudir, encabezado por Alcibíades. Tenían el corazón henchido de orgullo porque el gran discurso parecía glorificar los ideales democráticos de Atenas mediante aquella alegoría. Pericles, al igual que Zeus en el relato, había afirmado que el bienestar de la ciudad dependía de la capacidad de cada ciudadano ateniense para opinar sobre asuntos de justicia, ya fuera sentándose en los tribunales o participando en la Asamblea, un derecho que les había sido concedido por sus antepasados. El sofista esperó a que amainaran los vítores y la adulación y comenzó la parte final de su argumentación.

Antes de que Protágoras pronunciara su discurso para complacer a su público, Sócrates les había dicho que dudaba de que realmente se pudiera enseñar la virtud. Su primera objeción se refería a que cualquier ciudadano varón podía hablar en la Asamblea, y sin tener una formación especializada, sobre cuestiones de carácter general, como qué es justo o injusto. Protágoras, tras terminar de declamar, responde a la crítica de Sócrates explicando que esto se debe a que cualquiera que se declare ignorante de la justicia corre el riesgo de ser expulsado de la sociedad o incluso condenado a muerte. De hecho, si alguien no hace gala de las virtudes de un buen ciudadano, el pueblo piensa que merece ser castigado, precisamente porque cree que debería haber aprendido esas virtudes.

Protágoras les explicó que ningún hombre inteligente y civilizado castiga a un malhechor solo porque ha obrado mal. Hacerlo no sería impartir justicia, sino simplemente la violencia sin sentido de una bestia salvaje. Los sabios consideran que es injusto castigar los errores del pasado como una forma de venganza. Se dan cuenta de que no podemos deshacer lo que se ha hecho. Por el contrario, su intención es disuadir tanto al malhechor como a quien presencie su castigo de cometer delitos similares en el futuro. Esta actitud hacia el castigo presupone no que la virtud sea innata, sino más bien que la mayoría de los seres humanos aprenden la virtud porque Atenas, y sus leyes, les obligan a evitar los vicios.

—Así pues, aunque estoy de acuerdo contigo en que los atenienses hacen bien en consultar solo a constructores o armadores cuando se trata de construir fortificaciones o barcos —respondió Protágoras—, se espera que todo ciudadano tenga alguna clase de conocimiento de la virtud cívica precisamente porque se puede enseñar y se considera una desgracia que alguien no la haya aprendido.

La segunda objeción de Sócrates había sido que los grandes hombres, como Pericles, a menudo crían hijos que no son más sabios ni más virtuosos que los demás. Según Protágoras, la respuesta a eso está en la misma observación.

—¿Es concebible que los grandes hombres de Atenas les hayan enseñado a sus hijos todas las artes excepto precisamente la de la buena ciudadanía, la que podría salvarlos de que el Estado los castigue con el exilio, la muerte o incluso la ruina de toda su familia? En cuanto un niño es capaz de hablar, sus padres, sus nodrizas y sus tutores se esfuerzan por hacerlo lo mejor posible y le aleccionan con cada acto diciendo: «Esto es justo», «esto es injusto», «eso es sabio», «eso es una estupidez», y así sucesivamente. Si no está dispuesto a aprender, le castigan con amenazas y golpes, hasta que lo enderezan como a un madero torcido. Dado que se pone tanto empeño en la enseñanza de la virtud —prosiguió Protágoras—, ¿no sería sorprendente que fuera algo que no se puede enseñar? Nadie puede permitirse ser un profano en el arte de la virtud si quiere formar parte de una ciudad.

»Como a todo el mundo se le enseña a ser un buen ciudadano, el resultado es que los hijos de los ciudadanos más destacados se enfrentan a una dura competencia. Supongamos que una ley obligara a todos los ciudadanos a aprender a tocar la flauta si no quieren enfrentarse a ser castigados con la muerte o el exilio. Los hijos de los mejores flautistas se enfrentarían a tantos rivales que probablemente no destacarían tanto como sus padres. Sin embargo, todo el mundo tocaría mejor que si no hubieran recibido formación. Del mismo modo, incluso la persona más injusta criada en una ciudad, tras haber aprendido sus leyes, sobresale en justicia en comparación con los bárbaros que han crecido en la naturaleza. Casi todo el mundo en Atenas es un maestro de virtudes, aunque tú pretendas que eres incapaz de ver siquiera a uno. Bien puedes afirmar, Sócrates, que no ves maestros de griego, aunque eso se aprende del habla de todos los que nos rodean.

Protágoras insistió en que la virtud estaba más extendida de lo que parecía. Sócrates enarcó una ceja al oír aquello, ya que el sofista se había enriquecido con la profesión de convertir a buenos ciudadanos en grandes líderes ofreciéndose a formarlos hasta que sobresalieran en virtudes como la sabiduría y la justicia.

—Si algún hombre está mínimamente adelantado en términos de virtud, se le debe valorar y premiar por su sabiduría, y yo me considero una persona así —se explica Protágoras.

El gran sofista estaba seguro de que valía y se merecía los honorarios que cobraba. De hecho, insiste, un estudiante solo tiene que pagar el precio completo si lo desea; de lo contrario, puede ir a un templo, declarar bajo juramento cuánto cree que valen las lecciones y pagar esa cantidad.

—Y no es de extrañar —dijo Protágoras para concluir— que Páralo y Jantipo (e hizo un gesto con la mano hacia ellos) no hayan alcanzado todavía la reputación de Pericles, su padre, cuando muchachos de su edad, hijos de artesanos, como los grandes escultores, tienen todavía que superar a sus propios padres en las artes por las que son conocidos.

Sócrates sonrió con incomodidad.

—No fue justo por tu parte acusar a estos dos de carecer de sabiduría y virtud —añadió Protágoras con diplomacia—, ya que todavía son jóvenes y aún hay esperanza de que lleguen a ser grandes hombres como su padre.

Los dos hijos de Pericles sonrieron al oír el cumplido de Protágoras. La sala estalló en vítores y aplausos. Excepto dos individuos: Sócrates, que seguía mirando atentamente a Protágoras, y el joven Alcibíades, cuya mirada estaba ahora fija en Sócrates, como si quisiera estudiar cada palabra de su respuesta.

El diálogo con Protágoras

Sócrates se puso de pie cuando vio que Protágoras no tenía nada más que añadir.

—Yo creía que no había ningún método por el que un hombre pudiera llegar a ser bueno, pero ahora Protágoras casi me ha convencido, salvo por un pequeño detalle, que estoy seguro de que resolverá con bastante facilidad.

Sócrates señaló antes que se podían oír discursos tan buenos como aquel de Pericles y otros oradores, que emulaban a Protágoras y habían memorizado sus palabras. No obstante, si les pidieras que te explicaran algún punto, serían tan incapaces de responder a esas preguntas como las páginas inanimadas de un libro. De hecho, esta clase de individuos hacen difícil que se cuestione cualquier detalle porque las respuestas que dan se convierten en discursos preparados que, como el tintineo de un cuenco de bronce, suenan como si pudieran durar eternamente. En otras palabras, Protágoras, que había sido el iniciador de esas enseñanzas, era el único capaz de explicar el razonamiento que había detrás de ellas, y Sócrates, finalmente, tuvo la oportunidad de lograr que lo hiciera.

—Tan solo te pido que respondas a una simple pregunta —dijo Sócrates. Protágoras hizo un gesto de asentimiento—. Dijiste que la virtud se puede enseñar, y te he oído mencionar la justicia, la templanza y otras cosas por el estilo. ¿Podrías ser más preciso? ¿Son la justicia, la templanza, etc., partes distintas de la virtud, o son todos nombres diferentes para la misma cosa?

—Eso es fácil de responder —afirmó Protágoras con una sonrisa, como si se tratara de una pregunta habitual—. La virtud es algo que tiene varias partes. Piensa en cómo la cara de una persona se compone de partes como la boca, la nariz y los ojos. Lo que llamamos virtud puede dividirse, del mismo modo, en cualidades como la justicia, la templanza, etcétera.

—En ese caso, ¿puede alguien tener una parte de la virtud sin tener las otras? —inquirió Sócrates.

—Por supuesto, pues mientras algunos hombres exhiben valor, pero también injusticia, otros pueden exhibir justicia, pero carecer de sabiduría, y así sucesivamente —respondió Protágoras.

—Entonces, ¿la sabiduría y el valor son también partes de la virtud? —siguió preguntando Sócrates.

—En efecto —le confirmó Protágoras—, y de todas las partes de la virtud, la sabiduría, de hecho, está por encima de las demás.

—Pero ¿son diferentes entre sí? —insistió Sócrates, que empezaba a fruncir el ceño, como solía hacer cuando se quedaba perplejo ante alguna paradoja que, hasta ese momento, nadie más había advertido—. Pues bien, supongamos que alguien nos pregunta si la piedad es justa o la justicia es piadosa.

Protágoras vaciló y dijo que era una pregunta difícil. No creía que las virtudes fueran idénticas, pero aceptó a regañadientes que son similares, aunque insistió en que el parecido era trivial. Sócrates exclamó con fingida sorpresa.

—¿Me estás diciendo que la relación entre la justicia y la piedad es tan solo muy leve?

Protágoras frunció el ceño, irritado, y Sócrates cambió de táctica.

—Examinemos estas semejanzas para decidir hasta qué punto son importantes —le propuso, y adoptó una expresión más seria—. Por ejemplo, ¿crees que quienes actúan de forma injusta, al hacerlo, juzgan las consecuencias de sus actos de un modo sabio?

Protágoras se lanzó a dar otro hermoso discurso, con el que consiguió más aplausos, pero no le respondió a la pregunta.

—Te pido disculpas, pero resulta que soy una persona muy olvidadiza —le dijo Sócrates. Protágoras enarcó una ceja—. Tendrás que darme respuestas cortas si quieres que te entienda.

Protágoras sabía que se trataba de una treta destinada a forzarle a participar en el juego de «preguntas y respuestas», en el que el filósofo sobresalía.

—Sócrates, he participado en debates con muchos hombres a lo largo de los años y me he ganado una reputación de sabio en toda Grecia, pero si accediera a responder a este tipo de preguntas, me temo que nunca volvería a ser considerado superior a nadie —exclamó con un suspiro de frustración.

En este punto intervino Calias. Afirmó que quería oír la respuesta a las preguntas de Sócrates, pero que no quería ofender a su invitado de honor. Se produjo una discusión sobre si Sócrates, que estaba a punto de marcharse, debería poder interrogar a Protágoras con más rigor. De repente, Alcibíades saltó de su asiento y exclamó:

—¡No estás diciendo más que tonterías, Calias! Protágoras debe permitir que su razonamiento se vea puesto a prueba en un debate con Sócrates y no soltar largos discursos para defenderse de preguntas difíciles, ¡sin parar y sin parar hasta que todo el mundo olvida por dónde empezó!

Critias se echó a reír.

—Alcibíades, como siempre, quiere estar en el bando ganador.

Protágoras se removió incómodo, pero accedió a continuar y, tras alguna digresión más, se sometió de nuevo al interrogatorio de Sócrates, quien insistió en que tan solo quería aclarar algunas cuestiones que todavía le preocupaban sobre la idea de enseñar la virtud. Como de costumbre, parecía algo que quizá era cierto, pero no por completo. Era evidente que iba un paso por delante de Protágoras, aunque no estaba claro adónde quería llevar la conversación.

—La pregunta que te hice fue la siguiente: ¿son la sabiduría, la justicia, el valor, la templanza y la piedad los distintos nombres de una misma cosa, llamada virtud? Tú dijiste que, por el contrario, son aspectos distintos de la virtud, como las diferentes partes de un rostro.

Sócrates le preguntó al sofista si había cambiado de opinión. Protágoras torció los labios en algo parecido a una sonrisa ocultando a duras penas su malestar. Dijo que creía que las otras partes de la virtud se parecían en algo, pero que el valor era algo muy distinto del resto.

—Esto se demuestra con el hecho de que existen muchas personas en extremo imprudentes, injustas, intemperantes e impías y, aun así, excepcionalmente valientes —se explicó.

Sócrates se inclinó hacia delante.

—¿Describirías a los hombres valientes como seguros de sí mismos?

—Sí —respondió Protágoras—, en la medida en que están dispuestos a actuar cuando la mayoría de los demás hombres tendrían miedo.

Pero, tras debatirlo, ambos se mostraron de acuerdo en que incluso los locos y los que se encuentran dominados por la ira son capaces de mostrar una especie de confianza temeraria. Sócrates apunta a que se debe a la ignorancia, y no debe confundirse con la virtud del valor, que requiere conocimiento de lo que se está haciendo. El valor y la confianza en sí mismo que muestra en la batalla un hoplita bien entrenado, por ejemplo, serían completamente diferentes de la temeraria e insensata confianza en sí mismo de un demente que, enfurecido, agarra un arma sin entender cómo manejarla o los peligros de hacerlo mal.

—La mayoría de la gente cree que nuestras mentes están gobernadas por el deseo de placer y la evitación del dolor, y que los hombres se ven así arrastrados y esclavizados por sus pasiones —reflexionó Sócrates.

Afirmó, no obstante, que la auténtica sabiduría es más poderosa que el dolor o el placer, y Protágoras estuvo de acuerdo.

—Sin embargo, pocos se sentirán convencidos de ello, porque parece que las pasiones pueden usurpar con facilidad la razón de toda persona —dijo Sócrates.

Las personas dicen, por ejemplo, que les dominan las ansias de comer o beber o tener relaciones sexuales, a las que se entregan de distintas formas que son perjudiciales para ellas, y eso a pesar de saber que más tarde se arrepentirán de sus actos. Saben cuál es el mejor camino, pero siguen el peor.

—La mayoría de la gente te dirá que aunque ciertas formas de satisfacción son placenteras, pueden dar lugar a consecuencias desagradables, como la pobreza, la enfermedad y el sufrimiento, lo cual nos privaría de otros placeres. Del mismo modo, creen que el ejercicio atlético, el entrenamiento militar y la cirugía médica son cosas buenas. A pesar de ser a menudo desagradables o dolorosas, este tipo de actividades pueden traer buena salud, lo que en última instancia es un placer. Por lo tanto, consideran el placer como algo bueno y el dolor como algo malo en función de sus consecuencias. De hecho, la mayoría considera que un acto es bueno si el placer general que causa supera al dolor. Aunque, se considera malo si provoca más dolor que placer[10] —dijo como conclusión.

»Cuando alguien afirma que le seduce un deseo que sabe que no es cierto —añadió Sócrates—, lo que a menudo quiere decir es que ha sacrificado un placer mayor en el futuro para disfrutar de uno menor en el presente. Del mismo modo, cuando dice que se ha visto vencido por el miedo, quiere decir que ha huido de un dolor menor ahora, a costa de sufrir un dolor mayor en el futuro.

Protágoras asintió.

—Todo el mundo sabe que las apariencias engañan —continuó explicando Sócrates—. Las cosas que están cerca parecen más grandes que cuando se las ve desde lejos, un ruido suena más fuerte cuando está más cerca que cuando está más lejos, y así sucesivamente. La mayoría de la gente reconoce que su bienestar necesita tanto poseer suficiente templanza o autocontrol para abstenerse de pequeños placeres con el fin de obtener otros mayores, como tener el valor de soportar pequeños dolores si ello ayuda a evitar otros mayores.

—Los que carecen de autodominio a menudo sienten que han renunciado a la mejor manera de proceder para, a cambio, actuar del peor modo —añadió Protágoras con un gesto de asentimiento.

—Su infortunio reside evidentemente en el poder engañoso de las apariencias. Entonces, ¿por qué no se dan cuenta de que su salvación necesita una especie de sabiduría, un método para medir de manera racional sus placeres y dolores, como si los sopesaran unos con otros en una balanza?

Protágoras le escuchaba sin decir palabra, como si empezara a vislumbrar a dónde podían conducirle las preguntas de Sócrates.

—Las apariencias nos hacen vagar por todas partes sumidos en la confusión —continuó Sócrates—, porque nos engañan de forma constante sobre lo que es mejor o peor, cuando se trata de dolor y placer, de manera que nos llevan a lamentar nuestras elecciones. La capacidad de medir estas cosas racionalmente, por el contrario, haría que basáramos nuestras decisiones en la realidad y no en la apariencia, lo que nos llevaría a la paz de espíritu.

Protágoras se mostró de acuerdo en que esa capacidad sin duda nos liberaría de nuestros miedos y deseos irracionales, y que se trataba obviamente de un tipo de conocimiento que nos permitiría distinguir la apariencia de la realidad en lo que se refería a las consecuencias de nuestras acciones.

—De momento no importa en qué consiste este conocimiento precisamente —dijo Sócrates—. Lo que importa es que comprendamos que donde reside nuestra salvación es en el conocimiento, sea cual sea. Aquellos que creen que sus buenas intenciones se ven vencidas con facilidad por el deseo de placer o por el miedo al dolor creerán al principio que es una idea ridícula si lo que nos oyen decir es que lo que los hace caer vencidos es una especie de ignorancia. Muchos de ellos se sorprenderían ahora mismo, creo yo, al ver que admiten que su falta de templanza y de valor se debe a una falta de conocimiento en lo que se refiere a la medida del placer y del dolor. Sin embargo, es lo que se deduce de todo lo que hemos mostrado de acuerdo hasta ahora.

En otras palabras, la mayoría de la gente subestima enormemente el papel de la cognición, o del pensamiento, en la formación de sus deseos y emociones.

—Es la ignorancia moral lo que los maestros de la virtud, hombres cultos como Protágoras y sus amigos, afirman poder curar —añadió Sócrates—. Muchas personas, no obstante, dan más valor a su dinero que al conocimiento en el que podría residir su salvación y la de sus hijos, por lo que se abstienen de pagar a los sofistas por su sabiduría.

Sócrates preguntó a Protágoras y a sus compañeros sofistas presentes si estaban de acuerdo, y lo estuvieron, de todo corazón.

—¿Qué es entonces el miedo? —les preguntó Sócrates—. Os planteo que el miedo es una expectativa de algo malo.

Todos estuvieron de acuerdo. Es contrario a la naturaleza humana, añadió, que cualquier hombre se acerque a lo que cree que es malo, o doloroso, en lugar de a lo que es bueno.

—¿Entonces, hay alguien que, basándose en lo que hemos estado diciendo, estaría dispuesto a ir hacia lo que teme cuando puede evitar hacerlo? —siguió diciendo Sócrates, y

Protágoras se mostró de acuerdo con un gesto de asentimiento incómodo—. Pues bien, cuando un hombre valiente y otro cobarde se enfrentan a algo que creen que es tan malo como puede serlo, ¿uno se acerca y el otro huye para ponerse a salvo? —Los sofistas estuvieron de acuerdo—. ¿Cómo va a ser eso posible, si acabamos de convenir en que ningún hombre, ya sea valiente o cobarde, se acercará a lo que considera malo, salvo para evitar un mal mayor?

Al oír aquello, el estado de ánimo de la audiencia cambió ligeramente, ya que la conversación se estaba volviendo más seria. Alcibíades, el joven famoso por su valentía, se había estado riendo y disfrutando del debate con sus amigos, pero algo en aquella observación debió tocar una fibra sensible en su interior, porque su mirada quedó por completo fija en Sócrates, como si se hubiera olvidado de todos los demás de momento.

—Vamos, Sócrates —se burló Protágoras—, lo que hacen los valientes y los cobardes son dos cosas opuestas: uno va a la guerra mientras que el otro huye para ponerse a salvo.

—Los valientes van a la guerra porque consideran que es honroso defender a su patria, ¿no es así? —preguntó Sócrates, y todos estuvieron de acuerdo—. Y porque creen que el honor es lo más grande de la vida —añadió Sócrates—. Entonces, ¿estás sugiriendo que los cobardes se niegan a ir hacia lo que saben con certeza que es más honorable, mejor y más agradable? —inquirió.

Protágoras admitió que eso contradecía aquello en lo que se habían mostrado de acuerdo anteriormente.

—Por lo tanto, el temor de un hombre valiente no es ni una estupidez ni una vergüenza, pero el temor del cobarde es tanto una estupidez como una vergüenza.

Protágoras se vio obligado a aceptar que los hombres son cobardes debido a su ignorancia respecto a lo que es o no es apropiado temer.

—Protágoras, ¿lo contrario a esta ignorancia no sería la sabiduría respecto a lo que hay y no hay que temer? —le preguntó Sócrates. El sofista asintió en silencio, aunque claramente disgustado por tener que darle la razón—. Entonces, para resumir, ¿no es el valor tan simple como sabiduría acerca de lo que hay y no hay que temer?, ¿y no es la cobardía, lo contrario de eso, una forma de ignorancia? —Protágoras se negó a asentir y no dijo nada—. ¿No responderás sí o no a mi pregunta? —insistió Sócrates.

—Contéstala tú mismo —le dijo Protágoras con un suspiro.

—Como quieras —respondió Sócrates con una sonrisa—. Sin embargo, antes tengo que hacerte otra pregunta. ¿Sigues pensando, como al principio, que un hombre puede carecer de sabiduría y, a pesar de ello, ser valiente?

Protágoras aceptó a regañadientes que parecía imposible, si se basaban en su discusión, que un hombre carente de sabiduría tuviera la virtud de la valentía. Sócrates le explicó que la única razón que tenía para preguntarle aquello era que llegar a la verdad sobre esas cuestiones les permitiría responder a la pregunta original que les preocupaba a ambos, es decir, si se puede enseñar la virtud.

Lo que impresionó a muchos observadores fue que Sócrates no dio muestras de enorgullecerse por el hecho de haber ganado la discusión. Aunque se había dirigido a Protágoras diciendo que creía que la virtud no podía enseñarse, sus posiciones se habían invertido durante la discusión.

—Ahora me encuentro argumentando que la justicia, la templanza y el valor son todos tipos de sabiduría, o conocimiento, en cuyo caso la virtud parecería ser el tipo de cosa que se puede aprender —comentó Sócrates a la vez que se encogía de hombros—. Protágoras, querías decir que la virtud del valor era algo distinto de la sabiduría, en cuyo caso da la impresión de que no se podría enseñar.

Aunque Protágoras afirmaba ser sabio, las preguntas de Sócrates habían demostrado que el sofista estaba confundido acerca de la naturaleza de la virtud, precisamente lo mismo en lo que afirmaba ser un experto. ¿Cómo podía enseñar a otros lo que él mismo no entendía?

Aunque Sócrates había defendido que se podía enseñar, en realidad aún no tenía del todo claro qué era la virtud y cómo podía enseñarse. Quiso repasar los puntos principales de su discusión, pero el sofista se negó.

—Sócrates, respeto tu entusiasmo por el debate y la forma en que te desenvuelves en una discusión —suspiró—. No soy el tipo de hombre que se ofende. De hecho, le he dicho a mucha gente hoy aquí que te admiro más que a nadie que haya conocido, al menos de tu generación. No me sorprendería que te ganaras una gran reputación por tu sabiduría. Estaré encantado de examinar estas cuestiones más tarde, cuando quieras, aunque, por ahora, creo que es el momento de que prestemos atención a otros asuntos.

Terminada la conversación, se separaron.

La práctica del análisis coste-beneficio

Lo que Sócrates llevó a cabo durante su diálogo con Protágoras fue una terapia racional de las pasiones o, en lenguaje moderno, una forma de psicoterapia cognitiva. También podríamos describirla como una terapia filosófica, que intenta sustituir los miedos y deseos irracionales por otros racionales.

Sócrates dice que el miedo se debe a la creencia de que nos va a ocurrir algo malo o doloroso, una creencia que puede ser algo erróneo con facilidad debido a las falsas apariencias. A la inversa, el deseo puede verse como la creencia de que ocurrirá algo bueno o placentero, que también puede ser errónea. Somos especialmente propensos a dejarnos engañar por las apariencias cuando nos centramos demasiado en el presente y no tenemos en cuenta las consecuencias de nuestros actos. Por ejemplo, beberse toda una botella de *whisky* puede parecer agradable en un momento dado, pero también nos provocará una dolorosa resaca al día siguiente. Sócrates se anticipó a la psicoterapia moderna al sugerir que tanto la causa como la solución de nuestros problemas emocionales pueden ser de naturaleza cognitiva. Esto de por sí es bastante extraordinario, ya que estas ideas tan solo se establecieron en la psicoterapia moderna con la llamada revolución cognitiva durante las décadas de 1950 y 1960.

Sócrates describió un método de «medición racional» que comparaba las consecuencias a largo plazo de nuestras acciones, en términos del placer o el dolor que probablemente causarían, para ayudar a la hora de tomar decisiones. Esta ponderación de pros y contras es muy similar a lo que los terapeutas cognitivo-conductuales denominan análisis coste-beneficio, que forma parte integral de un método más amplio denominado «terapia de resolución de problemas» (TRP).[11] De un modo u otro, la evaluación de las consecuencias de un acto desempeña un papel clave en casi toda la terapia cognitiva conductual. Por ejemplo, las personas que sufren fobias y formas similares de ansiedad suelen evitar enfrentarse a sus miedos. Una de las primeras tareas de la terapia es demostrar que los beneficios a largo plazo de enfrentarse a esas situaciones que se temen compensan el malestar a corto plazo que de forma inevitable se siente al hacerlo. A una persona con fobia a los perros, la perspectiva de acercarse y acariciar a un perro le parece lo peor, o como suelen decir ellos, se sienten peor ante la idea sola de evitar hacerlo. La evitación es la estrategia favorita de enfrentamiento de todos ante la situación temida porque, al principio, siempre parece la opción más fácil.

A menudo, un terapeuta ayuda a sus clientes a reevaluar la forma en la que deben afrontar la situación pidiéndoles que consideren los pros y los contras de otros modos alternativos de comportarse. Por ejemplo, he aquí algunos pros y contras típicos de la terapia de exposición, que exigiría a alguien con fobia a los perros soportar estar cerca de uno durante un período prolongado.

- *Contras.* Te vas a sentir incómodo y muy ansioso durante el periodo prolongado de exposición (quizá veinte minutos o más).
- *Pros.* Al hacer esto de un modo repetido, es probable que se reduzca de forma importante, e incluso que se elimine, su ansiedad fóbica. Es probable que, como resultado, también mejore su autoconfianza y su capacidad general para hacer frente a la ansiedad. Podrá hacer cosas que antes no podía, como pasear por el parque público con sus hijos, lo que incluso podría acabar mejorando su calidad de vida y sus relaciones.

A veces, los terapeutas cognitivos enseñan a sus clientes algo tan simple como preguntarse, en relación con un determinado modo de proceder: «¿Qué puedo ganar?» y «¿Qué puedo perder?». Creo que Sócrates habría reconocido esta ponderación de pros y contras como una aplicación del «arte de la medida» que discutió con Protágoras.

Por supuesto, este mismo método se puede aplicar a cualquier clase de situaciones diferentes, incluidos los problemas relacionados con nuestros deseos y adicciones, así como con nuestros miedos. Supongamos que me apetece fumar. Podría comparar el placer a corto plazo y otros beneficios aparentes con los problemas a largo plazo que fumar puede provocar. Por supuesto, la mayoría de la gente pondrá como objeción que el conocimiento por sí solo rara vez es suficiente para superar nuestros miedos y deseos más poderosos. Todo el mundo sabe cuál es la mejor opción, pero hace la peor. Sócrates reconocía que, al principio, la gente se reiría de él por afirmar que el conocimiento puede superar el dolor o el placer. Como él decía, la gente cree que su problema es que se vean vencidos por el miedo y el deseo, o por el dolor y el placer, no que sean vencidos por la ignorancia.

Con todo, según explicó, esto se debe únicamente a que los dolores y placeres que experimentamos en el momento presente parecen más intensos que los lejanos, que anticipamos en nuestro futuro. Está describiendo un sesgo cognitivo que los psicólogos llaman hoy «descuento temporal». Reaccionamos con mayor facilidad ante lo que es más inmediato y destacado que ante lo que sabemos que es real, pero que resulta menos aparente o más lejano en el tiempo. Una cerveza fría que tenemos delante nos parece más atractiva que la perspectiva de tomarnos varias cervezas frías mañana. La tarea de comprender el efecto que estas preferencias cognitivas tienen sobre nosotros es, por supuesto, una forma de autoconocimiento. Incluso se podría decir que la sabiduría consiste en conocer nuestros propios instintos e intentar compensarlos, para pensar en nuestra vida de forma más racional.

Estas son algunas de las técnicas concretas que pueden ayudar a que las consecuencias a largo plazo de un comportamiento sean más evidentes y, por tanto, más eficaces a la hora de modificar nuestros actos.

- *Dedica más tiempo de lo habitual a considerar las consecuencias a largo plazo de un acto* (por ejemplo, lo puedes describir en voz alta o, mejor todavía, por escrito) como si estuvieran sucediendo en el momento presente. Pongamos el caso de fumar: podrías escribir los más que posibles daños para tu salud, con todo detalle, y luego leerlo en voz alta y revisarlo para añadir más detalles.
- *Profundiza en ello considerando sus pros y sus contras en distintos ámbitos* (por ejemplo, tu salud física y mental, o tu vida laboral, tus estudios o tus aficiones. También tus relaciones, tu rutina diaria, etc.). Si seguimos con el mismo ejemplo, podrías tener en cuenta el coste económico a largo plazo de fumar, cómo puede afectar tu confianza y autoestima, cualquier posible influencia negativa en tus hijos y otras relaciones, las molestias causadas y el tiempo perdido, etcétera.
- *Visualiza todo en tu imaginación o haciendo dibujos o diagramas*, como si estuvieran ocurriendo en este mismo instante. Por ejemplo, puedes imaginarte tu cara dentro de veinte o treinta años, como fumador, y luego

contrastarla con el aspecto que podría tener en el futuro si cambiaras de comportamiento y dejaras de fumar hoy mismo.

- *Recuérdate a ti mismo estas consecuencias con regularidad.* Por ejemplo, las puedes escribir en una nota y leerla varias veces al día al mismo tiempo que utilizas algunas de las técnicas anteriores.

Por poner otro ejemplo, si quisieras superar el miedo a hablar en público, te podría resultar útil escribir una lista de los beneficios a largo plazo de hacerlo. Piensa en cómo mejoraría tu confianza en diversos aspectos de tu vida e intenta imaginártelo de forma habitual, como si estuviera ocurriendo en ese mismo instante.

Los jóvenes de Atenas

Después de que Sócrates saliera de la casa de Calias, los demás sofistas hablaron hasta altas horas de la noche sobre la conversación que habían presenciado, excepto un joven, que, perdido en sus propios pensamientos, se marchó poco después de que lo hiciera Sócrates. Alcibíades sabía que le quedaba mucho por aprender antes de poder proclamar que era tan sabio como su tutor, Pericles. Sus deseos de grandeza, que parecían ser mayores que los de cualquier otro en Grecia, le habían llevado a buscar la compañía del gran sofista, aunque no se convirtió en su discípulo.

Alcibíades se quedó impresionado por las preguntas que había formulado Sócrates. El joven noble ya se había dado cuenta de que la confianza en uno mismo se confunde demasiado a menudo con el valor. A ninguna persona que no sepa a qué clase de peligro se enfrenta se la puede llamar valiente de un modo justificado. Tanto en la lucha libre como en otros deportes de combate, así como en el enfrentamiento real durante la guerra, aquellos que se muestran demasiado confiados en sí mismos acaban derrotados con facilidad. Los valientes juzgan con precisión el peligro al que se enfrentan, pero le dan menos importancia que la mayoría al dolor que pueden sufrir y más a la gloria de la victoria. Alcibíades deseaba más que nada demostrar su valor, conseguir grandes victorias y alcanzar una fama duradera. Era consciente de que siempre que se comportaba con más temor que los demás jóvenes era porque se había convencido a sí mismo de que los beneficios de hacerlo superaban a los posibles costes. Dado que Alcibíades deseaba la gloria más de lo que temía cualquier dolor o pérdida, estaba dispuesto a arriesgar mucho más por ella que cualquiera de sus contemporáneos. Le debió parecer que Sócrates se dirigía directamente a él cuando dijo que, en cierto sentido, los hombres valientes superan el dolor calculando las consecuencias de sus actos.

A medida que la fama y la influencia de Sócrates aumentaban, descubrió que algunos individuos se mostraban reacios a su método de cuestionamiento, mientras que otros, como Alcibíades, lo encontraban estimulante y extrañamente adictivo. El sofista tenía casi sesenta años en el momento de aquella conversación con Sócrates, mientras que Alcibíades todavía era un adolescente. Sócrates se dio cuenta de que los hombres mayores, con fama de sabios, se jugaban más que nadie en esos debates y, por tanto, eran reacios a someterse a sus preguntas. El dolor de perder una discusión y quedar por un tiempo en ridículo les parecía mucho peor a los autoproclamados sabios que cualquier consecuencia beneficiosa que pudieran imaginarse. Los sofistas, en concreto, se habían hecho muy ricos proclamando que eran sabios, y temían dañar esa reputación. Sócrates se dio cuenta con el tiempo de que podía aprender más interrogando a los jóvenes de Atenas, precisamente porque nadie los consideraba sabios.

6
EL LEÓN DE ATENAS

La defensa de las ciudades griegas recaía en ejércitos de ciudadanos, que eran soldados tradicionalmente de la clase media, a la que pertenecía Sócrates. Estos individuos se podían permitir el coste de dotarse de una panoplia de armas y armaduras de alta calidad. Formaban las falanges de hoplitas, o infantería pesada, hombres armados en especial con lanzas de dos metros y medio, pero también con espadas para el combate cuerpo a cuerpo, y que formaban la columna vertebral del ejército. En el caso de Atenas, contaban con el apoyo de una gran armada, tripulada de forma principal por ciudadanos pobres menos armados y también por residentes extranjeros.

Sócrates, como todos los atenienses varones, había pasado gran parte de su juventud en el *gymnasion*, donde se entrenó en la lucha libre y otros deportes, como preparación para el servicio militar que era el deber de todo ciudadano. A los dieciocho años prestó el juramento sagrado de proteger

Atenas, respetar las leyes y la constitución y honrar la religión de sus padres, para convertirse en un efebo, o cadete militar. Tenía que completar dos años de entrenamiento básico antes de convertirse en un hoplita de pleno derecho. Ya tenía más de treinta años, por lo que probablemente ya había participado en el servicio activo, quizá en la batalla de Coronea, donde cayó el padre de Alcibíades.

La filosofía, la religión, el atletismo, las artes y el entrenamiento militar no estaban tan diferenciados en la antigua Atenas como hoy. Todas estas actividades tenían lugar en los gimnasios, donde los filósofos y los oradores se mezclaban con poetas y entrenadores de lucha, y de ese modo proporcionaban la educación que ayudaría a crear la siguiente generación de ciudadanos-soldados de Atenas. El hecho de alterar este sistema tradicional de educación cuestionando la sabiduría y los valores de los maestros establecidos se podía considerar algo subversivo, y una amenaza para todo el Estado. Si Sócrates tuvo la posibilidad de plantear preguntas más radicales que los intelectuales extranjeros como Anaxágoras o Protágoras fue, en parte, porque ya se había ganado el respeto de sus conciudadanos por mostrar una autodisciplina excepcional durante su servicio militar, pero todavía tenía que ganarse la aclamación por su valentía excepcional.

Desde que la invasión persa acabó derrotada en la batalla de Platea por una fuerza combinada liderada por Esparta y Atenas, la mayoría de las ciudades griegas habían disfrutado de una paz relativa. Sin embargo, este periodo de tregua, conocido como la Pentecontecia o Cincuenta Años, estaba a punto de llegar a su fin. En el 433 a. C., la ciudad de Corinto, la aliada más poderosa de Esparta, envió una flota para atacar la isla de Córcira (la actual Corfú). Los corcirios, una antigua colonia corintia, se habían negado inicialmente a aliarse con ninguno de los bandos en conflicto, pero en ese momento le suplicaron ayuda a Atenas. La flota corciria era la tercera más grande de Grecia junto con las de Atenas y Corinto, lo que significaba que quien uniera fuerzas con los corcirios dominaría los mares.

Los términos de su tregua, conocida como la Paz de los Treinta Años, prohibían a Atenas instigar un ataque contra cualquier miembro de la Liga del Peloponeso de Esparta. Así pues, para evitar una guerra con Esparta, Pericles declaró que se limitaba a enviar una pequeña escuadra de barcos, diez en un principio, para ayudar a defender a un Estado neutral. Hoy podríamos llamar a la estrategia de Pericles una estrategia de disuasión mínima. Los corcirios comenzaron ganando el enfrentamiento naval, pero finalmente fueron derrotados por la enorme flota de ciento cincuenta barcos enviada por Corinto. Aun así, la presencia de los atenienses les impidió aprovechar esa victoria e invadir Córcira, ya que temían las consecuencias políticas de romper el tratado de paz. Los corintios, furiosos, de inmediato enviaron emisarios a Esparta para quejarse de la interferencia de Atenas en la batalla. Cuando los espartanos escucharon con paciencia a sus aliados, a sabiendas de que la armada ateniense dominaba ahora los mares, se dieron cuenta de que era evidente que se avecinaba una gran guerra.

Desde su regreso de Delfos, en un esfuerzo por comprender lo que había dicho el oráculo de Apolo, Sócrates había recorrido Atenas interrogando a un erudito tras otro, pero, empezando por Protágoras, tan solo había conseguido poner al descubierto su ignorancia.[1] Los más arrogantes de todos ellos llegaron a odiarle, al igual que sus amigos y socios. Como los discursos de los políticos y los sofistas estaban salpicados de citas de los poetas, Sócrates se dirigió a continuación a ese grupo. Descubrió que algunos poetas llegaban a vanagloriarse de su dominio del lenguaje y se atribuían también una gran sabiduría en cuestiones como la justicia y la buena vida. Sin embargo, Sócrates se sintió decepcionado al descubrir que no eran mejores que todos los demás a la hora de interpretar el significado de sus poemas.

Llegó a la conclusión de que el arte no se creaba a través de la razón, sino de algún tipo de inspiración. Al igual que la Pitia y otros oráculos, los poetas soltaban dichos aparentemente sabios que no entendían del todo, por lo que a menudo se contradecían. Sin embargo, algunos dichos, como «Conócete a ti mismo» o «Nada en exceso», o incluso la afirmación «No hay hombre más sabio que Sócrates», nos proporcionan puntos de partida que pueden llevarnos hacia la sabiduría si pensamos por nosotros mismos y examinamos con ojo crítico su significado.

Finalmente, Sócrates volvió a su antigua clase social, los artesanos. Sin duda, se les podía considerar más sabios que él en áreas en las que carecía de experiencia, como la fabricación de zapatos o la construcción de barcos. El éxito en su campo llevó a algunos, como les ocurrió a los poetas, a reclamar también una gran sabiduría moral. Pero, cuando Sócrates les interrogó, se hizo evidente que no se trataba más que de presunción por su parte. Aunque el cuestionamiento de Sócrates seguía provocando la rabia de muchos, tenía el convencimiento de que no tenía más remedio que continuar. Era el único método con el que podía esperar descubrir el significado de la afirmación del oráculo de Apolo.

Tras interrogar a intelectuales, políticos y artistas aclamados, Sócrates captó más chispazos de sabiduría en las respuestas dadas por aquellos que precisamente no tenían fama de ser grandes eruditos. Cuando se les hacían las preguntas adecuadas, como por ejemplo cuáles serían para ellos las cualidades que más valoraban en la vida, y se les daba la oportunidad de reflexionar sobre los errores o contradicciones de su propio razonamiento, incluso un humilde esclavo o una prostituta podían dar respuestas más perspicaces que un intelectual aclamado, como Protágoras. Tal vez algo así tenga una explicación obvia. Aquellos que no tenían una reputación que defender sufrían menos deshonra cuando se les refutaba. En concreto, los hombres mayores que se ganaban bien la vida como profesores solían mostrar menos disposición a que les preguntaran, y menos capacidad de aprendizaje, que sus jóvenes alumnos. ¿Quizá nuestro deseo de parecer sabios es uno de los mayores obstáculos para adquirir una verdadera sabiduría?

Sócrates se refería a estas pesquisas, en las que deambulaba por Atenas pasando de un diálogo filosófico a otro, como sus propias «tareas de Hércules». Nunca consiguió refutar el oráculo de Apolo porque no encontró a nadie que poseyera una auténtica sabiduría. Sin embargo, al preguntarles a los demás y examinar sus creencias, adquirió conocimiento de sí mismo y quizá otro tipo de sabiduría.

—La idea de preocuparme por saber lo que no me incumbe mientras sigo ignorando mi propio yo sería ridículo.

En vez de eso, su filosofía se centró en la ética y cada vez se parecía más a la terapia psicológica.

—¿Me estoy dejando llevar por la pasión, soy una bestia compleja, como Pitón, o soy una criatura más amable y directa? —empezó a preguntarse.

El gran dragón Pitón, que Apolo mató en Delfos, podía ser un símbolo de las pasiones desenfrenadas e irracionales, como el miedo y la ira. Sócrates quería averiguar si había algún vestigio de ese monstruo que acechara en su propia psique.

Por el contrario, Apolo, que simbolizaba la razón, la cordura y la moderación, se convertiría en una especie de dios protector de la filosofía socrática. Apolo era también el dios de la juventud. Sócrates se dio cuenta de que no podía hacer todo aquello solo. Los grandes hombres a los que interrogaba le eran de poca ayuda. Estaban más preocupados por parecer sabios que por serlo realmente y, por tanto, temían la desgracia más de lo que amaban la sabiduría. Por lo tanto, Sócrates dirigió su atención a un joven que parecía menos temeroso de la desgracia que cualquier otro en Atenas.

El primer diálogo con Alcibíades

Una vez que se dio cuenta de que los sofistas se mostraban reticentes a someterse a su método, Sócrates decidió intentar interrogar a Alcibíades, uno de los jóvenes más inteligentes de todos los que había visto en presencia de los sofistas, así que se acercó al joven noble y se sentó a su lado en un banco del Liceo. Era algo que requería cierto valor. Alcibíades era muy solicitado y no soportaba las estupideces: tenía la costumbre de utilizar los puños contra quienes consideraba un incordio. Aunque a la mayoría de los observadores les pareció una pareja improbable, Sócrates vislumbró algo de sí mismo en Alcibíades, y la naturaleza intrépida del joven quizá podría hacer que fuera sincero en las respuestas que le diera. De modo que, armado con el conocimiento de que Alcibíades detestaba a los aduladores, Sócrates se acercó a él con la intención de hacer lo contrario criticando sus defectos.[2]

—Hijo de Clinias, te habrás preguntado por qué, mientras otros te molestaban todos estos años, yo permanecía callado —le dijo.

En lugar de rechazar al filósofo con un comentario sarcástico, Alcibíades se mostró intrigado. Sócrates le explicó que su «signo divino» (*daimonion*) le había impedido acercarse, pero algo había cambiado y ya no le contenía. El filósofo rara vez hablaba de esa misteriosa voz interior, salvo para decir que de vez en cuando le advertía de que no hiciera determinadas cosas y que siempre le había parecido útil prestarle atención. Por lo tanto, la conversación que iban a mantener debió de parecerle a Sócrates un paso importante en respuesta a su vocación, a la misión que le había encomendado Apolo. Su signo parecía indicarle que algo especial estaba a punto de ocurrir.

—Se te han acercado muchos individuos que tenían una opinión muy elevada de sí mismos, pero los has rechazado a todos —continuó Sócrates—. Eso se debe a que tienes una opinión todavía más elevada de tu propio valor.

A pesar de haber perdido a su padre a una edad temprana, la vida había sido buena con Alcibíades. Era alto y apuesto. Tenía amigos y parientes poderosos en Atenas, la ciudad más importante de Grecia. Procedía de una familia influyente, tanto por parte de madre como de padre. Era el pupilo de Pericles, el mayor estadista que se recordaba.

—También eres muy rico —añadió Sócrates—, aunque parece que eso es lo que menos te enorgullece. A menudo te he oído presumir de que no necesitas nada ni a nadie.

—Todo eso es cierto, así que me gustaría que me dijeras lo que quieres —replicó Alcibíades con sequedad.

Sócrates lo miró inquisitivamente.

—Si pensara que te contentas con estas ventajas, habría guardado silencio —comentó el filósofo—. Sin embargo, creo que tienes mayores ambiciones.

—¿Y qué quieres decir con eso? —exclamó Alcibíades.

—Permíteme que te lo explique. Me parece que si algún dios te preguntara si deseas seguir viviendo como ahora y no poseer nunca nada más grande, o morir en este instante, preferirías morir.

Alcibíades pareció sobresaltarse.

—Es cierto —respondió vacilante—. Pero hablas de algo que nunca me he atrevido a admitir en público.

Sócrates había atisbado dentro del corazón de aquel joven y vislumbrado un amor por la gloria, o *philotimia*, que era más fuerte de lo que nadie sospechaba. Alcibíades tenía unas aspiraciones que se extendían mucho más allá de las fronteras del Imperio ateniense.

—Tu deseo, si no me equivoco, es presentarte en breve como consejero ante la Asamblea, que esperas que llegue a honrarte aún más que a Pericles —continuó Sócrates.

Alcibíades enarcó una ceja, pero no negó aquella afirmación.

—Te imaginas convirtiéndote, a su debido tiempo, en general electo e imaginas liderar una Grecia unida, en la que atenienses y espartanos, una vez más, luchen codo con codo. No solo eso, sino que también esperas gobernar sobre las razas bárbaras, empezando por los tracios, que se encuentran al norte de nosotros. Pero, sobre todo, creo que sueñas con cruzar a Persia al frente de un ejército griego, y por eso te gusta tanto hablar de los grandes reyes de Persia, Jerjes y Ciro.

A esas alturas, Alcibíades ya estaba totalmente cautivado.

—Pareces conocerme mejor que nadie, Sócrates, pero ¿por qué mis ambiciones deberían ser de tu incumbencia?

Sócrates le sonrió con amabilidad mientras hablaba, aunque su conversación se estaba volviendo más seria.

—Porque te será imposible lograr todas las cosas que tienes pensadas si no cuentas con mi ayuda —le respondió.

Sabía que Alcibíades tenía el potencial para convertirse en el principal estadista de Atenas. Pero, para alcanzar una meta tan ambiciosa, no bastarían las buenas palabras y la apariencia de sabiduría. Necesitaría conocimientos de verdad y fuerza de carácter. Los sofistas podían entrenar a oradores políticos para que fueran hábiles persuadiendo a los demás, pero no sabían cómo crear grandes líderes que exhibieran sabiduría y justicia genuinas.

—Creo que el dios no me permitió hablar contigo hasta que pudiera demostrar que ni Pericles ni ninguno de sus amigos y consejeros pueden ayudarte a alcanzar tu verdadero objetivo: solo Sócrates puede hacerlo —añadió Sócrates.

—Ahora me pareces mucho más extraño que cuando guardabas silencio —replicó el joven noble—. Dime, ¿por qué estás tan seguro de todo lo que dices? Estoy dispuesto a escuchar si has preparado un discurso —se ofreció Alcibíades haciendo un gesto para que Sócrates tomara la palabra.

—Algo así no es mi estilo —se explicó Sócrates—. Más bien, como creo que sabes, puedo demostrar mejor mi punto de vista si estás dispuesto a responder a algunas preguntas.

—Pues pregunta —le invitó Alcibíades, sonriendo divertido ante la naturaleza poco convencional de la petición.

Mientras que Protágoras se mostró reacio a ser interrogado de un modo sistemático por Sócrates, Alcibíades parecía bastante intrigado por el proceso.

—Supongamos que subes a la tribuna de oradores del Pnyx para pronunciar tu primer discurso ante la Asamblea —continuó Sócrates—. ¿Y si antes te llevara aparte y te preguntara si crees que entiendes el asunto en cuestión mejor que ellos?

Alcibíades dijo que, por supuesto, solo se levantaría para hablar si sabía lo suficiente sobre el tema y si su consejo beneficiaría al pueblo.

—¿Estarías de acuerdo en que lo que sabes lo aprendiste por tu cuenta o te lo enseñó otro? —quiso saber Sócrates.

—Eso es evidente —respondió Alcibíades con un encogimiento de hombros.

—¿Y que nunca habrías aprendido nada de valor a menos que quisieras hacerlo y te esforzaras por aprenderlo?

—Eso también parece obvio —respondió Alcibíades, con cara de perplejidad.

Sócrates sonrió.

—Por lo tanto, debió existir un tiempo en el que creíste que carecías del conocimiento que más tarde intentaste aprender.

Alcibíades se lo pensó un momento y luego asintió. Sócrates enumeró a todos los maestros de Alcibíades: expertos de renombre en gramática, música, atletismo, etcétera.

—¿Esperas aconsejar a los atenienses sobre alguno de estos temas? —le preguntó.

—Por supuesto que no —respondió Alcibíades.

De hecho, sus maestros habrían sido mejores consejeros en lo que se refería a sus áreas de especialización.

—¿Sobre qué deseas aconsejar a la Asamblea entonces?

—Sobre cuándo ir a la guerra y cuándo negociar la paz —respondió Alcibíades.

—¿Qué decimos cuando esas decisiones se toman bien? —quiso saber Sócrates.

Alcibíades apartó la mirada un momento, pensando detenidamente, y luego se volvió hacia Sócrates y respondió:

—Supongo que lo que quieres decir es que las buenas decisiones políticas son las que la mayoría de los hombres describirían como justas.

—Así es —le confirmó Sócrates—. Así pues, ¿recuerdas algún momento en el que te creías ignorante de la justicia y buscaste un maestro del que pudieras aprender su naturaleza?

—¡Te estás burlando de mí! —exclamó Alcibíades.

—Vamos, vamos, ¿hubo algún momento de tu vida en el que te creíste falto de conocimiento de lo que era justo o injusto?

Alcibíades se mostró inseguro. Sócrates continuó:

—Cuando eras un niño, te vi comportarte con los otros niños, e incluso con tus maestros, como si estuvieras seguro de ti mismo en este sentido. De hecho, a menudo te he oído afirmar con voz atrevida que algún bribón actuaba de forma injusta, ¿no es cierto?

Alcibíades se echó a reír.

—¿Qué debería haber hecho cuando me engañaban o tramaban algo?

—Así pues, entonces ya desde niño debías creer que distinguías el bien del mal, ¿no es verdad?

Alcibíades asintió.

—Entonces, ¿cómo adquiriste este conocimiento acerca de la justicia?

—Por Zeus, no puedo responder a esa pregunta —dijo Alcibíades, con expresión de perplejidad.

Durante un momento, ninguno de los dos habló. Luego Sócrates rompió el silencio:

—Y, sin embargo, hace un momento dijiste que para haber aprendido algo tuvo que haber un momento en que te diste cuenta de que lo ignorabas y quisiste aprenderlo.

Alcibíades frunció el ceño y se removió inquieto mientras repasaba mentalmente la conversación. De repente, levantó la vista y exclamó:

—Quizá me confundieron tus preguntas, Sócrates. Creo que aprendí la naturaleza de la justicia, no de un maestro del tipo que mencionas, sino de todos, ¡del pueblo!

—¿Y eso cómo es? —le preguntó Sócrates—. ¿Podemos considerar al pueblo como un buen profesor de materias en las que discute hasta sobre los puntos más básicos?

—Es evidente que no —respondió Alcibíades.

—Y, no obstante, las gentes del pueblo son las que menos están de acuerdo entre sí cuando se trata de separar lo que es justo de lo que es injusto. Luchan por lo que consideran justo, y se culpan unos a otros de lo que consideran injusto.

Alcibíades asintió con firmeza. Sócrates lo miró fijamente a los ojos.

—Y la batalla de Coronea, en la que murió tu propio padre... —Alcibíades bajó la mirada mientras completaba la frase—. También se libró por un desacuerdo sobre lo que era justo. Así pues, ¿sería razonable que afirmáramos que el pueblo sí que entiende lo es que la justicia, cuando discrepa tan violentamente sobre ella? —preguntó Sócrates.

Alcibíades frunció el ceño y negó con la cabeza.[3]

—Si estos han sido tus únicos maestros, ¿crees probable que hayas aprendido la verdadera naturaleza de la justicia?

Alcibíades inspiró profundamente y bajó la cabeza.

—Entonces, ¿me estás diciendo que Alcibíades el Hermoso, el hijo de Clinias, no sabe lo que es justo o injusto, pero suponía que así era, y estaba a punto de ir a la Asamblea para aconsejar a los atenienses sobre asuntos de los que no sabe nada? —le preguntó Sócrates.

—¡Por los dioses, Sócrates! —gritó Alcibíades, alarmado por su propia confusión—. Ya no sé lo que digo. Tus preguntas ya me han llevado por un camino, luego por otro, hasta el punto de que tengo la sensación de que estoy perdiendo el juicio.

Sócrates le habló con calma.

—¿No reconoces esta condición?

Alcibíades parecía alterado y, en vez de responder, metió la cabeza entre las rodillas.

—A ver, si alguien te preguntara si tienes cuatro manos o tres ojos, ¿cambiarías continuamente de opinión sobre si responder sí o no? —dijo Sócrates con voz paciente.

Alcibíades levantó la vista e hizo un gesto negativo para indicar que no lo haría.

—Eso se debe a que estás seguro de cuál es la respuesta correcta —le explicó Sócrates—. Pero si cambiaras continuamente de opinión, eso sugeriría que estás inseguro al respecto.

—Supongo que sí —replicó Alcibíades.

—Pero, cuando alguien desconoce algo, ¿da respuestas contradictorias al respecto?

—Me imagino que así es —dijo Alcibíades.

—Bueno, veamos, ¿sabes volar a gran altura por el cielo?

—Está claro que no —se burló Alcibíades.

—Ahí lo tienes, a pesar de tu ignorancia, no sientes confusión alguna sobre cómo responder a esa pregunta, pero ¿por qué es así?

Alcibíades se ruborizó por la vergüenza y admitió que no tenía ni idea.

—Deja que te lo explique —le dijo Sócrates—. Mientras sepas que no sabes algo, no estás confundido. Tan solo nos confundimos cuando creemos saber algo que, en realidad, no sabemos. —Alcibíades le escuchó con atención—. Cuando creemos erróneamente que sabemos algo, nuestros actos se ven guiados por la ignorancia, y cometemos errores. Sin embargo, si reconocemos nuestra ignorancia y somos hombres razonables, buscaremos el consejo de los expertos. Si sabemos que no sabemos nada de medicina, por ejemplo, pediremos consejo a un médico. Pero alguien que se cree un experto en medicina, sin serlo, tendrá una actitud confusa debido a su engreimiento intelectual. Se contradecirá a sí mismo e incluso puede cometer errores peligrosos. Si tal engreimiento le lleva a aconsejar a otros, ya sea en su vida privada o en la Asamblea, con su ignorancia no solo se pondrá en peligro a sí mismo, sino a sus amigos, y tal vez incluso a todo el Estado.

Alcibíades se miró las manos, profundamente preocupado por aquella observación.

—Alguien que cree saber lo que no sabe se confundirá y cometerá errores —insistió Sócrates—, y aquellos que están confundidos sobre las cosas más importantes de la vida cometerán los errores más graves de todos.

Alcibíades estuvo de acuerdo, pero se mostró preocupado por no saber adónde le conducía aquello.

—¿Puedes decir algo que sea más importante que la justicia? —le preguntó Sócrates. Alcibíades volvió a bajar la mirada—. Eso era precisamente lo que te confundía hasta hace unos momentos —añadió Sócrates con suavidad—. Con todo, no serías el único que se lanzaría a actuar de un modo precipitado en los asuntos de la ciudad sin haber aprendido antes lo que es justo e injusto. De hecho, muy pocos carecen de este engreimiento.

—Entonces, ¿por qué debería preocuparme si la mayoría de los que compiten por ganar el favor del pueblo ateniense son unos incultos en lo que se refiere al concepto de la justicia? —exclamó Alcibíades de repente—. No soy peor que mis rivales en ese aspecto, y mi habilidad natural me permitirá superarlos.

—Si ellos fueran tu principal preocupación —replicó Sócrates.

—¿Qué quieres decir? ¿Con quién más compito? —quiso saber Alcibíades.

—Deberías prestar atención a Esparta y a Persia, y estudiar a aquellos enemigos con los que Atenas ha estado más frecuentemente en guerra —le explicó Sócrates—. Si tu ambición es unir muchas ciudades, entonces debes comprender que tus rivales no son tus compatriotas atenienses, sino los reyes espartanos y persas.

Sócrates detalló pacientemente la superior riqueza y disciplina militar de los enemigos tradicionales de Atenas. Para rematar, sacó a colación al famoso héroe de la facción demócrata, cuyos logros sabía que Alcibíades envidiaba.

—Una generación antes de que tú nacieras, Temístocles consiguió dotar a Atenas de una armada y vencer a los persas, a pesar de carecer de riqueza, nobleza de nacimiento y todas las demás ventajas que tú posees.

Alcibíades estuvo a punto de hablar, pero hizo una pausa al notar que le temblaban ligeramente las manos.

—Consiguió todo eso porque era un hombre de grandes conocimientos que había estudiado al enemigo, a pesar de lo cual los atenienses acabaron volviéndose contra él.

Lo que el filósofo quería decir era que un gran liderazgo y la popularidad no siempre van de la mano. En ese momento, ocurrió algo extraordinario, que tomó por sorpresa incluso a Sócrates. Alcibíades, que anhelaba superar los logros de Temístocles y Pericles, se dio cuenta de repente de lo poco preparado que estaba para liderar Atenas. Por las mejillas del joven comenzaron a bajar unas gruesas lágrimas. Se apoyó en Sócrates, que le acarició la cabeza. Alcibíades lloraba de vergüenza.

—Acabas de cumplir veinte años y, según confiesas tú mismo, eres completamente inculto en lo que se refiere a los asuntos más importantes —susurró Sócrates con suavidad.

Nunca había visto a nadie responder así a sus preguntas, con tan doloroso remordimiento por sus propios defectos. Sin embargo, la desesperada necesidad de Alcibíades de convertirse en un gran líder y conseguir la gloria para Atenas superaba cualquier vergüenza que sintiera por el hecho de admitir su ignorancia. Además, le dolía no ser el hombre que debía ser. Sócrates siguió esperando en silencio unos instantes más y luego utilizó su bastón para dibujar un contorno en la arena. Era un mapa aproximado del mundo conocido, basado en los creados por los filósofos jonios. Le pidió a Alcibíades que señalara dónde se encontraba Atenas, algo que hizo con facilidad.

—Ahora, muéstrame dónde están tus casas —añadió Sócrates.

Alcibíades poseía una lujosa casa en Atenas y dos fincas rurales en el Ática. Aun así, le costó precisar su ubicación exacta.

—¿Ves?, apenas forman ni siquiera una ínfima fracción del mundo, ¡y, sin embargo, las tienes en muy alta estima!

¿De verdad crees que puedes depositar tu confianza en tu buena apariencia, tu noble cuna y tus propiedades, mientras careces de sabiduría y virtud? Si siguieras el consejo inscrito en Delfos de «Conócete a ti mismo», cuidarías de tu alma más que de tus bienes, y superarías, en ese aspecto, incluso a los reyes de Esparta y Persia.

Sócrates le explicó que, dado que nuestra verdadera naturaleza reside en la mente y no en el cuerpo, conocerse a uno mismo significa sin duda conocer la mente. Alcibíades le miró fijamente.

—Debemos tener claro qué somos y cuál es la mejor manera de cuidarnos, si queremos seguir esa famosa máxima —afirmó Sócrates—. Sin embargo, creo que no hemos comprendido su verdadero significado.

—¿Qué quieres decir? —le preguntó Alcibíades.

Sócrates frunció el ceño y le miró por debajo de sus pobladas cejas.

—Me parece que la inscripción nos aconseja conocernos a nosotros mismos de una manera nada ordinaria, y solo puedo compararla con una característica inusual del ojo humano. —Se inclinó un poco hacia delante, levantó la cabeza y miró directamente a Alcibíades—. Supongamos que, en lugar de instruirte para que te conocieras a ti mismo, Apolo instruyera a tu ojo para que se viera a sí mismo.

—Me imagino que quiso decir que el ojo debe mirar algo en lo que pueda percibir su propia imagen, como el reflejo en un espejo —dijo Alcibíades.

—En efecto —le confirmó Sócrates—, pero también puede aparecer una imagen de nuestro rostro cuando miramos el rostro de otra persona.

Alcibíades pensó unos momentos antes de exclamar:

—¡Sí, es cierto, si miramos con suficiente atención, a veces podemos vislumbrar nuestro propio reflejo en la pupila de su ojo!

Sócrates quedó impresionado.

—Así que un ojo que mira a otro ojo, de hecho, en su mismo centro, ¿vería su propia imagen? —preguntó Sócrates.

Alcibíades asintió con la cabeza. Divertido con esta idea, empezó a moverse un poco mientras hablaban, tratando de vislumbrar su propio reflejo en los ojos de Sócrates.

—En efecto, el ojo solo se ve a sí mismo cuando mira directamente a la pupila del otro, la parte capaz de ver. Pues del mismo modo, el alma tan solo se conoce a sí misma cuando mira con claridad en el alma de otro, en la parte capaz de tener conocimiento. Cuando examinamos la capacidad de sabiduría de otra persona, nos proporcionamos el espejo más puro disponible entre los mortales.

Alcibíades estaba fascinado.

—Así pues, por este medio, podemos hacer de un modo mejor lo que aconseja la máxima délfica y llegar a conocernos a nosotros mismos —concluyó Sócrates—. Cuando uno carece de conocimientos, es mejor dejarse guiar por expertos.

Alcibíades, algo reacio, asintió de nuevo. Sócrates argumentó que, por tanto, la ignorancia de nosotros mismos nos condena a una existencia servil, inapropiada para cualquiera que desee ser libre, y mucho menos para cualquiera que quiera guiar a otros.

—¿Reconoces que esta es tu condición? —le preguntó con gesto grave.

Alcibíades, todavía con lágrimas en los ojos, respondió que estaba tomando conciencia de un modo doloroso de que precisamente ese era su problema.

—Entonces, ¿cómo puedes escapar de la esclavitud de la ignorancia? —inquirió Sócrates.

—Si los dioses quieren, me salvaré, porque estaré siguiendo tus enseñanzas, y a partir de hoy puedes estar seguro de que empezaré a estudiar la naturaleza de la justicia, y no cejaré hasta que aprenda a ser un gran estadista —respondió Alcibíades.

—Espero que lo hagas —contestó a su vez Sócrates con un tono ominoso—. Sin embargo, temo por ti. No porque no confíe en la bondad de tu naturaleza, sino porque esta ciudad puede ser lo bastante poderosa, al final, para destruirnos a los dos.

La práctica del Ileísmo

Esopo dijo que nacíamos con dos sacos colgados al cuello: uno grande, delante de nuestras narices, que contiene los defectos de los demás; y otro pequeño, oculto a nuestras espaldas, que contiene nuestros propios defectos.[4] El autoconocimiento, en otras palabras, es difícil. Nuestros peores defectos de carácter, o nuestros prejuicios, son visibles para los demás, pero nosotros no los vemos. Como dice el Nuevo Testamento: puedes ver la paja en el ojo ajeno, pero no la viga de madera en el tuyo.[5] Sin un espejo para nuestra alma, a menudo simplemente somos inconscientes de nosotros mismos. Así pues, la ceguera ante nuestros propios errores supone un serio reto para cualquiera que se preocupe por la superación personal.

La psicología moderna puede ayudar a arrojar algo de luz sobre la solución propuesta por Sócrates a este problema.

Igor Grossmann, director de un centro de investigación de la Universidad de Waterloo (Canadá) especializado en el estudio psicológico de la sabiduría, ha descubierto que mostramos mejor juicio cuando sopesamos los problemas de los demás que cuando lo hacemos con los nuestros.

> Elegimos el término «paradoja de Salomón» para identificar la contradicción entre deliberar sabiamente respecto a los problemas de los demás y no hacerlo en los nuestros. El rey bíblico Salomón, conocido por su agudo intelecto y su inigualable sabiduría para guiar a los demás, no aplicó esa sabiduría en su propia vida, lo que finalmente condujo a la desaparición de su reino.[6]

En uno de sus estudios, Grossmann y sus colegas describieron un problema de relación hipotética a participantes de dos grupos. A un grupo se le pidió que imaginara que se trataba del problema de un amigo, y a los participantes del otro grupo, que lo vieran como si fuera suyo.[7] El grupo que examinó el problema como si le hubiera ocurrido a un amigo obtuvo un 22 por ciento más de puntuación en humildad intelectual, un 31 por ciento en apertura mental y un 15 por ciento en compromiso.

¿Y si fuéramos capaces de ayudarnos a superar las limitaciones psicológicas asociadas a la paradoja de Salomón estudiando nuestro propio reflejo? Según se dice, Sócrates aconsejó a algunos de sus seguidores que se contemplaran en los espejos, como forma de examinar su propio carácter moral.[8] También creía que somos capaces de ver nuestro reflejo en el carácter de los demás. Sócrates parece haber sido capaz de imaginarse en el lugar de su interlocutor, y de ese modo compartir sus suposiciones y cometer unos errores parecidos a los suyos. El método socrático utiliza a la persona que responde como espejo, y que refleja la imagen del interrogador. El diálogo filosófico con los demás ayudó a Sócrates a examinar sus propias creencias con un mayor desapego y objetividad. Cuando leemos diálogos filosóficos o, mejor todavía, cuando participamos en un diálogo de la vida real, conseguimos una perspectiva más amplia desde la que somos capaces de considerar nuestra propia forma de pensar. Al observar el razonamiento de otra persona, podemos llegar a imaginar con mayor facilidad las consecuencias de mantener una creencia concreta, por ejemplo, cómo puede afectar al carácter y los actos de una persona, si entra en conflicto con otras creencias y cómo puede relacionarse con una serie de situaciones diferentes.

Además, parece que el propio Sócrates adaptó el método filosófico empleado en los diálogos para utilizarlo en solitario. Cuando alguien le preguntó a uno de sus seguidores qué beneficio había obtenido del estudio de la filosofía, respondió: «La capacidad de mantener conversaciones conmigo mismo».[9] De hecho, encontramos varias referencias a Sócrates manteniendo conversaciones filosóficas consigo mismo, lo que quizá ayude a explicar esta intrigante observación. Por ejemplo, Sócrates no deja de referirse en el *Hipias Mayor*, de Platón, a un desconocido que le acosa incesantemente con preguntas: un pariente cercano, que incluso comparte su casa. Espera allí para discutir con Sócrates cuando regresa de sus conversaciones. Este hombre le recuerda que debería avergonzarse de usar palabras como *sabiduría*, *justicia* y *belleza*, si ni siquiera puede definir su significado.

—Y, sin embargo, ¿cómo vas a saber quién ha creado un discurso, o cualquier otra cosa, de forma bella o no, si eres un ignorante de lo bello? —le dice.

Nos cuenta que el interrogador que le espera es «Sócrates, el hijo de Sofronisco, que no me permitiría nunca más decir nada sobre estas cosas de un modo despreocupado sin investigar ni decir que sé lo que en realidad no sé». En otras palabras, el desconocido es el propio Sócrates, visto como si fuera otra persona. Parece que incluso después de que Sócrates terminara de dialogar con un sofista o con uno de sus amigos, continuaba la discusión consigo mismo en privado, en su imaginación.[10]

Un método estrechamente relacionado consiste en referirse a nuestros propios pensamientos y acciones como si estuviéramos hablando de los de otra persona. Hablar de uno mismo en tercera persona se conoce como «ileísmo», de *ille*, el pronombre latino que significa «él». Para ello ni siquiera necesitamos usar la imaginación, solo nuestras propias palabras. Por ejemplo, en lugar de pensar «¡Estoy muy disgustado y no sé qué hacer!» (en primera persona), podría decirme a mí mismo «¡Donald está muy disgustado y no sabe qué hacer!» (en tercera persona).

En un par de estudios recientes sobre ileísmo, se les pidió a quinientos cincuenta y cinco participantes que durante cuatro semanas[11] anotaran sus pensamientos en un diario. Para comprobar si el razonamiento sabio podía cultivarse en la vida cotidiana, los participantes debían escribir sobre las diversas experiencias sociales que les ocurrían a lo largo de cada día. Un grupo utilizaría el lenguaje en primera persona y el otro en tercera persona (ileísmo). Lo que se observó es que los que empleaban el ileísmo mejoraban en la valoración de la «sabiduría», medida de la misma forma que en el caso anterior. El estudio también descubrió que, en algunos casos, el ileísmo reducía las emociones negativas, como la ira o la frustración, en las relaciones de los participantes.

En psicoterapia cognitiva se utilizan desde hace tiempo técnicas verbales parecidas. Aaron T. Beck y sus colegas aconsejaban a los pacientes que sufrían trastornos de ansiedad que practicaran el autoconocimiento desapegado: «Observe sus pensamientos, sentimientos y acciones como si fuera un espectador amable, pero no demasiado preocupado».[12] Describen esta técnica como aprender a «observarme a mí mismo observándome a mí mismo», en un lenguaje que recuerda mucho a la analogía de Sócrates del ojo que se mira a sí mismo. Además, afirman que el uso del lenguaje en tercera persona puede ayudar al paciente a «aumentar su autoconciencia al elegir voluntariamente distanciarse de su ansiedad».[13]

Beck y sus colegas también recomiendan un ejercicio en el que una persona observa sus pensamientos y sentimientos a lo largo del día para «obtener una imagen más objetiva de sí misma». En el ejercicio se le indica al paciente que sustituya los pronombres en primera persona por pronombres en tercera persona y su propio nombre («Bill», por ejemplo). Por lo tanto, se hace a sí mismo un comentario continuo, como si observara los pensamientos de otra persona, del tipo: «Bill parece asustado. Le late el corazón. Parece que le preocupa que los demás piensen mal de él. Bill se está concentrando en la impresión que está provocando». Son cada vez más comunes ciertas técnicas similares en los enfoques más recientes de la TCC basados en la «atención plena y la aceptación», como la Terapia de Aceptación y Compromiso (ACT, por sus siglas en inglés).[14]

Sócrates empleó ciertamente el ileísmo al referirse a sí mismo en tercera persona, pero empezó buscando su reflejo en otras personas. Encontró un espejo improbable para su alma en Alcibíades, porque cuando Sócrates le preguntó sobre la justicia, el hijo de Clinias le dio respuestas sinceras y cometió errores sinceros, del tipo que Sócrates se imaginaba que cometería él mismo. Alcibíades tampoco rehuía las preguntas de Sócrates. Quedó seducido por ese proceso, y más tarde dijo que las preguntas de Sócrates, que al principio le habían inquietado, acabaron por poseerle, haciendo que su corazón latiera más deprisa que el de un coribante en trance. «Sus palabras hacen que se me salten las lágrimas», dijo el joven noble, «y he visto a muchos otros afectados por él de la misma forma».[15] Afirmó que le resultaba imposible seguir siendo como era antes, cuando solo pensaba en sí mismo, en cuanto Sócrates le había obligado a dedicarse a la justicia en los asuntos de Atenas.

Sócrates vio en Alcibíades el potencial para convertirse en filósofo y también, por su capacidad para influir en sus conciudadanos y la necesidad que sentía de alcanzar la excelencia, en un gran estadista. No importaba lo que otros pensaran de Alcibíades, Sócrates veía con claridad que se trataba de un joven que, en cierto modo, no solo quería parecer sabio y justo, sino serlo de verdad. Juntos emprenderían un viaje filosófico que ninguno de los dos habría podido realizar por su cuenta.

La batalla de Potidea

A Sócrates le pareció que el corazón le dejaba de latir. El tiempo se detuvo. Observó impotente cómo una jabalina alcanzaba a Alcibíades en el muslo. El escudo se le escapó de las manos y se desplomó en el suelo con fuerza.[16] El joven noble, al vislumbrar una oportunidad de gloria, había cargado contra el enemigo.[17] Luchó como un león y consiguió derribar a varios corintios. Sin embargo, las tropas ligeras enemigas no tardaron en rodearle y le arrojaron sus armas desde lejos mientras él luchaba por defenderse. Las primeras palabras del juramento efébico prestado por todos los ciudadanos-soldados de Atenas resonaron sin duda en la mente de Sócrates mientras miraba: «Nunca haré quedar en vergüenza a mis sagradas armas, ni abandonaré al camarada a cuyo lado estoy».

De alguna manera, Sócrates logró llegar al lado de Alcibíades. Allí se quedó, con la espada desenvainada, mirando fijamente al enemigo, dispuesto a proteger sin ayuda a su joven amigo. Mientras más hoplitas atenienses corrían en su ayuda, Sócrates puso en pie al herido Alcibíades y recuperó su espada y su escudo. Juntos pudieron unirse a los atenienses que se retiraban de manera táctica a la seguridad de su campamento fortificado en la zona de desembarco de la playa.

Habían enviado al ejército a asediar la ciudad de Potidea, en la península Calcídica, donde el norte de Grecia limitaba con el reino «bárbaro» de Tracia.[18] Potidea, que en el pasado había sido una colonia de Corinto, se había convertido en uno de los aliados de Atenas para el pago de tributos. En el 432 a. C., Atenas, temiendo que la ciudad estuviera a punto de rebelarse, envió una expedición militar para restablecer el control. Logró el efecto contrario y desencadenó una rebelión abierta. Los corintios enviaron una gran fuerza de hoplitas a la región. La situación se agravó con rapidez y los atenienses enviaron varias oleadas de sus propios refuerzos. Procedieron a asediar la ciudad de Potidea, fuertemente fortificada, pero se encontraron con el ataque de los corintios y la caballería de la cercana Macedonia. Tras algunas escaramuzas iniciales, se llegó a un punto muerto. Atenas envió otro contingente de refuerzos. Entre ellos se encontraban Sócrates, a la sazón un veterano hoplita de treinta y ocho años, y Alcibíades, que, con veinte años, prestaba servicio militar activo por primera vez. En verano, libraron la batalla campal en la que Alcibíades resultó herido. Aunque los atenienses ganaron, acabaron inmersos en el asedio más largo y costoso de la guerra.

Sócrates debería haber recibido el premio militar a la valentía, por haber arriesgado su propia vida para salvar a un compañero hoplita. Alcibíades también había exhibido un coraje destacado y los generales querían que el premio recayera en un noble. Sócrates se mostró entusiasmado con su decisión, sabiendo que, en cualquier caso, era mejor merecerse un premio que recibirlo. Alcibíades aceptó la corona de laurel dorado y la armadura. Siempre estaría en deuda con Sócrates por haberle salvado la vida durante su primera expedición militar. La abnegación del filósofo al animar a su joven amigo a aceptar la condecoración también encaminó a Alcibíades hacia una ilustre carrera militar y política.

A partir de ese día, siempre que sirvieron juntos, aunque el filósofo debería haberse alojado con sus compañeros de municipio, Alcibíades insistía en que él y Sócrates compartieran la misma tienda, comieran, durmieran y se ejercitaran juntos. Como resultado de esta proximidad, Alcibíades observó por primera vez cómo su amigo entraba en trance. Una mañana de verano, mientras los atenienses se preparaban para regresar del asedio, Sócrates se sumió en sus pensamientos y permaneció de pie en el mismo lugar de la playa sin mover un músculo. Después de cenar, algunos soldados jonios quedaron tan cautivados por su extraño comportamiento que tendieron sus camas junto a él y lo vigilaron durante toda la noche. Los comportamientos de ese tipo contribuyeron a la reputación de Sócrates de ser un individuo *atopos*, alguien muy excéntrico y fuera de lo común.

Sócrates permaneció allí, cataléptico, durante no menos de veinticuatro horas. Solo salió de su meditación al amanecer del día siguiente, cuando se volvió bruscamente hacia el sol naciente y rezó una breve oración antes de regresar a su tienda. A diferencia de Anaxágoras, que se limitaba a considerarlo una masa ardiente, Sócrates parecía respetar el sol con una especie de reverencia. Cuando Alcibíades le preguntó qué había estado haciendo, Sócrates respondió que, después de haber pasado algún tiempo interrogando a los sofistas y a otros hombres supuestamente sabios, había llegado a la conclusión de que Apolo, hablando a través de la Pitia, había querido plantearle una pregunta.

—¿Qué pregunta? —quiso saber Alcibíades.

El filósofo bajó un poco la voz:

—¿Prefieres, Sócrates, quedarte como estás, sin tener ni el conocimiento ni la ignorancia de estos hombres, o prefieres llegar a ser como ellos, sin saber nada, pero creyéndote sabio?

Sócrates había respondido inmediatamente que era mejor quedarse como estaba. Ningún hombre cuerdo, decía, elegiría ser ignorante de su propia ignorancia.[19] Sin embargo, esa cuestión seguía preocupándole. ¿Cómo podía evitar caer en la misma trampa que los sofistas, creyéndose sabio cuando no lo era? Después de haber reflexionado largo y tendido sobre esta cuestión, llegó a la conclusión de que debía seguir examinando a los demás. El roce con la muerte que Alcibíades había sufrido en el campo de batalla también parecía haber afectado a Sócrates. Cada vez estaba más convencido de que su misión divina era practicar su filosofía en público, en las calles, en colaboración con sus amigos y, de hecho, con cualquiera que se uniera a sus conversaciones. De vuelta a casa, su atención se desviaba cada vez más de los sofistas, o maestros, hacia sus alumnos, los jóvenes de Atenas, como Alcibíades.

Conocerse a uno mismo es algo extremadamente difícil, quizá imposible, sin el uso de algo análogo a un «espejo para la mente». A menudo carecemos de conciencia de nosotros mismos porque hacemos suposiciones y mostramos el tipo de prejuicios que son más fáciles de detectar en otras personas que en nosotros mismos. Pero, ante todo, mirarse en este espejo requiere un cierto tipo de valentía. Cuando Sócrates puso a Alcibíades delante de un espejo, lo que vio reflejado no fue un noble elegante y elocuente, sino un joven confuso y necio, engañado por su propia vanidad. Por el contrario, Sócrates, debido a su virtud, le parecía bello y divino a Alcibíades, como la imagen de un dios oculta en la estatuilla de un sátiro grotesco.

Justo antes de la batalla de Potidea, uno de los tutores de Alcibíades se había puesto celoso por la admiración del joven noble por Sócrates. Denunció el carácter del filósofo en las calles de Atenas afirmando que sus rasgos externos revelaban que era un hombre de pocas luces y vicioso, y añadió que Sócrates tenía el aspecto de alguien obsesionado con las mujeres. A los jóvenes amigos de Sócrates les pareció ridículo, y Alcibíades se echó a reír a carcajadas. Para su sorpresa, Sócrates replicó que el hombre tenía razón. De hecho, convirtió la crítica en un cumplido al decir que él era, de hecho, por naturaleza, un individuo muy imperfecto y miserable, pero que a través de la filosofía había mejorado su propio carácter hasta hacerlo irreconocible. Fue una de las muchas ocasiones en las que sus amigos tuvieron la extraña impresión de que Sócrates estaba bromeando y siendo irónico al tiempo que exponía un argumento serio.[20]

Si tenemos en cuenta este incidente, es fácil imaginar cómo Sócrates pudo haber mirado a los ojos de Alcibíades y concluir, paradójicamente, que lo que estaba viendo era su propia imagen en el espejo. Sin embargo, lo que vislumbró en los ojos de su querido alumno no era la imagen del Sócrates que conocemos. Vio en Alcibíades sus propios vicios y errores potenciales, pero también una capacidad para la virtud. Al menos, eso es lo que esperaba. Aristófanes bromeó sobre el joven noble:

Es mejor no criar un león en la ciudad,
pero si se cría, hay que educarlo en sus costumbres.[21]

Tras introducirlo en el mundo de la filosofía y salvarle la vida en la batalla, Sócrates se convirtió en ese momento en el responsable de criar un león en Atenas.

7
LA GUERRA DEL PELOPONESO

Eran las primeras horas de la tarde cuando, cargados de tropas que regresaban de Potidea, arribaron al puerto del Pireo, la ciudad portuaria vecina de Atenas. La guerra los había mantenido lejos de sus hogares durante casi tres años. Alcibíades y Sócrates, quienes se habían vuelto prácticamente inseparables, desembarcaron juntos. Mientras los barcos rodeaban el cabo Sunión, costeando la orilla rumbo al puerto, no veían más que tierras desoladas donde antes se alzaban fértiles olivares, viñedos y campos de cebada. Las granjas yacían abandonadas, en ruinas. La victoria de Atenas en el norte debería haber sido motivo de celebración. Pero, al pisar tierra, encontraron el Pireo atestado de refugiados procedentes de la campiña circundante. Las calles ahora estaban ocupadas por mendigos cubiertos de marcas de las enfermedades que habían sufrido.

Cada verano, desde que había comenzado el asedio de Atenas, los espartanos invadían el Ática, la región que comprendía Atenas y el Pireo, para arrasar los cultivos y dejar el paisaje devastado. Cada verano, Pericles ordenaba la evacuación del campo. En su apogeo, la región de Ática rondaba el cuarto de millón de habitantes, de los cuales unos cincuenta mil vivían en la ciudad de Atenas y casi otros tantos en el Pireo. Un corredor fortificado, conocido como los Muros Largos, conectaba la ciudad con su puerto, permitiendo que, incluso bajo asedio, los suministros continuaran llegando a través del mar. Durante la invasión anual, la población rural se refugiaba tras las murallas de la ciudad, unas defensas que los espartanos no lograban atravesar. De este modo, la población dentro de las murallas se triplicaba.

En el segundo año de guerra, cuando la comida ya escaseaba, una terrible enfermedad azotó la ciudad.[1] Todo comenzó con fiebre alta, hinchazón en los ojos e inflamación de garganta y lengua. Pronto, los síntomas se extendieron por todo el cuerpo: estornudos, tos incesante, vómitos y diarrea debilitantes, seguidos de erupciones y pústulas en la piel. Los grupos de enfermos, aturdidos y confusos, se agolpaban en torno a las fuentes, ansiosos por saciar la sed que la enfermedad les provocaba, sin saber que, con cada sorbo, probablemente contaminaban el agua que los mantenía con vida. En tres años, la peste se cobró decenas de miles de vidas atenienses, tal vez incluso más que el número de víctimas caídas en combate durante la guerra.

La peste también cambió la sociedad. Mientras los enemigos de Atenas, en su mayoría, permanecían indemnes, muchos comenzaron a creer que los dioses habían señalado a la ciudad para recibir un castigo divino. A medida que la desesperación se apoderaba de Atenas, también lo hacían el cinismo político y la corrupción mientras que el desencanto religioso y las supersticiones crecían entre la gente. Desde una distancia segura, los espartanos que merodeaban por el campo ático observaban las piras funerarias ardiendo sin descanso. Entre la guerra y la enfermedad, el ejército ateniense estaba muy debilitado y, para sus soldados, los problemas no habían hecho más que empezar.

Sócrates y Alcibíades habían recibido la noticia antes de que su barco atracara en el Pireo: Pericles había sucumbido a la peste. Con la mirada abatida marcharon hacia Atenas a través de los Muros Largos acompañados por el resto de los hoplitas que regresaban. Durante su larga ausencia, la gloriosa ciudad de Pericles se había convertido en una sombra de lo que fue. Alcibíades entró en la ciudad con la corona de héroe que le había sido concedida por su valor en Potidea. Al llegar a la puerta de la urbe, fue recibido por sus parientes, y juntos caminaron hasta el Kerameikos, el cementerio sagrado, donde descansaba la tumba de su ilustre tutor. Primero había perdido a su padre, y ahora a Pericles, ambos arrebatados en la flor de la vida. Si Alcibíades logró regresar con vida desde Potidea fue solo gracias a Sócrates. Debió de sentir que los dioses le habían perdonado la vida con un propósito mayor. Sobre sus hombros recaía el legado de su clan, los alcmeónidas, y ahora, el futuro de la democracia ateniense, fundada por sus ancestros, también parecía depender de él.

Sócrates también volvió a casa como un héroe, pero se encontró recorriendo un camino muy diferente al del joven cuya vida había salvado. El filósofo caminaba en soledad por las calles de la ciudad. Sus pasos lo llevaron a una pequeña escuela de lucha cerca de la Acrópolis, con la esperanza de encontrar algún rostro conocido. No tardó en verse rodeado por viejos amigos, quienes, sorprendidos y emocionados, lo llamaron y le dieron una calurosa bienvenida. De repente, apareció Querefonte, quien, como si fuera un loco, se lanzó hacia él, agarrando su mano con fuerza.

—¡Sócrates, por los dioses! —exclamó—. ¿Estás bien? ¿Cómo te ha ido?

—Llegué a casa de una pieza —respondió—, como puedes ver.

Querefonte frunció el ceño, visiblemente preocupado.

—Hemos oído que los combates fueron mucho más duros de lo que se esperaba. —Querefonte frunció el ceño—. Y que muchos atenienses han perdido la vida.

—Eso te lo puedo confirmar —replicó Sócrates.

—Entonces, siéntate, amigo, y cuéntanos lo ocurrido —le instó Querefonte—, pues aún no hemos escuchado toda la historia.

Querefonte condujo a Sócrates hacia un grupo de jóvenes, entre los que se encontraba Critias, el noble que había acompañado a Alcibíades cuando vieron a Sócrates interrogar a Protágoras. Como varios de sus amigos aristocráticos, Critias ahora lucía el pelo largo al estilo espartano y recogido en trenzas. Los jóvenes, con la inquietud marcada en sus rostros, se agolparon alrededor de Sócrates, ansiosos por saber cómo marchaba la guerra en el norte. Sócrates explicó que los combates iniciales habían sido intensos. Sin embargo, los atenienses habían conseguido bloquear Potidea. No obstante, cuando el verano pasado llegaron refuerzos desde Atenas, llevaron consigo la peste, que se llevó a más de mil de sus camaradas. Sócrates fue uno de los pocos que no se vieron afectados. Durante el segundo invierno del asedio, los habitantes de Potidea, consumidos por el hambre, fueron empujados a cometer actos desesperados, incluido el canibalismo.

Al final, los ciudadanos no tuvieron más opción que rendirse. Sócrates recordó cómo los generales atenienses, enviados por Pericles, se mostraron misericordiosos, pues permitieron a los rebeldes evacuar la ciudad y que se llevaran consigo algunas pocas posesiones.

Sócrates les preguntó cómo habían sido las cosas en casa. Querefonte le explicó que, nada más comenzar el asedio de Potidea, Esparta convocó a sus aliados para oírlos expresar sus quejas más recientes contra Atenas. Los corintios, los aliados más poderosos de Esparta, estaban furiosos, ya que Potidea, al igual que Córcira, era una antigua colonia suya, pero esta vez mantenían lazos amistosos con sus habitantes. Los dos reyes espartanos, aunque reacios a escalar el conflicto, se encontraron ante la presión creciente de sus aliados. Atenas había roto repetidamente el tratado de paz. Se llevó a cabo una votación en Esparta y el resultado fue que se declarase la guerra.

Cuando los espartanos enviaron a sus hoplitas para invadir Ática, Pericles argumentó ante la Asamblea que Atenas no tenía esperanzas de ganar una batalla campal contra semejante infantería de élite. Instó a la población a refugiarse tras los muros de la ciudad, aunque ello supusiera sacrificar sus tierras de cultivo. Pericles aseguró al pueblo que su armada, muy superior a cualquier flota espartana, podría compensar los daños asaltando las ciudades enemigas a lo largo de la costa del Peloponeso. Tras el primer verano de la invasión, Pericles tuvo que declamar una oración fúnebre en honor de los caídos en batalla. El discurso que pronunció, y que se rumoreaba que Aspasia le había ayudado a escribir, se hizo famoso por ensalzar las virtudes de la democracia, por cuya defensa los hombres habían dado su vida.

—Nuestro gobierno no copia al de nuestros vecinos —proclamó solemnemente—, sino que es un ejemplo para ellos. Se llama democracia porque la administración está en manos de muchos y no de unos pocos.

Pericles se dirigió a la multitud, recordándoles que «Atenas es la escuela de la Hélade» y que sus ciudadanos eran más adaptables que sus enemigos. Con todo, sus palabras también dejaban entrever una debilidad.

—Nuestros enemigos aún no han sentido nuestra fuerza unida, ya que manejar la tripulación de una flota tan grande divide nuestra atención, y en tierra nos vemos obligados a enviar a nuestros propios ciudadanos a la batalla.

Su poderosa voz provocó escalofríos.

—Tal es la ciudad por cuya causa estos hombres lucharon y murieron con nobleza —continuó—. No podían soportar la idea de que pudiera serles arrebatada, y cada uno de nosotros que sobrevivimos deberíamos asumir con alegría la lucha en su defensa.

Sobre todo, aprovechó la ocasión para apelar a su sentido del patriotismo.

—Quiero que presten atención a la grandeza de Atenas día tras día, hasta que se llenen de amor por ella. Y cuando se impresionen con el espectáculo de su gloria, reflexionen que este imperio ha sido logrado por hombres que conocían su deber y tuvieron el coraje y el valor de cumplirlo.

La estrategia militar de Pericles era, sin duda, sabia, pero no pudo prever que una plaga azotaría la ciudad superpoblada, reclamando tantas vidas, incluida la suya. Querefonte explicó que, tras la muerte de Pericles, la Asamblea se dividió en dos facciones rivales lideradas por Nicias y Cleón. Nicias, un moderado de noble linaje, había heredado una parte de las enormes y lucrativas minas de plata en el cercano Lavrio. Aunque carecía de la elocuencia de Pericles, mantenía su popularidad entre el pueblo gracias a su reputación de integridad moral y piedad religiosa, así como por sus generosas contribuciones financieras a la ciudad. Demostraría ser un general talentoso, pero, a diferencia de Pericles, era tremendamente supersticioso y a veces dudaba a la hora de tomar medidas decisivas. Era partidario de negociar la paz con Esparta, una postura que apelaba a la facción oligárquica de Atenas, aunque las condiciones que estaba dispuesto a aceptar parecían a muchos de los ciudadanos más pobres demasiado favorables para sus enemigos.

Cleón, un hombre de negocios cuyo patrimonio provenía de la curtiduría de su familia, emergió como un marginado político, un demagogo que rápidamente ganó popularidad atacando a la élite gobernante. Con su estilo agresivo y cínico, se transformó en un populista radical apelando a las clases bajas en la Asamblea. Su oratoria, directa y provocadora, lograba encender el ánimo de las masas, a menudo incitando la hostilidad hacia Esparta. A pesar de su creciente popularidad, Cleón carecía de la experiencia militar necesaria para liderar un ejército y fue perseguido por acusaciones de corrupción. Ambos pertenecían a la misma generación que Sócrates. Sin embargo, Alcibíades estaba convencido de que carecían de la estrategia y la ambición necesarias para ganar la Guerra del Peloponeso, y quizá tuviera razón. Ni Cleón ni Nicias podrían jamás unir a Atenas como lo había hecho Pericles.

Sócrates se cansó pronto de las discusiones sobre la guerra y desvió la conversación hacia su tema preferido: la filosofía. Quería saber si algún joven de Atenas mostraba aptitudes en este ámbito. Entre los presentes, Critias estaba entre los más ansiosos por descubrir qué podrían aprender de aquel filósofo excéntrico, cuya reputación había crecido desde el pronunciamiento de Apolo, especialmente tras la noticia de que le había salvado la vida a Alcibíades.

Al principio, Critias parecía tan prometedor como Alcibíades, aunque estaba más comprometido con la escritura que con la política. Su interés se centraba en comparar las virtudes de las constituciones ateniense y espartana y había estado estudiando el concepto de virtud, que consideraba reducible a «hacer tu propio trabajo». Aunque Sócrates pensaba que eso sonaba más bien a mirar por los propios intereses, no pudo evitar sentirse impresionado por el empeño de Critias en intentar ofrecer una definición. Después de Alcibíades y Critias, Sócrates atrajo a más seguidores jóvenes, ya fuera en los gimnasios, en los talleres del Ágora o en las casas de sus amigos más adinerados. Esperaba que la formación en filosofía les pudiera mejorar el carácter y que les protegiera de verse corrompidos por la retórica y la vanidad, tal vez incluso preparándolos para convertirse en la próxima generación de líderes que su ciudad necesitaba.

La guerra que siguió a la batalla de Potidea superó cualquier conflicto registrado hasta entonces en la historia de occidente. Mientras que la legendaria Guerra de Troya, si hemos de creer a Homero, había durado diez años, este enfrentamiento entre Atenas y Esparta se prolongaría veintisiete. Los dos principales contendientes estaban en el apogeo de su poder militar. Esparta se había consolidado como la potencia indomable en tierra, con una infantería temida por todas las naciones. Atenas, por su parte, se había erigido como la soberana del mar, y dominaba las aguas con una flota de alrededor de trescientas naves. La mayor parte de las ciudades griegas se vieron forzadas a aliarse con uno u otro bando: la Liga de Delos, liderada por Atenas, o la Liga del Peloponeso, bajo el mando de Esparta. Este conflicto no se limitó al territorio griego; pronto engulló al mundo mediterráneo, involucrando incluso a los pueblos «bárbaros» vecinos, como los tracios y los persas.

Los atenienses llamaron a este conflicto la Guerra del Peloponeso, en honor a la región donde Esparta y la mayoría de sus aliados tenían su base. Para los espartanos bien pudo haber sido la Guerra Ateniense. Aunque la primera fase lleva el nombre del rey espartano Arquidamo, no sería incorrecto pensar en ella como la Guerra de Pericles, el gran estadista ateniense bajo cuya dirección todo comenzó. La estrategia de guerra de Pericles era clara y conocida por cada uno de los ciudadanos: Atenas debía evitar expandirse más allá de su imperio actual, mantenerlo unido, evitar batallas terrestres contra Esparta, confiar en su poderosa armada, controlar los mares con mano firme y resistir con paciencia hasta que el enemigo, agotado, suplicara la paz. Esta táctica, al principio, resultó frustrante para muchos atenienses, que preferían enfrentarse a sus enemigos cara a cara y defender sus tierras de cultivo con las armas en las manos. Sin embargo, Pericles había muerto y el curso de la guerra pronto se vería marcado por la influencia de oradores políticos que abogaban por un cambio de estrategia.

Pericles, aunque demócrata y en cierto modo populista, siempre había intentado equilibrar los intereses del pueblo con los de la aristocracia, buscando el bienestar mayor para Atenas. No dudaba en desafiar la voluntad popular cuando consideraba que era necesario para el bien de la ciudad.

Cleón, también demócrata, representaba un populismo más radical y, en muchos aspectos, se situaba en las antípodas de Pericles. Si Pericles encarnaba la moderación y el equilibrio, Cleón era un verdadero agitador. Para ganar apoyo, no dudó en atacar la prudente, aunque impopular, estrategia de replegar a la población tras los muros de la ciudad. A pesar de que heredó un negocio lucrativo, los críticos afirmaron que entró en política muy endeudado. Decían que la guerra le servía como tapadera para enriquecerse mediante la extorsión de aristócratas atenienses y aliados extranjeros, además de aceptar sobornos y malversar fondos públicos.

Pericles había apelado a lo mejor de la gente; Cleón, por el contrario, apelaba a lo peor. Insultaba a gritos a sus oponentes en la Asamblea y corría de un lado a otro, subiéndose la toga y dándose palmadas en el muslo, para crear más dramatismo. Y funcionaba. Los atenienses encontraban su actitud inusualmente descarada más entretenida que la retórica pulida de estadistas consagrados como Nicias. Tras la peste, mientras Atenas intentaba reafirmar su posición, la retórica de Cleón se volvió cada vez más violenta, descarnada y agresiva. No se limitaba a refutar a sus críticos, sino que los atacaba sin piedad. No obstante, lograba arrastrar a la Asamblea a su favor. Este tipo de comportamiento extravagante no tardó en normalizarse y el clima político en Atenas se convirtió en una lucha constante de enfrentamientos partidistas. Los verdaderos estadistas se vieron desplazados por demagogos que avivaban el miedo y la ira de los ciudadanos, satisfaciendo su codicia y otros vicios.

El cambio se hizo evidente al año siguiente de la muerte de Pericles, cuando se descubrió que Mitilene, la principal ciudad de la isla de Lesbos, había conspirado para rebelarse contra Atenas, con el apoyo de Esparta. Mitilene era uno de los pocos integrantes de la Liga de Delos que se había librado de pagar tributos a Atenas al proporcionar barcos tripulados a la coalición. En respuesta a la revuelta, los atenienses enviaron una flota para bloquear la ciudad, mientras las tropas asediaban por tierra. Sin embargo, cuando los barcos espartanos al fin llegaron al norte del Egeo, nueve meses después de iniciado el conflicto, Mitilene ya había caído. La Asamblea ateniense se encontraba dividida sobre qué hacer con los cautivos, que presumiblemente ascendían a decenas de miles. Cleón, lleno de indignación, clamó que era necesario demostrar fuerza y dijo:

—Estos forasteros son una amenaza para nuestro Estado y deben ser aplastados.

Propuso que toda la población masculina de Mitilene fuera condenada a muerte, mientras que las mujeres y los niños debían ser esclavizados. El demagogo provocó tal ira y sed de venganza entre sus compatriotas atenienses que votaron a favor de enviar un trirreme con órdenes para que las tropas que rodeaban Mitilene llevaran a cabo una masacre.

Después de reflexionar sobre el decreto durante la noche, muchos atenienses lamentaron la crueldad de la decisión que Cleón les había convencido de tomar. Insistieron en volver a convocar la Asamblea. Cleón se subió de nuevo al estrado y pronunció un discurso que se volvió infame. Los días de Pericles, en los que los debates sobrios sobre la justicia eran la norma, habían quedado atrás. Cleón lanzó una descarada diatriba contra los moderados que se le oponían a él y, a pesar de su propia reputación de corrupto, les acusó de aceptar sobornos. Alzando la voz por encima de las contrarias, se ensañó contra los mitilenenses e invocó todos los prejuicios para ensuciar su nombre. Él clamó que la ciudad debía servir de ejemplo y advertencia a otras para que no pensaran en rebelarse. Los atenienses, afirmó, se engañaban si creían en el mito de Pericles de que su imperio era una alianza civilizada de amigos, unida por la justicia y la diplomacia. Debían darse cuenta de que era puro despotismo y de que sus súbditos eran esclavos, a los que debían forzar a someterse mediante castigos hasta que aprendieran a temer a sus amos. Indujo el terror entre los asambleístas, avivando su miedo a perder el control y transformando ese temor en ira y sed de venganza.

—Si Atenas no tiene la fuerza para castigar a sus enemigos —dijo—, ellos la castigarían a ella. ¡Enseñadles que el castigo por la rebelión es la muerte!

Tras la retirada de Cleón del estrado, un hombre joven, hijo de uno de los antiguos consejeros de Pericles y de inclinación moderada, se adelantó para apelar a la razón.

—Las dos mayores enemigas de un buen consejo —declaró— son la prisa y la ira.

El orador pedía que la Asamblea se concediera el tiempo necesario para un debate sobrio y prudente. Con palabras precisas, acusó a Cleón de fomentar el miedo y manipular el voto, atacando el carácter de quienes no coincidían con él en lugar de rebatir sus argumentos con lógica. Señaló que la estrategia de Cleón carecía de sentido, que el castigo que había exigido era tan desmesurado que empañaría la reputación de Atenas durante muchos años. Aseguró que el verdadero tesoro de la democracia ateniense era el apoyo de las clases populares en otras ciudades y que ese era el mayor baluarte político de la ciudad. Pero al castigar no solo a los poderosos, sino a la población entera, Atenas corría el riesgo de perder su autoridad moral, esa autoridad que era el pegamento que mantenía unido a su frágil imperio.

La Asamblea votó, por un margen mínimo, para cambiar su decreto. Un segundo trirreme surcó la noche a toda velocidad para alcanzar la primera embarcación, que había partido un día antes. De milagro, llegó justo a tiempo para evitar un genocidio. Los oponentes de Cleón más tarde lo acusarían de usar la amenaza de una masacre para extorsionar dinero, en beneficio propio, a los residentes de Mitilene.

Cleón, en pie ante la Asamblea ateniense, había lanzado duras críticas contra la propia democracia por no haber sido capaz de gobernar un imperio. Se quejaba de que los debates permitidos por la Asamblea conducían a la demora y a la indecisión.

—La Asamblea se deja llevar demasiado por la retórica y cambia de opinión con excesiva facilidad —proclamó—. Las leyes débiles, que están sujetas a cambios, son peores que las malas aplicadas de forma constante.

Cleón aseguraba que, durante una guerra, los atenienses necesitaban un líder fuerte, como él, que los salvara del caos causado por la indecisión. Y, por supuesto, acusaba a sus oponentes políticos de corrupción y de intensificar los conflictos con otros estados para que esta necesidad pareciera más urgente.

Era evidente que Cleón estaba haciendo exactamente lo que acusaba a sus enemigos de hacer: manipulaba el debate a través de apelaciones a la emoción en lugar de a la razón. Como muchos autoritarios, logró combinar la demagogia con una retórica antidemocrática. Sócrates, que lo observó desde la distancia, fue testigo de la habilidad con la que Cleón ocultaba su propia corrupción y acusaba a sus críticos de lo mismo. Mientras socavaba el proceso democrático, se presentaba como un defensor del pueblo y prometía ser su salvador. La democracia funcionaba si la gente actuaba de manera racional, pero una vez que caían completamente bajo el hechizo de un demagogo, el gobierno del pueblo se convertía en una forma de tiranía disfrazada.

El diálogo con Gorgias

El orador más célebre de toda Grecia llegó a Atenas poco después del debate sobre Mitilene y causó un gran revuelo. Gorgias había sido enviado desde la colonia griega de Leontinos, en Sicilia, una extensa isla situada en el extremo occidental de la península itálica. Gracias a sus dotes retóricas, Gorgias logró ganarse el apoyo de Cleón para persuadir a la Asamblea de que enviara veinte trirremes a Sicilia al mando de un general llamado Laques. Estas naves atenienses tenían la misión de ayudar a las ciudades aliadas que luchaban contra Siracusa, un aliado de Esparta y la ciudad más poderosa de la isla.

Cleón, desesperado por obtener el mérito de una victoria militar, vio en esta expedición su oportunidad. No obstante, al final, la campaña no logró gran cosa. Más tarde, Cleón y su facción acusaron a Laques y a los demás generales de ser unos traidores y de aceptar sobornos para intentar castigarlos por su fracaso.

Sócrates había oído decir que Gorgias se parecía a Protágoras y a otros sofistas, con la diferencia de que no se centraba en la búsqueda de la sabiduría o la virtud, sino en el arte de la oratoria y la disciplina estrechamente vinculada de la retórica. Estas habilidades cada vez tenían más importancia en Atenas, no solo porque el poder de la persuasión podía salvar la vida de alguien en los tribunales, sino también porque podía influir en la Asamblea y hacer que se inclinara a votar a favor o en contra de campañas militares. El destino de Atenas y la vida de millones de personas que vivían en otras ciudades griegas podían acabar dependiendo de la elección de palabras de un orador.

Por eso, Gorgias creía que la retórica tenía un poder casi divino, que podía superar incluso al del poder militar porque era capaz de persuadir a los hombres para que acordaran la paz o declarasen la guerra.

—El lenguaje es una droga todopoderosa —declaraba—. Las palabras pueden causarnos dolor o placer, evocar miedo o ira, llenarnos de valor o hechizar nuestras mentes y llevarnos por el mal camino.

Según él, la retórica era más importante que cualquier otra forma de arte, ya que permitía a una persona persuadir a cualquiera de hacer cualquier cosa, algo que un orador hábil podía lograr con sorprendente facilidad.

—Dicen que es mejor llegar tarde a una batalla, pero temprano a un banquete —comentó Critias con ironía.[2]

Desde que Sócrates y Critias se habían conocido, el joven aristócrata, altivo por naturaleza, había mostrado cierto entusiasmo por la filosofía, aunque su verdadero talento residía en la poesía. En los últimos tiempos, tanto él como Alcibíades habían empezado a recibir lecciones de Gorgias para avanzar en sus aspiraciones políticas y ambos jóvenes habían demostrado un talento innato para la oratoria. Sócrates y Querefonte habían llegado tarde al Liceo, donde un auditorio, entre los que se encontraban Alcibíades y Critias, escuchaba al sofista terminar un largo y elegante discurso.

—La culpa es de Querefonte —dijo Sócrates—. No paraba de hablar con nuestros amigos y nos mantuvo entretenidos en el Ágora.

Sócrates solía tener un aspecto bastante desaliñado: iba descalzo y su capa favorita estaba raída. Con todo, ese día su ropa estaba rasgada y su cuerpo presentaba cortes y magulladuras. Desde que había regresado de Potidea, se había vuelto más audaz al cuestionar a extraños y no era raro que lo acosaran físicamente en la calle. Esa misma mañana, un acaudalado comerciante ateniense, indignado por las preguntas del filósofo, lo había pateado y golpeado. Sócrates, como siempre, no se inmutó. Cuando algunos testigos le instaron a demandar al hombre por agresión, él se echó a reír y respondió:

—Si un burro me hubiera pateado, ¿debería arrastrarlo a los tribunales?[3]

A muchos, su indiferencia ante aquellos ataques les parecía una debilidad y les daba la impresión de que tenía miedo de hablar en juicio, pues a pesar de su obvia inteligencia, le faltaba la elocuencia necesaria para ganar un caso.

Querefonte se ofreció a compensar su tardanza con la pregunta a Gorgias que había estado inquietando a su amigo Sócrates:

—El arte que practica un médico se llama medicina —dijo—, pero ¿cuál es el término adecuado para el arte en el que Gorgias es experto?

Critias le respondió a la defensiva señalando que el gran orador estaba agotado tras haber pronunciado un largo discurso. Al oír aquello, Alcibíades trató de responder en nombre de Gorgias, desviándose ligeramente al afirmar, medio en broma, que la oratoria era el arte más sublime de todos. Esta intervención no satisfizo a nadie.

Después de un momento de vacilación, Gorgias finalmente accedió a responder por sí mismo. Sócrates, anticipándose, insistió en que el orador se abstuviera de dar discursos y, en su lugar, intentara ofrecer una respuesta clara y concisa. Gorgias sonrió amablemente.

—Mi arte es la oratoria o el hablar en público y soy uno de los mejores practicantes que quedan.

—¿Y enseñas a otros a ser oradores como tú? —añadió Sócrates con despreocupación, mientras se agachaba para acariciarse la pierna magullada.

—Sí, en Atenas y en otras ciudades —respondió Gorgias.

Sócrates se detuvo un momento, entrecerró los ojos y miró a Gorgias de arriba abajo, como si estuviera inspeccionando un caballo.

—Los médicos buscan producir salud corporal mediante el arte de la medicina —dijo—, pero ¿qué produce el arte de la oratoria o la retórica?

—El discurso —respondió Gorgias con precisión.

Critias y sus amigos soltaron unas risitas.

—Eso es maravillosamente conciso —sonrió Sócrates—, pero quizá podrías elaborar un poco más.

Gorgias explicó que la retórica se ocupaba de saber cómo hablar bien sobre cualquier tema. Sócrates objetó que los expertos en otros campos, como la medicina, también debían aprender a hablar bien a través de traducir y plasmar en palabras sus conocimientos sobre el tema que han estudiado.

—Entonces, ¿qué hace diferente a la retórica? ¿Qué es lo que estudia?

—Se relaciona con las preocupaciones más grandes del ser humano —respondió Gorgias, mientras miraba a sus estudiantes con una sonrisa.

Sócrates se encogió de hombros y comentó que, si allí estuviera presente un médico, seguramente también afirmaría que su arte se ocupaba de la mayor de las preocupaciones humanas y por igual lo haría un instructor de gimnasio o un hombre de negocios. Gorgias, sin embargo, no se refería a la salud, la belleza o la riqueza, así que preguntó qué le hacía creer que su arte se ocupaba de un bien humano más grande que el de los demás.

—Porque la retórica no solo otorga libertad a quienes la poseen, sino que también les da el poder de dominar a otros —replicó Gorgias.

Sócrates le pidió que se explayara y Gorgias finalmente explicó que, a sus ojos, el arte de la retórica era de suprema importancia porque permitía influir sobre los conciudadanos mediante la persuasión.

—Si tienes suficiente habilidad en oratoria y en el arte de la retórica, ese médico terminará siendo tu esclavo, al igual que el instructor de gimnasio, y los empresarios que mencionas no estarán ganando dinero para ellos mismos, ¡sino para ti! —le explicó Gorgias con una sonrisa.

Esto provocó algunos vítores de los jóvenes que escuchaban.

Sócrates le preguntó a Gorgias si podía ser más concreto. Al fin y al cabo, los profesores de todas las materias persuaden a sus alumnos para que crean determinadas cosas. Gorgias respondió que la oratoria se ocupaba principalmente de persuadir a un grupo de ciudadanos, como un jurado o una asamblea política, de que un curso de acción es justo mientras que otro es injusto.

—Así que, a través del arte de la retórica, un orador influye en las creencias de los demás sobre lo que es correcto e incorrecto —dijo Sócrates, resumiendo.

—Precisamente —asintió Gorgias.

Sócrates le preguntó a Gorgias si tanto el aprendizaje como la persuasión eran capaces de producir creencias en los oyentes. Gorgias estuvo de acuerdo en que así era, aunque se vio obligado a admitir que la retórica se diferenciaba del aprendizaje en que produce creencias en ausencia de conocimiento.

—Entonces, el orador persuade a los hombres en los jurados y en la Asamblea para que crean que ciertas cosas son justas o injustas, en lugar de enseñarles a saber lo que es justo —concluyó Sócrates—. Sería difícil enseñar a tantas personas algo tan importante como la naturaleza de la justicia en tan poco tiempo.

—Por supuesto que no —respondió Gorgias.

—Un grupo se ha reunido aquí para escucharte —dijo Sócrates, señalando a Critias, Alcibíades y los otros jóvenes que estaban a su alrededor— y creo que algunos de ellos están considerando si deberían convertirse en tus estudiantes. Así que, por favor, cuéntanos cómo los oradores logran tanta influencia sobre la Asamblea en asuntos como la construcción de barcos, la edificación o la medicina, dado que no están calificados en esos temas.

Gorgias, entre risas, respondió que, si un retórico y un experto médico compitieran entre sí para influir en los ciudadanos que votan sobre alguna medida de salud pública, el retórico ganaría siempre. Lo mismo ocurriría con cualquier experto que se enfrentara al poder de la retórica.

—El arte de la retórica es tan extraordinariamente efectivo —dijo Gorgias— que un orador hábil puede desacreditar con facilidad a un experto en medicina o en construcción de barcos. Si así lo decidiera, incluso podría causar un gran daño en la ciudad.

Al notar que algunos de sus oyentes fruncían el ceño ante esta afirmación, Gorgias añadió, algo apresurado, que solo porque un hombre haya sido bien entrenado en combate no significa que deba ir por ahí matando a la gente indiscriminadamente.

—Por analogía, si un hombre que ha sido formado en la oratoria causa daño, eso es responsabilidad suya y no hay razón para culpar a su maestro —se explicó.

Mientras Gorgias elogiaba el arte que enseñaba, Sócrates le escuchaba atentamente. Reflexionó un momento y luego, con la intención de cambiar de tema, observó que Gorgias debía de haber sido testigo de muchos debates que acababan en disputas inútiles porque las partes enfrentadas daban por sentadas definiciones distintas del tema.

—Los observadores a menudo se marchan sintiendo que han desperdiciado el tiempo al escuchar tales intercambios —dijo Sócrates—. Por lo tanto, es esencial llegar a una definición común de términos importantes, como retórica o justicia.

Gorgias asintió despacio, levantando una ceja.

—¿Por qué digo esto? —preguntó Sócrates—. Porque algo que acabas de mencionar parece estar en desacuerdo con algo que dijiste anteriormente. No quiero cuestionarte más por si crees que solo intento encontrar fallos en tu argumento por diversión. Pero, si eres el mismo tipo de hombre que yo, continuaré.

Gorgias ya se arrepentía de haber entablado conversación con aquel excéntrico de aspecto desaliñado.

—¿A qué clase de hombre te refieres? —preguntó confundido.

—Uno de esos que se alegran de señalar los errores de los demás —respondió Sócrates—, pero también de que se le señalen sus propios errores. De hecho, considero que ser refutado es un bien mayor.

—¿Por qué?

—Porque es mejor curarse uno mismo de un mal que curar a otro —respondió Sócrates—, y en lo que a mí se refiere, no hay mayor mal que le pueda acaecer a un hombre que equivocarse en asuntos tan importantes como los que ahora estamos discutiendo. Así que, si te pareces en algo a mí en ese sentido, me gustaría seguir cuestionándote, de lo contrario, dejémoslo ahí.

La mayoría de los jóvenes estudiantes de Gorgias asumían que lo mejor era estar del lado ganador de un debate y se preguntaban si Sócrates estaba bromeando. El objetivo del debate filosófico, o dialéctica, que trata sobre la verdad y el conocimiento, suele estar en desacuerdo con el del debate retórico, que se centra más en «ganar» la aprobación de una audiencia. Sócrates creía que, en el debate filosófico, era mejor perder una discusión, por la sencilla razón de que el perdedor es quien tiene más probabilidades de beneficiarse al corregir sus errores y, por lo tanto, ganar en conocimiento.

Gorgias parecía desconcertado y se puso un poco a la defensiva. Esta forma de pensar iba en contra de todo lo que él enseñaba. Respondió que le gustaría creer que era el tipo de persona que Sócrates describía. Sin embargo, dijo que le preocupaba que la audiencia pudiera estar cansándose de su discusión.

—Quisiera tener la esperanza de que nunca abandonaría una conversación tan importante como esta —exclamó Querefonte.

Alcibíades, Critias y los demás también suplicaron que continuaran. Gorgias, para complacer a la multitud, accedió a escuchar a Sócrates.

—En ese caso —continuó Sócrates—, lo que me sorprendió fue que dijeras que puedes enseñar a alguien a ser orador y que a través del arte de la retórica se volverá tan persuasivo que resultará más convincente que un médico, por ejemplo, en cuestiones de salud.

—Sí, al menos frente a una gran audiencia —respondió Gorgias.

—Pero ¿no cuando habla entonces con otro médico? —preguntó Sócrates curioso.

—Por supuesto que no —dijo Gorgias— y lo mismo ocurre con otras especialidades.

Alcibíades y un par más parecieron sentirse incómodos con esta respuesta, pero Critias y el resto se limitaron a asentir.

—En otras palabras —intervino Sócrates—, enseñas a los ignorantes a parecer más convincentes que los expertos, pero solo cuando hablan ante audiencias que son igual de ignorantes en el tema.

—Eso sin duda puede suceder —admitió Gorgias, vacilante. Se volvió hacia la audiencia, sonrió y bromeó—: Sin embargo, ¿no es placentero saber que simplemente estudiando retórica se puede ganar un debate ante un experto en cualquier otro dominio sin ni siquiera tener que estudiarlo?

Al oír esto, algunos de los jóvenes que estaban presentes empezaron a hablar animados entre ellos.

—Entonces, ¿un retórico aprende a fingir tener conocimiento sobre la justicia tal como lo hace con respecto a la salud y otros temas? —preguntó Sócrates—. Es decir, ¿debe un joven tener un conocimiento previo de la justicia antes de convertirse en tu alumno? De lo contrario, ¿estás diciendo que enseñarás a alguien que no posee ni sabiduría ni justicia a adquirir una reputación popular de ellas?

Esta pregunta inquietó a Gorgias.

—Supongo que aprenderá sobre la justicia de mí, si es que no sabe nada ya —respondió Gorgias.

Lo cierto es que él no afirmaba que enseñaba justicia, incluso se había cuestionado si era posible hacerlo.

Sócrates frunció el ceño.

—¿Recuerdas hace un momento —le dijo—, cuando nos comentaste que si un hombre entrenado en combate llegara a matar gente, no habría razón para culpar a sus maestros?

Gorgias asintió despacio.

—Y dijiste que lo mismo se aplica a la oratoria, de modo que si uno de tus propios estudiantes empleara la retórica de una manera que causara daño, no deberíamos culparte a ti, su maestro —añadió Sócrates.

—Así es —respondió Gorgias.

—Pero ahora lo haces sonar como si ningún orador pudiera causar daño alguno —continuó Sócrates—, ya que afirmas que o bien conocería lo que es justo de antemano o lo aprendería de ti.

Gorgias enmudeció.

—¿Recuerdas cómo nos mostramos de acuerdo antes acerca de que la oratoria se ocupa de pronunciar discursos sobre lo que es justo e injusto?

—Sí, lo recuerdo —respondió Gorgias.

—Cuando escuché eso, supuse que la oratoria nunca podría causar daño, ya que se trataba de persuadir a otros para que hicieran lo que es correcto. Aun así, poco después mencionaste que un orador podría usar la retórica para causar un gran daño. Por eso te pregunté si eras, como yo, un hombre que disfrutaba que le señalaran sus propios errores; de lo contrario, no habría señalado la incoherencia. Porque, a medida que nuestra conversación avanzaba, ambos llegamos a la conclusión de que es imposible que un orador use su arte para infligir maldad e injusticia a otros. —Gorgias se intranquilizó—. ¡Así que, por el perro, Gorgias, puede que nos lleve mucho más tiempo llegar al fondo de estas contradicciones! —exclamó Sócrates.

Gorgias se presentaba a sí mismo como un maestro que enseñaba a sus estudiantes a convertirse en grandes estadistas y oradores, capaces de persuadir fácilmente a los ciudadanos sobre qué modo de actuar era el correcto y cuál el equivocado. Pero, a diferencia de Pericles y su asesor Protágoras, ni Gorgias ni sus alumnos se preocupaban demasiado por descubrir la opción más sabia o justa. Solo buscaban influir en las personas y promover sus propios intereses. No era una coincidencia que, a medida que Gorgias y otros sofistas como él ganaban popularidad, la política ateniense, siguiendo el ejemplo de Cleón, se volviera más cínica y manipuladora.

La guerra bajo Cleón

La Guerra del Peloponeso llevaba estancada desde hacía aproximadamente seis años. Nicias abogaba por la estrategia de Pericles: retirarse dentro de las murallas de la ciudad cuando eran amenazados por los invasores espartanos, para centrarse, en cambio, en mantener el control en el mar. Sin embargo, estaban tardando más de lo previsto en desgastar al enemigo y la peste se había cobrado un alto precio entre los ciudadanos de Atenas. Sócrates no había luchado en una batalla importante desde Potidea, ya que la política ateniense consistía en mantener a la mayoría de sus hoplitas en la reserva y confiar en la armada. La situación iba a cambiar en cuanto los halcones de la guerra, liderados por el demagogo Cleón, se hicieran con el poder en la Asamblea.

En el verano del 425 a. C., los atenienses ejecutaron con éxito un audaz plan para establecer un puesto avanzado en Pilos, en la costa oeste del Peloponeso. Eso cambiaría el curso de la guerra. Pilos ofrecía un excelente puerto natural para los barcos atenienses y estaba estratégicamente ubicado a unos dos días de marcha al oeste de Esparta. Una pequeña unidad desembarcó durante una tormenta y fortificó rápidamente el promontorio. Los espartanos respondieron con ataques tanto por tierra como por mar. Los atenienses habían levantado una empalizada provisional que contuvo a la infantería enemiga y los barcos de Esparta tuvieron que abandonar el puerto cuando llegó la armada ateniense. Por si fuera poco para los espartanos, una compañía de sus soldados, incluidos ciento veinte soldados de infantería de élite, quedaron varados en una pequeña isla colindante, llamada Esfacteria, rodeados de barcos atenienses.

Los espartanos estaban desesperados por asegurar la libertad de los hombres atrapados en la isla, ya que entre ellos había muchos miembros de la clase gobernante. Después de que las negociaciones iniciales fracasaran, Cleón ridiculizó a Nicias ante la Asamblea, pues lo acusó de no tener el valor para tomar la isla. Nicias intentó persuadir a los ciudadanos de que un asalto a la posición espartana sería muy peligroso. Cleón lo acusó de cobardía y afirmó sin pudor que Esfacteria podría ser tomada en tan solo veinte días. Esto parecía absurdo, ya que los nobles espartanos nunca se rendirían y la densa vegetación de la isla la hacía fácilmente defendible.

Contra todo pronóstico, Nicias aceptó el desafío de Cleón. Se hizo a un lado y le cedió el mando de la misión al demagogo, que no tenía experiencia militar. Cleón no tuvo más remedio que aceptar y, por un increíble golpe de suerte, logró el éxito. Uno de los espartanos, al intentar cocinar, provocó accidentalmente un incendio. Las llamas arrasaron gran parte de los arbustos de la isla, dejando expuestas las posiciones espartanas. Los atenienses lanzaron un ataque y, para su sorpresa, los espartanos, rodeados, arrojaron en definitiva sus armas y se rindieron. Cleón se adjudicó el mérito, aunque probablemente pertenecía a Demóstenes, el general que había asegurado el puerto en primer lugar. Con tantos nobles capturados como rehenes, Atenas obligó a Esparta a cesar su invasión anual de Ática. La humillación de Esparta marcó una nueva fase en la guerra. El demagogo Cleón, en la cúspide de su popularidad, tomó un papel más activo en futuras campañas militares.

El mayor contratiempo para los atenienses hasta ese momento ocurrió cuando los espartanos asediaron Anfípolis, su colonia en la frontera de la Tracia occidental. La llegada de tropas espartanas a esa región puso en peligro las cruciales importaciones de madera y de grano a Atenas, así como los ingresos provenientes de las ciudades tributarias. Para llegar a Anfípolis, los espartanos habían partido a través de Beocia, una región al norte de Ática que estaba bajo el mando de la ciudad de Tebas, otro miembro de la Liga del Peloponeso. Animado por su aparente éxito en Pilos, Cleón persuadió a la Asamblea para movilizar a todo hombre apto, ya fuera extranjero o ciudadano, para una invasión terrestre de Beocia. Esta arriesgada estrategia marcaba una ruptura radical con la política militar de Pericles, quien había aconsejado a los atenienses evitar poner en peligro la vida de sus valiosos hoplitas enfrentando al enemigo en tierra. Sería la primera gran batalla que los atenienses librarían contra los beocios desde Coronea, más de dos décadas atrás, donde había caído el padre de Alcibíades.

Los atenienses esperaban que, al tomar el control de partes de Beocia, pudieran aislar al ejército espartano en el norte. Se apoderaron del templo de Apolo en Delio, que daba al golfo de Eubea y lo convirtieron en una fortaleza temporal. Esto les proporcionaba otro bastión costero en territorio enemigo y que podría servir como base para una invasión a gran escala. Dejaron un pequeño cuerpo de tropa en la fortaleza y enviaron a la mayoría de ellas ligeras y mal equipadas de regreso a Atenas. Sin embargo, cuando el resto del ejército principal se preparaba para partir, llegó un enorme ejército beocio. Ambos bandos contaban con siete mil hoplitas, pero los atenienses tenían muchos menos jinetes. Los beocios, además, disponían de más de diez mil tropas ligeras bien equipadas, mientras que los atenienses ya no contaban con ninguna que valiera la pena mencionar. Sócrates había sido desplegado entre las filas de los hoplitas atenienses; Alcibíades servía en la caballería. Ambos serían testigos de primera mano de las consecuencias de la imprudencia de Cleón, que había lanzado a gran número de soldados inexpertos a la batalla, en territorio enemigo y sin una defensa adecuada.

Mientras el general ateniense Hipócrates aún pronunciaba su discurso a las tropas, los beocios lanzaron una carga inesperada desde la cima de una colina cercana. Tomados por sorpresa, los hoplitas atenienses recibieron la orden de cargar cuesta arriba hacia el enemigo. Era una táctica extremadamente peligrosa. Una carga cuesta arriba podría resultar agotadora para los hoplitas, que llevaban una pesada armadura. También dificultaría que las tropas ligeras lanzaran sus jabalinas con precisión. Sócrates debió de sentir en ese momento que él, su falange y los miles de hoplitas que lo rodeaban bien podrían estar cargando hacia la muerte.

El ala derecha tebana, que contaba con una profundidad asombrosa de veinticinco hombres, tres veces mayor que lo habitual, debió de golpearles como un martillazo al descender colina abajo. De algún modo, los hoplitas atenienses lograron mantenerse firmes. Por un momento, parecía que Atenas podría ganar, pero al rodear el ala izquierda enemiga que empezaba a desmoronarse, algunos de sus hombres se confundieron, víctimas del caos de la batalla. Los atenienses comenzaron a atacarse entre sí por error. Una vez que cayeron en la desorganización, un ataque sorpresa de la caballería beocia los dispersó fácilmente. Todo el ejército ateniense rompió filas y huyó en diferentes direcciones, perseguido sin piedad por los jinetes enemigos.

Sócrates formaba parte de una pequeña compañía que se unió al antiguo general ateniense Laques durante esta sangrienta retirada. Laques comentó más tarde que, si los demás hombres hubieran luchado como Sócrates, a quien probablemente le debía la vida, Atenas habría evitado la derrota en Delio. No obstante, al caer el crepúsculo, seguían siendo acosados por la caballería beocia y muchos atenienses ya habían caído a su alrededor. La mayoría de los compañeros debían sentir cómo se desvanecía su moral al darse cuenta de la gravedad de la situación. De repente, oyeron el galope de un caballo acercándose a ellos a través del caos. Desde la oscuridad, una voz familiar llamó: «¡Tened valor!».

Como por obra de un milagro, Alcibíades había dado con ellos. Juró quedarse a su lado, cubriéndoles las espaldas hasta que alcanzaran un lugar seguro. Mientras que Laques empezaba a entrar en pánico, Sócrates mantuvo la guardia sin temor y estudió el entorno en busca de amigos y enemigos. Alcibíades dijo que «Dejó claro que, si alguien se le acercaba, se defendería con vigor. Cuando te comportas en la guerra como lo hizo él, el enemigo teme acercarse, pues persigue a aquellos que dan la espalda y huyen».[4]

A pesar de que cientos de sus camaradas murieron en Delio, Laques y Sócrates lograron regresar a casa con vida. Alcibíades, al haber salvado la vida del hombre que lo rescató en Potidea, ya no le debía nada, aunque el vínculo entre ellos solo pudo fortalecerse como resultado de esta experiencia.

Delio sería la mayor batalla en tierra de la guerra. Atenas no había ganado nada y había perdido más de mil hombres, incluido el general al mando. La mayoría de los atenienses huyó de regreso a casa, pero algunos se refugiaron en el templo fortificado de Delio. Poco después, los beocios lo atacaron con una máquina de asedio que lanzaba fuego, utilizando grandes fuelles para disparar alquitrán y azufre ardiente a través de un tubo y así reducir a cenizas las estacas de madera. Algunos de los de la guarnición murieron o fueron capturados, pero la mayoría huyó de regreso a Atenas.

Sócrates y Alcibíades habían vivido el desastre en persona. Cleón y sus halcones de guerra habían convencido a la Asamblea de arrojar a toda Atenas en el tipo de campaña de infantería arriesgada que Pericles les había advertido que evitaran. Atenas fue incapaz de igualar, por mucho tiempo, el número de tropas ligeras disponibles para sus enemigos más poderosos, como Beocia. Este problema se debía al simple hecho de que la mayoría de estos hombres ya eran necesarios para servir como remeros en la vasta flota de Atenas y aun cuando eran llamados a luchar, a menudo carecían de armas e indumentarias adecuadas para tener un valor significativo en una batalla terrestre. La derrota en Delio se debió a que hombres experimentados, con un buen conocimiento de las fortalezas y debilidades militares de Atenas, fueron silenciados por la persuasiva voz de un demagogo incendiario.

La práctica del distanciamiento cognitivo

Uno de los conceptos más innovadores en el campo de la psicoterapia lo introdujo Aaron T. Beck en la década de 1970.[5] Es conocido como «distanciamiento cognitivo» y se refiere a nuestra capacidad de observar nuestros propios pensamientos con mayor desapego y objetividad, como si fuesen los pensamientos de otra persona. Por ejemplo, en circunstancias normales, si tengo un pensamiento como «este hombre es mi enemigo», puede que solo perciba al hombre como si fuera mi enemigo. Esto es en especial cierto si el pensamiento va acompañado de fuertes sentimientos de miedo o ira. Por otra parte, podría pararme un momento, dar un paso atrás y observarme teniendo el pensamiento «este hombre es mi enemigo»; incluso podría notar que estoy diciendo esas palabras en mi mente. Desde esta perspectiva, el pensamiento se separa y distingue del objeto o persona al que se refiere.

La mayor parte del tiempo, no miramos ni examinamos nuestros propios pensamientos; más bien, los damos por sentado y observamos los acontecimientos a través de ellos. Beck comparó esto con usar gafas con lentes de color; digamos que con lentes azules que representan la tristeza. El hecho de ganar distancia cognitiva sería como quitarse las gafas y mirarlas o simplemente darse cuenta de que la tristeza (el color azul) está en realidad en las lentes. Sin embargo, si estuviera clínicamente deprimido, quizá me olvidaría de que llevo puestas esas lentes y asumiría que el mundo en sí es triste y deprimente. De este modo, nuestros pensamientos, en especial nuestros juicios de valor, fácilmente se fusionan con los acontecimientos a los que se refieren.

Beck señaló la conexión con la filosofía al afirmar que este concepto está relacionado con la epistemología o teoría del conocimiento.

> El distanciamiento implica que se es capaz de hacer la distinción entre «creo» (una opinión que está sujeta a validación) y «sé» (un hecho «irrefutable»).[6]

Según Beck, la capacidad del paciente para hacer esta distinción es de «importancia crítica» en la psicoterapia cognitiva. Sócrates, por supuesto, fue uno de los pioneros de la epistemología, y una distinción similar entre opinión y conocimiento es central en su filosofía.

Beck creía que era fundamental enseñar a los pacientes el distanciamiento cognitivo antes de proceder a formular lo que los terapeutas cognitivos denominan preguntas socráticas. Para comenzar a cuestionar nuestras propias creencias, primero debemos ser capaces de verlas como hipótesis en lugar de como hechos. Beck sostenía que una persona ha logrado distancia cognitiva si puede examinar sus creencias «como un fenómeno psicológico en lugar de identificarlas con la realidad», lo que implica verlas como susceptibles de ser refutadas.

> Si automáticamente equipara el pensamiento con la realidad, su distanciamiento es deficiente. Si puede considerar la idea como una hipótesis o inferencia, en lugar de aceptarla como un hecho, está logrando un buen distanciamiento.[7]

La retórica, como implica Gorgias, es básicamente el arte de persuadir a la audiencia para que acepte ciertas ideas de forma acrítica. Si los terapeutas cognitivos enseñan a las personas a notar las lentes de color a través de las cuales observan la vida, la retórica hace lo contrario.

Cuando los políticos utilizan la manipulación verbal para provocar miedo o ira en la gente, no quieren que se note que eso es lo que están haciendo. En el arte de la persuasión, el objetivo es que la audiencia fusione opinión y realidad. La meta de un orador, como Gorgias, es «ganar» el debate, persuadiendo a la audiencia de que tiene razón. Pero, Sócrates, de manera paradójica, afirma que preferiría que le demostraran que está equivocado, en especial en los asuntos más importantes de la vida. Estas son dos actitudes muy diferentes y quizá incluso opuestas en sus formas de vida. Los oradores querían mostrarse lo más seguros posible, que sabían lo que era correcto y rara vez se detenían a cuestionar sus propias suposiciones. Sócrates revisaba continuamente sus propias creencias, lo que requería poder imaginar que tal vez eran falsas. A menudo, cuando las personas actúan como si sus propias creencias fueran verdaderas e incuestionables, se puede considerar como una advertencia de que carecen de distancia cognitiva y han mezclado sus opiniones con la realidad.

En los diálogos, Sócrates, por lo general, sitúa la filosofía en oposición a la retórica. En ocasiones, reconoce que la retórica y la filosofía pueden trabajar juntas, para nuestro beneficio, al convencernos de la verdad.[8] Sin embargo, en la mayoría de los casos, la retórica, al igual que la narración, está diseñada para crear un efecto emocional al disminuir la distancia cognitiva. Cuando estamos completamente absorbidos por una novela o una película, suspendemos el pensamiento crítico y nos permitimos perdernos en la historia durante un tiempo como si fuera real. La oratoria política nos arrastra y nos lleva, de manera similar, sin ninguna pausa para el análisis, de modo que las opiniones se experimentan como si fueran hechos. Una retórica poderosa puede asemejarse, si se quiere, a una forma de hipnosis. Sócrates, por lo tanto, no permite que los sofistas ejerzan su hechizo sobre nuestra imaginación y los interrumpe de manera constante con preguntas. El método socrático podría considerarse una forma de «deshipnosis». Su propósito es despertarnos del trance de la retórica.

La Paz de Nicias

Dos años después de la humillante derrota de Atenas en Delio, Cleón se puso al mando de una gran expedición militar. Zarpó con treinta naves, con la esperanza de recuperar Anfípolis y salvar su reputación. Sócrates, que también sirvió en esta campaña, tenía ya cuarenta y ocho años. Había adquirido una gran fama por su valentía y resistencia excepcionales y demostró conocimientos suficientes sobre instrucción, estrategia y táctica hasta el punto de que los generales le pedían consejo.[9] Anfípolis sería su tercera gran batalla y tal vez la última. La mayoría de los hombres que lucharon a su lado eran más jóvenes. Aunque los ciudadanos podían estar en servicio activo hasta los sesenta años, para entonces muchos atenienses habían muerto o se habían quedado incapacitados por la guerra y las enfermedades, de modo que debían de quedar muy pocos hombres de la generación de Sócrates en el campo de batalla. A Alcibíades, que parecía destinado a convertirse en el rival de Cleón por el afecto del pueblo, no lo llamaron a luchar en esta ocasión, quizá por ese motivo.

Tras algunas victorias iniciales, las fuerzas atenienses bajo el mando de Cleón, compuestas por mil doscientos hoplitas y varios miles de tropas extranjeras ligeramente armadas, marcharon hacia Anfípolis. La ciudad estaba defendida por el ejército espartano, algo más numeroso, pero menos experimentado. Su jefe era Brásidas, al mando de dos mil hoplitas espartanos y unos cuatro mil soldados extranjeros ligeramente armados. Los atenienses se dieron cuenta de que Brásidas, el general espartano más audaz y con más talento, junto a mil quinientos soldados habían tomado posiciones en la cima de una colina junto a Anfípolis, desde donde podía observar mejor los movimientos de Cleón. Esto ofrecía una buena oportunidad para atacar la ciudad mientras parte de sus defensores estaban fuera de las murallas, pero Cleón insistió en esperar la llegada de mercenarios que había solicitado de la cercana Tracia y Macedonia. Sus tropas, frustradas por la demora, lo acusaron de debilidad e incompetencia. Ante esto, Cleón los hizo desfilar hasta las murallas de la ciudad con la intención de inspeccionar sus defensas. Mientras esperaba los refuerzos, insistió en que no había peligro de que el enemigo saliera a atacarlos, lo que dio a Brásidas el tiempo suficiente para regresar a la ciudad.

Los exploradores de Cleón se dieron cuenta de que las tropas espartanas se estaban reuniendo en el interior. Este temió que estuvieran a punto de salir a la carga y atacar, por lo que ordenó una retirada táctica. Al intentar reorganizar a sus hombres, estos cayeron en el desorden. Aprovechando la oportunidad, Brásidas lideró ciento cincuenta de sus hoplitas más experimentados por la puerta sur en un ataque sorpresa contra el centro de la formación ateniense. Esto provocó el pánico entre los hombres de Cleón, lo que sirvió para que el resto de las tropas enemigas cargaran desde la puerta norte y atacaran la retaguardia ateniense. Los atenienses fueron aniquilados y perdieron unos seiscientos hombres, mientras que los espartanos tan solo perdieron siete. Durante el intenso combate, Cleón murió y Brásidas fue herido de muerte. Los supervivientes atenienses, incluido Sócrates, se vieron obligados a abandonar la expedición, embarcar y volver a casa con la noticia de otra costosa derrota, causada por la arrogancia de un líder que carecía de toda competencia militar, pero que podía ser muy persuasivo.

Con las muertes de Cleón y Brásidas, los dos principales belicistas de ambos bandos, se puso fin a la primera fase de la Guerra del Peloponeso y se abrió paso a las negociaciones de paz entre facciones más moderadas. La Paz de Nicias, como se la conoció debido a que Nicias lideró el lado ateniense en las negociaciones, fue firmada en el año 421 a. C. y tenía la intención de durar cincuenta años. El tratado estipulaba que todo debía regresar al *statu quo* previo a la guerra, lo que incluía la devolución de Pilos a los espartanos y Anfípolis a los atenienses. No obstante, la mayoría de los aliados de Esparta se negaron a firmar y se aprovechó un resquicio legal para mantener el control de Anfípolis, lo que hizo que el tratado comenzara a desmoronarse desde el principio.

Con Cleón muerto, el terreno estaba despejado para que surgiera un nuevo líder de la facción demócrata, capaz de atraer a las masas. Alcibíades, gracias a que engañó a algunos enviados espartanos, fue capaz de frustrar los intentos de Nicias de llegar a un acuerdo con ellos. A partir de entonces, trabajó activamente contra Nicias y el tratado, el cual para muchos atenienses comunes era demasiado favorable a los intereses de los aristócratas ricos y contrario a los suyos propios.

Por esta época, quizá poco después de regresar de Anfípolis, Sócrates se casó con una joven llamada Jantipa, unos treinta años menor que él.[10] Según cuentan, ella tenía un temperamento fuerte, y los amigos de Sócrates solían bromear acerca de que era una arpía. Cuando Alcibíades se quejaba de que sus reprimendas eran insoportables, Sócrates se limitaba a reír y decía que se había acostumbrado al sonido, al igual que, años antes, se había habituado al ruido de cuerdas y poleas que levantaban los pesados bloques en el taller del cantero. Le preguntó a Alcibíades, que criaba gansos en su finca, si le molestaba el ruido que hacían. Alcibíades respondió que se había acostumbrado a ello, ya que le proporcionaban huevos y gansitos. Sócrates, sonriendo, contestó:

—Y Jantipa es la madre de mis hijos.

A pesar de su carácter fuerte, parece que Sócrates la consideraba una buena esposa y Jantipa le dio tres hijos.

Alcibíades también se casó con Hipareta, hermana de Calias, el hombre más rico de Atenas.[11] Ahora ya podía comenzar su carrera política en serio. Tan pronto como alcanzó la edad mínima de treinta años, Alcibíades se postuló para las elecciones y fue nombrado general por primera vez, lo que le convirtió en estadista de la Asamblea ateniense. Aunque seguía existiendo un vínculo entre el joven noble y el filósofo que le había salvado la vida, Alcibíades pasó menos tiempo en compañía de Sócrates mientras proseguía con sus ambiciones políticas. Se interesó más en cómo podía utilizar su astucia militar y su innegable talento como orador para alcanzar la gloria, tanto para sí mismo como para Atenas.

A pesar del supuesto tratado de paz, la guerra entre Atenas y Esparta continuó, aunque al principio de manera indirecta, a través de maniobras políticas y conflictos por intermediarios. Estos enfrentamientos culminaron en la batalla de Mantinea, que tuvo lugar en el año 418 a. C., trece años después de iniciada la guerra. Argos, el Estado neutral más poderoso del Peloponeso, se inclinaba hacia un gobierno democrático, lo que le alejaba de los regímenes oligárquicos favorecidos por Esparta. Alentados por Alcibíades, los argivos (como se conocía al pueblo de Argos) formaron una coalición con las ciudades cercanas de Elis y Mantinea, miembros de la Liga del Peloponeso a los que se les persuadió para que se rebelaran contra Esparta y cambiar de bando. A esta alianza se unió una pequeña fuerza ateniense liderada por el propio Alcibíades. Intentaron tomar el control de la ciudad de Tegea, lo que les habría permitido bloquear Esparta por tierra. Esparta, sin embargo, logró vencer en la batalla y desmantelar la coalición. Aun así, Alcibíades había demostrado que, con astucia y diplomacia, podía poner a Esparta en verdadero peligro, sin correr un gran riesgo directo para Atenas.

En el verano del 416 a. C., tras un intento fallido de Nicias diez años antes, los atenienses enviaron una flota de treinta y ocho barcos, que transportaban a más de tres mil hoplitas, para sitiar la rica isla-estado de Milo.[12] Aunque la figura de Alcibíades estaba en pleno apogeo, no parece haber participado en la decisión de emprender esta campaña.[13] De hecho, estaba ocupado preparando a sus aurigas para competir en la famosa carrera de Olimpia de ese año. Alcibíades inscribió la inaudita cifra de siete equipos, probablemente con cuatro caballos por carro, una muestra de riqueza y ambición extraordinarias, que eclipsaría incluso a la mayoría de los reyes. Alcibíades consiguió el primer, el segundo y el cuarto puesto. Esperaba que, al ganar semejante fama, pudiera impulsar su carrera política. Pero esto alimentó la envidia de sus enemigos y las acusaciones de que pretendía erigirse como un rey en Atenas. Mientras tanto, sus rivales políticos habían convencido a la Asamblea de votar a favor de un ataque feroz contra un estado neutral.

Aunque colonizada en un principio por los espartanos, Milo había optado por no tomar partido en el reciente conflicto. Los atenienses, en contra de la neutralidad de los melinos, bloquearon la ciudad principal y arrasaron los alrededores. Querían dar un escarmiento a los melinos que disuadiera a los estados sometidos de rebelarse y demostrarles la severidad con la que estaban dispuestos a tratar a aquellos que no eran miembros de la alianza. El plan de conquistar la única isla importante del Egeo que aún resistía les permitiría asegurar la hegemonía naval ateniense en la región.

Lo que ocurrió después fue uno de los incidentes más oscuros de la historia de las relaciones exteriores de Atenas. Cuando los enviados atenienses se reunieron con sus homólogos melinos, mostraron un grado de cinismo político e interés propio que superaba incluso al que había caracterizado a Cleón. El poeta Hesíodo había escrito sobre un halcón que atrapa a un ruiseñor. Mientras piaba de forma lastimosa, el ave de presa le habló: «Pájaro necio, ¿por qué lloras?». Uno mucho más fuerte te ha capturado, dijo, y por mucho que luches, de él depende que te deje marchar o que te lleve para su cena.

Insensato es aquel que desea enfrentarse a quienes son más
[fuertes que él,
pues se ve privado de la victoria y sufre dolores además
[de sus humillaciones.[14]

Los atenienses, de un modo similar, argumentaron que era inútil que los débiles intentaran negociar con los más fuertes, pues «la fuerza es la que dicta la razón». Dejaron de lado cualquier pretensión de haber sido perjudicados o de buscar justicia, ya que no había justificación moral alguna para la invasión.

Advirtieron a los melinos que no perdieran el tiempo diciendo «no os hemos hecho ningún mal» y que, en su lugar, se concentraran en negociar las mejores condiciones que pudieran esperar en la derrota. Si se rendían y pagaban tributo a Atenas, podrían vivir; de lo contrario, se enfrentarían a la aniquilación.

Los atenienses decían que sabían tan bien como nosotros que, en el mundo real, la justicia solo se discute entre iguales. «Los fuertes hacen lo que pueden», agregaron, «y los débiles sufren lo que deben». Al igual que Cleón, los políticos atenienses anónimos que dirigían esta campaña, fueran quienes fueran, se veían a sí mismos sin duda como déspotas y a los súbditos extranjeros los veían como esclavos a los que había que acobardar.

Tras fracasar en su intento de apelar a la justicia, los melinos intentaron persuadir a los atenienses de que la agresión era incompatible con los intereses de su propia nación.

—¿Cómo vais a evitar haceros enemigos de todas las demás ciudades neutrales, que llegarán a la conclusión de que algún día también las atacaréis a ellas?

Los atenienses lo rechazaron con poca visión de futuro, y declararon que lo único que les preocupaban eran las islas que podían causarles problemas, entre las cuales Milo era el único estado neutral que quedaba de importancia.

Los enviados melinos afirmaron que consideraban una cobardía que un estado libre se sometiera voluntariamente a un yugo del que otros habían arriesgado tanto para escapar. Los atenienses respondieron que no había vergüenza en rendirse ante una fuerza superior, sino que lo deshonroso era intentar librar una batalla fútil y perder. Aun así, los melinos esperaban que sus parientes, los espartanos, enviaran ayuda. A pesar de las abrumadoras probabilidades, les dijeron a los atenienses que se veían a sí mismos como hombres justos luchando contra los injustos y que estaban dispuestos a confiar en los dioses.

Los atenienses respondieron una vez más que era una ley de la naturaleza y la voluntad de los dioses que los fuertes gobernaran a los débiles. Por ello, no temían que ningún dios concediera buena suerte a sus enemigos. Tampoco creían que los espartanos se arriesgaran a ayudar a los melinos. Tras marcharse a considerar los términos, los isleños enviaron su respuesta: «Nuestra resolución, atenienses, es la misma que al principio». No estaban dispuestos a renunciar a la libertad de una ciudad habitada desde hacía siete siglos. Pondrían su confianza en la fortuna, en los dioses y en la esperanza de que

Esparta acudiera en su rescate. Optaron por mantenerse firmes y luchar.

Los generales atenienses iniciaron el asedio y bloquearon la isla para que nadie pudiera entrar ni salir. Al principio, los melinos contraatacaron con atrevidas incursiones nocturnas. La ayuda espartana nunca llegó y los refuerzos atenienses no tardaron en unirse al asedio. En el invierno del 416 a. C., tras meses de hambruna, los melinos se rindieron. Al principio de la guerra, Atenas se había mostrado clemente con ciudades conquistadas como Potidea. Había pasado más de una década desde la muerte de Pericles y la política de la Asamblea se había vuelto desesperada y los actos de sus generales eran crueles. En Milo, hicieron lo que Cleón no pudo llevar a cabo en Mitilene: esclavizaron a todas las mujeres y niños y masacraron a todos los hombres adultos que pudieron encontrar. Sería uno de los genocidios más famosos de la historia. La ciudad fue entregada a colonos atenienses. La retórica de la democracia y la justicia había sido sustituida por la retórica de la tiranía y la violencia. Por el momento, Atenas había salido victoriosa, aunque los argumentos que sus enviados habían utilizado para amenazar a los melinos pronto volverían para atormentarla.

8
LA EXPEDICIÓN A SICILIA

A principios del 415 a. C., los diplomáticos de la ciudad siciliana de Segesta llegaron a Atenas para pedir ayuda militar. Estaban acompañados por exiliados de la vecina colonia griega de Leontinos, que anteriormente había enviado a Gorgias. Leontinos había sido tomada por Siracusa y su democracia reemplazada por un régimen oligárquico. Atenas estaba comprometida a defender a sus aliados, incluidas estas ciudades distantes hacia el oeste. Miles de atenienses se reunieron en la ladera del Pnyx para escuchar a los enviados de Segesta presentar su caso. Advirtieron a la Asamblea que toda Sicilia podría acabar bajo el control de Siracusa, su ciudad más poderosa, que era aliada de Esparta.

Los enviados contaron con el apoyo de Alcibíades, quien estaba ansioso por ser puesto al mando de una nueva expedición militar. Los segestanos afirmaron que podían pagar a los atenienses una fortuna por su ayuda militar, sesenta talentos de plata con la promesa de más en un futuro.[1] Los miembros de la Asamblea acabaron convencidos con tanta facilidad que votaron de inmediato a favor del envío de una flota de sesenta trirremes. Sin embargo, decretaron que Alcibíades debía compartir el mando con el más cauteloso Nicias y otro general llamado Lámaco. La Asamblea otorgó a sus generales la autoridad para «actuar en Sicilia de la manera que pareciera más favorable a los intereses de Atenas».

Nicias estaba consternado por esta decisión. Desaprobaba la idea de la expedición y no quería verse arrastrado a servir junto a Alcibíades, su principal rival político. Cinco días después, una multitud todavía mayor de ciudadanos se reunió para ultimar los preparativos necesarios para la expedición. Nicias aprovechó la ocasión para quejarse de que no se había debatido adecuadamente si se debía enviar la flota. A pesar de haber sido nombrado uno de los generales al mando, suplicó a los ciudadanos que reconsideraran todo el plan.

Nicias se declaró preocupado por el riesgo militar e imploró a sus compatriotas atenienses que anularan el decreto. Afirmó que Alcibíades estaba poniendo en peligro la frágil paz que había negociado con Esparta, que solo tenía ansias de gloria. Además, Atenas aún se estaba recuperando de la peste. Los atenienses no estaban lo bastante seguros en casa como para arriesgarse a enviar tantas tropas al extranjero. Nicias dijo que era una temeridad no solo dejar a Atenas sin hombres para su defensa, sino arriesgar sus vidas lejos de casa en una campaña condenada al fracaso. Rechazó como infundada la afirmación de que, sin control, Siracusa se haría más fuerte y uniría sus fuerzas a las del Peloponeso contra Atenas. Señaló que, como habría dicho Pericles, no debían aferrarse a otro imperio antes de asegurarse el que ya tenían.

Por último, Nicias lanzó un ataque mordaz contra el carácter de su joven rival y el de la facción que lo apoyaba. Se burló de que Alcibíades estaba lleno de arrogancia juvenil después de que lo nombraran general y había trazado esta campaña para sus propios fines egoístas. Había derrochado su fortuna familiar en caros caballos de carreras y ahora buscaba una forma de saldar sus deudas. Carecía de experiencia y se comportaba de forma impulsiva, de tal modo que ponía en peligro a toda Atenas.

A Nicias le horrorizaba que se concediera a Alcibíades, que todavía estaba en la mitad de la treintena, el mando de una expedición de tal envergadura. También temía que la operación de ayuda a Segesta se convirtiera en un pretexto para conquistar toda Sicilia. Aunque la decisión ya estaba tomada, intentó convencer a los miembros de la Asamblea de que la campaña era demasiado peligrosa. Dijo que Alcibíades les había engañado. Les rogó que lo sometieran a votación por segunda vez. El deber de los hombres que ocupan cargos públicos, afirmó Nicias, no es solo hacer el mayor bien posible a su país, sino también evitar causarle cualquier daño. En privado, temía que enviar una flota a Sicilia obligara a los espartanos a revocar el tratado que él había negociado con tanto esfuerzo. El fracaso del acuerdo de paz mancharía tanto su reputación como político como sus intereses comerciales, entre los que se encontraban sus lucrativas minas de plata en el Ática.

Mientras los encargados del lugar se esforzaban por mantener el orden, Alcibíades subió al estrado, con los segestanos y los leontinos a su lado. Convertido ya en un consumado orador, lo que hizo en primer lugar fue defender su propia reputación, como era habitual en él, y convirtió los puntos débiles que se habían utilizado en su contra en puntos fuertes. Era cierto, dijo con su voz ceceante, que el dinero que derrochaba en caballos de carreras le había traído fama, pero toda Atenas compartía la gloria de esas victorias. Su vida privada no era, dijo, asunto de la Asamblea, mientras que en la vida pública había exhibido generosidad en casa y éxito diplomático en el extranjero. Su juventud y energía eran virtudes que complementaban a la perfección la experiencia de los estadistas más veteranos.

—Tras unir a las ciudades más poderosas del Peloponeso, sin ningún peligro real ni gasto para ustedes, forcé a los espartanos a arriesgarlo todo en la batalla de Mantinea. Y aunque vencieron, todavía no han recuperado toda su confianza tras haber estado tan cerca de la derrota.

En cuanto al fundamento de la moción, Alcibíades había acudido preparado. Demostró un claro conocimiento de las fortalezas y debilidades militares de Siracusa fruto de largas conversaciones con los enviados sicilianos. Presentó su argumento a favor de la disuasión:

—Para nosotros, no basta con bloquear ataques de un enemigo tan poderoso, sino que debemos asestar el primer golpe y prevenir sus ataques antes de que se realicen. No podemos conformarnos con lo que tenemos, sino que debemos expandir nuestro dominio, porque si dejamos de gobernar a otros, estaremos en peligro de ser gobernados nosotros mismos. En resumen —concluyó—, estoy convencido de que una ciudad que es activa por naturaleza no podría elegir un camino más rápido hacia la ruina que adoptar una política de inacción, y que la regla más segura en la vida es tomar el carácter y las instituciones de una misma ciudad, para bien o para mal, y vivir de acuerdo con ellas lo mejor que se pueda.

Sicilia también era rica en campos de cereal, cuyo control podría liberar a Atenas de su dependencia de los suministros de grano que llegaban del mar Negro a través del Helesponto, lo que, sin duda, representaba la mayor vulnerabilidad de la ciudad.

Pericles había transformado Atenas en una potencia rival de Esparta, mediante una serie de alianzas con muchas ciudades griegas más pequeñas del Egeo y otras regiones cercanas. Su armada debía proteger activamente estas ciudades amigas a toda costa si quería mantener la seguridad de su imperio. Los enviados de sus aliados en Sicilia se presentaron para recordar a los atenienses sus juramentos. Alcibíades aseguró a la Asamblea que, como confiaba en hacer aliados y obtener refuerzos en Sicilia, bastaría con veinte barcos en lugar de sesenta. Atenas no necesitaría arriesgar mucho. Deseaba que se le otorgara el mando exclusivo sobre una fuerza menor, sin tener que preocuparse por las interferencias de Nicias. Alcibíades entonces cedió el turno a su rival para que hablara.

Nicias subió a la tribuna por segunda vez, en un intento desesperado por frenar el entusiasmo por la guerra. Alegó que Alcibíades había subestimado en gran medida el número de hombres necesarios. Según él, había siete ciudades enemigas fortificadas en la isla. Si Siracusa lograba unirse a sus vecinos, su riqueza colectiva sería inmensa y su poder militar imparable. Sin embargo, su argumento le salió por la culata cuando uno de los asambleístas le pidió que concretara más las cifras. Sin pensarlo, el reticente general soltó que harían falta al menos cien naves y cinco mil hoplitas.

Nicias contempló horrorizado cómo, en lugar de abandonar la moción, la Asamblea votaba a favor de destinar aún más recursos a la campaña. Lo que había comenzado como una modesta fuerza expedicionaria se había convertido en una armada en toda regla, compuesta por casi la mitad de los barcos de que disponía Atenas. Una flota tan grande no podía confiarse al mando de un solo hombre. Así que la Asamblea insistió, una vez más, en que el mando debía ser compartido entre Alcibíades, Nicias y Lámaco, a pesar de que Nicias había hecho todo lo posible por descartar el plan.

Aquello fue la cumbre del poder de Alcibíades. Aunque se vio obligado a compartir el mando, todo el mundo tenía claro que él era el artífice de la expedición. Su sueño era, tras la fantasiosa caída de Sicilia, tomar las ciudades de la costa italiana y subyugar Cartago y el norte de África. Con los recursos adquiridos, que incluían tropas adicionales, dinero y madera para construir más barcos, podría movilizar un ejército lo bastante poderoso como para invadir el Peloponeso y derrotar de una vez a los espartanos. Atenas gobernaría un imperio que abarcaría todo el mundo helénico y la mayor parte del Mediterráneo. Con Grecia unida, podrían incluso planificar una invasión a Persia, su enemigo «bárbaro» más poderoso.

La fiebre de la guerra se apoderó de inmediato de Atenas. En todas partes se hablaba de la gran aventura que se avecinaba: gloria por ganar y enormes riquezas por arrancar de manos enemigas. Las ambiciones de Alcibíades atemorizaron a los aristócratas más viejos y conservadores, que correrían con la mayor parte del coste. Pero, los jóvenes y los pobres, que eran los que más podían ganar con la conquista, se sintieron inspirados por su visión. Todos habían oído que Sicilia era rica y estaba llena de valiosos recursos. No obstante, a la mayoría de ellos probablemente les resultaba difícil comprender la magnitud de la expedición. El tamaño de la isla en la que iban a hacer la guerra era mayor que el de todas las islas del Egeo juntas.

Al principio, Sócrates había animado a Alcibíades en su ambición. Él creía que el valor natural y el amor por la gloria podrían ser canalizados, a través de la filosofía, en el estudio de la sabiduría y la justicia. Tal vez podría llegar a ser un gran estadista. Sin embargo, a medida que Alcibíades se dedicaba más a la política, lo que significaba intentar ganar apoyos en la Asamblea, se sentía cada vez más atraído por los sofistas que enseñaban retórica, el arte de la persuasión. Parecía dividido entre querer convertirse en un gran líder y querer parecerlo.[2]

El escándalo de las hermas

Una mañana, mientras se preparaban los barcos, los atenienses se despertaron y descubrieron que todas las hermas de la ciudad, excepto una, habían sido profanadas. Estas estatuas, que se encontraban en las puertas de muchas casas y templos, se componían de un pilar rectangular rematado con la cabeza y los hombros del dios Hermes. El pilar inferior carecía de rasgos, salvo unos genitales masculinos. Durante la noche habían mutilado a decenas de esas hermas. Se trataba de un acto de sacrilegio contra el dios patrono de los viajeros y un terrible presagio para la flota que se preparaba para partir.

El delito estaba lo bastante extendido por toda la ciudad como para que sin duda se tratara de una obra premeditada por parte de un grupo que había actuado al unísono y en secreto. Las sospechas se dirigieron hacia los *hetaireia*, unas sociedades secretas de individuos poderosos que se unían para promover sus propios intereses políticos. El motivo más evidente era asustar a las tripulaciones de los barcos para que no zarparan hacia la campaña de Alcibíades. El pánico se extendió por toda Atenas, ya que sabotear la expedición, de la que muchos creían que dependía la victoria en la guerra, se consideraba un complot contra el propio Estado. Tal vez era el preludio de un golpe de Estado oligárquico o tiránico. Las acusaciones de Cleón contra los aristócratas alimentaron una atmósfera de sospecha y recriminación en Atenas y su legado fue un mayor temor hacia los herméticos clubes políticos.

Se dio marcha a una investigación, dirigida por un joven aristócrata llamado Caricles. Esta se convirtió sin remedio en una oportunidad para que los enemigos políticos se vengaran unos de otros. En un momento dado, dos de los hermanos de Nicias acabaron acusados. Así pues, sorprende que el dedo acusador acabara señalando a Alcibíades, su mayor rival, que parecía ser el que menos tenía que ganar y el que más tenía que perder con aquel delito. No obstante, empezaron a aparecer acusadores dispuestos a testificar que conocían su implicación, una vez que se les ofreció inmunidad frente al castigo y recompensas. Días antes de la partida de la flota, un joven compareció ante la Asamblea con acusaciones de otro crimen religioso.

Alegó que Alcibíades y sus amigos habían profanado los Misterios Eleusinos, los ritos secretos de iniciación de la diosa Deméter, al representarlos en presencia de un esclavo no iniciado. Se trataba de una grave profanación, ya que la santidad de estos ritos estaba muy bien custodiada. El festival anual que se celebraba en Eleusis, ciudad vecina de Atenas, era también una importante fuente de ingresos extranjeros. El esclavo fue llamado a declarar y pudo describir rituales secretos, de los que no debía tener conocimiento. En apariencia, se creía que los círculos políticos participaban en actos sacrílegos porque conllevaban una pena muy severa: traicionar el compromiso de secreto del círculo significaría potencialmente incriminarse en un grave delito religioso.

El caso fue abordado por los enemigos de Alcibíades, que afirmaban que su extravagante vida privada demostraba que aspiraba a derrocar la democracia ateniense e instalar una tiranía. Cleón había dejado la política ateniense en un estado degenerado, en el que se consentían las acusaciones sensacionalistas y las respuestas extremas, que podían llevar a los poderosos a ser condenados por traición sobre la base de pruebas muy insignificantes. Alcibíades repudió las acusaciones que se lanzaban contra él y exigió un juicio para limpiar su nombre, a pesar de que ser declarado culpable podría significar una sentencia de muerte. Sus enemigos respondieron con un golpe maestro. Alegaron que el juicio debía posponerse para no retrasar una expedición militar de tal envergadura. Los jóvenes estaban tan impacientes por zarpar que la votación fue aprobada con facilidad. Alcibíades se dio cuenta de que el juicio se había organizado para que tuviera lugar cuando la mayoría de sus partidarios estuvieran en plena campaña y no pudieran ser parte del jurado. En circunstancias tan manipuladas y desfavorables para Alcibíades, parece obvio que sus rivales políticos planeaban utilizar el sistema de justicia ateniense para destruirlo.

Segundo diálogo con Alcibíades

Al amanecer del día de partida de la flota, miles de padres acompañaron a sus hijos a los muelles. Toda la ciudad bajó al Pireo, incluido Sócrates. Aunque el filósofo ya había cumplido los cincuenta años, todavía era apto para el servicio militar. Recordó los desastres que había presenciado en Delio y Anfípolis, así como el prolongado y brutal asedio de

Potidea. También recordó la batalla de Coronea, en la que murió el padre de Alcibíades. Clinias no era entonces mayor que su hijo en ese momento. Esta vez, la voz interior del filósofo le advirtió que no se uniera a la expedición. Buscó a Alcibíades en los muelles, junto a su buque insignia, y le aconsejó que no fuera, pero estaba claro que nada le haría cambiar de opinión. Alcibíades sabía que algo no iba bien. Podría haberse negado a zarpar debido al juicio que pesaba sobre él. Sin embargo, veía la victoria en Sicilia como su oportunidad para pasar a la historia como uno de los más grandes líderes de Atenas.

—Los atenienses votaron por una armada tan grande y bien equipada porque creían que eso garantizaba su seguridad —dijo Alcibíades.

—Y, por supuesto, una fuerza más pequeña, como la que solicitaste en un principio, habría llegado antes y habría dado menos tiempo al enemigo para prepararse —respondió Sócrates.

Alcibíades asintió. Su flota era demasiado grande. Los extensos preparativos y las frecuentes paradas para obtener suministros ralentizarían su avance de manera considerable, lo que les privaría de la ventaja crucial de la sorpresa.

—Lo que más me preocupa es que, con tres generales en lugar de uno, cada decisión se convertirá en un debate, lo que llevará a retrasos cuando la acción sea necesaria —añadió Alcibíades.

—No son esos debates los que más debes temer —dijo Sócrates—. Convenciste con facilidad a la Asamblea para que te concediera la flota que pediste y rebatiste las acusaciones en tu contra de manera tan convincente que los ciudadanos decretaron que debías mantener tu mando —siguió hablando, pero con voz más grave—: Una vez que zarpes, ya no sentirán tu influencia. Otros oradores que desean tu mal y utilizan los tribunales como armas tendrán al pueblo en sus manos.

—Me estoy acordando de tu conversación con el orador siciliano, Gorgias[3] —dijo Alcibíades.

—Sí, fue hace muchos años, pero recuerdo que él afirmaba que la retórica otorgaba a sus alumnos una gran influencia sobre sus conciudadanos, aunque no estaba seguro de si lo que habían aprendido era justo o beneficioso para la ciudad —respondió Sócrates.

—En aquel momento estaba ansioso por saltar en defensa de Gorgias, al igual que mi amigo Critias —comentó Alcibíades con una sonrisa.

—Sí, cuando admitiste, de manera bastante audaz, que tú y tus compañeros oradores no teníais interés alguno en la justicia. Supongo que intentabas ayudarle.

Alcibíades recordó la frustración que le producía escuchar a Gorgias atado de pies y manos por las preguntas de Sócrates. El gran orador se había contradicho en repetidas ocasiones. Alegó que Gorgias solo temía quedar mal. Debería haber tenido el valor de admitir que no era un experto en justicia y que no intentaba enseñársela a los demás. Nadie desea admitir que ignora la justicia y Alcibíades se quejó de que Sócrates se había aprovechado de ello para ridiculizar a Gorgias.

—Alcibíades, mi querido amigo —dijo Sócrates—, tal vez puedas ayudarnos a Gorgias y a mí a volver a ponernos en pie, si hemos tropezado en nuestro pensamiento.

Sócrates insistió en que su amigo también debía abstenerse de lanzar discursos interminables. Así que Alcibíades le dio la vuelta a la situación e invitó a Sócrates a responder algunas preguntas, comenzando por qué tipo de arte consideraba que era la retórica.

—No la considero un arte en absoluto, sino algo más parecido a una habilidad adquirida a través del ensayo y error —respondió Sócrates.

—¿Qué tipo de habilidad? —resopló Alcibíades.

—Una que busca provocar sensaciones de placer o satisfacción en los demás —aseveró Sócrates.

Alcibíades replicó que desde luego era bueno que un orador gratificara al auditorio. Sócrates, no obstante, dijo que eso significaba que los oradores se parecían a los pasteleros. Al principio esto dejó perplejos a todos, pero Sócrates explicó a qué se refería.

—Los pasteleros —dijo— elaboran recetas de dulces que atraen el paladar de sus clientes. Aprenden, a través del ensayo y error, a dar a las personas lo que desean, sin importar si es beneficioso para ellas o no.

Sócrates afirmó que, por consiguiente, consideraba que tanto la retórica como la repostería eran formas de complacer a los demás, al tratar de gratificarlos: una con dulces, la otra con buenas palabras.

—Los médicos estudian la ciencia de la nutrición —dijo Sócrates—. Prescriben dietas que buscan el bienestar de nuestra salud, basándose en su conocimiento del cuerpo humano. En cambio, las golosinas de un maestro pastelero se basan meramente en lo que la gente le dice que sabe mejor. Si a un grupo de niños, sin conocimiento alguno de nutrición, se les pidiera que eligieran entre comer los dulces de un pastelero o la comida sana prescrita por un médico, el pastelero ganaría siempre la votación. La adulación no presta atención a los mejores intereses de sus sujetos, sino que atrapa a los necios con el anzuelo del placer y los engaña para que lo valoren más que su propio bienestar.

Con esta definición, desde luego, la inmensa mayoría de los «políticos» serían aduladores, o demagogos, más que auténticos estadistas. Estos hombres emplean la retórica para ganar poder en lugar de estudiar la justicia y aprender a beneficiar a la sociedad.

Según Sócrates, los sofistas y los oradores eran considerados lo mismo por la mayoría del público. Estos hombres enseñan a los alumnos cómo influir en los votos de asambleístas y jurados mediante la persuasión de que una determinada acción sea correcta o incorrecta. Se preocupan mucho más por la apariencia que por la verdad y crean la impresión de poseer sabiduría y virtud, a pesar de ignorar su verdadera naturaleza.

—La retórica es para la mente lo que la repostería es para el cuerpo —dijo Sócrates—. Ambas son habilidades que sus practicantes han desarrollado para adular los deseos de los ignorantes, sin prestar la menor atención a lo que es realmente beneficioso para nadie.

—¿En serio crees que oradores tan respetados como Gorgias son simples aduladores? —exclamó Alcibíades.

—No creo que deban ser respetados en absoluto —respondió Sócrates encogiéndose de hombros.

—¿De qué estás hablando? —exclamó Alcibíades—. ¿No son ellos los hombres más poderosos de la ciudad?

—No, si por poder te refieres a la capacidad de lograr lo que es bueno para ellos —contestó Sócrates—. Porque si ese es el caso, los oradores son de los hombres menos poderosos de la ciudad.

Alcibíades se echó a reír.

—Un momento, ¿acaso los oradores hábiles no pueden matar a quien deseen, confiscar las propiedades de otros y desterrar a quien les plazca, como los tiranos?

Era cierto. Al ejercer su influencia sobre la Asamblea y los tribunales, los demagogos podían, en efecto, hacer todo aquello.

—Sí —respondió Sócrates—, pero, al igual que los tiranos, los oradores son los hombres menos poderosos de la ciudad.

Alcibíades se quedó perplejo.

—¿No acabas de decir que el verdadero poder es obtener lo que es bueno para quien lo posee? —preguntó Alcibíades.

Sócrates asintió.

—¿Crees que es bueno que un hombre necio haga lo que le parezca mejor? —añadió Sócrates.

Alcibíades negó con la cabeza.

—Entonces, a menos que puedas demostrar que los oradores y los tiranos son sabios, ¿cómo es que, solo porque pueden hacer que los hombres mueran, se puede decir que poseen un gran poder?

—¡Este hombre...! —exclamó Alcibíades de repente.

—Dice que tales hombres son incapaces de conseguir lo que es bueno para ellos o lo que realmente desean —intervino Sócrates, sonriendo.

—¡No, no! ¡Tú dijiste que pueden hacer lo que les parece mejor! —protestó Alcibíades, agitado.

—Pero ignoran lo que realmente es mejor para ellos —replicó Sócrates—, lo que significa que pueden parecer poderosos ante sí mismos y quizá ante otros, pero en realidad son por completo impotentes.

—¡Eso es una barbaridad, Sócrates! —balbuceó Alcibíades—. ¡Estás diciendo las tonterías más absurdas!

—En vez de usar palabras tan amargas —replicó Sócrates—, demuéstrame en qué me equivoco.

Alcibíades quedó desconcertado.

Sócrates explicó que, al emprender la mayoría de nuestras acciones, lo hacemos con la intención de alcanzar otro fin. Por ejemplo, cuando alguien toma una medicina, no lo hace por su sabor amargo, sino que soporta el mal sabor por el bien de su salud.

—Los tiranos y los demagogos hacen lo que hacen creyendo que de algún modo les beneficiará, no que les perjudicará —añadió Sócrates—. Entonces, ¿se puede decir que hacen lo que quieren y que tienen un gran poder si sus acciones terminan siendo perjudiciales para ellos?

Alcibíades, a regañadientes, admitió que no se podía.

Podríamos decir que alguien armado con una espada parece más poderoso que un hombre desarmado. Mas si añadimos que el espadachín tiene los ojos vendados y no puede ver a quién está atacando, resulta menos poderoso. De forma análoga, un tirano que es ciego a lo que es realmente de su interés es del todo impotente, por muchos hombres armados que tenga a su mando o por mucho daño que crea que puede infligir a otros, ya que no comprende lo que está haciendo.

—Sócrates, haces que suene como si no envidiaras al hombre que puede matar, robar o encarcelar a quien le plazca —dijo Alcibíades, frunciendo el ceño.

—¿Lo hacen de manera justa o injusta? —preguntó Sócrates.

—¡No importa! —exclamó Alcibíades.

—Considera lo que estás diciendo, buen hombre —dijo Sócrates—, porque aquellos que hacen tales cosas injustamente no son dignos de envidia, sino de lástima.

—¿De verdad crees que un tirano que tiene tu vida en sus manos puede ser llamado miserable y digno de compasión? —se burló Alcibíades.

Sócrates asintió.

—Es obvio que deberías sentir lástima por el hombre que es condenado a muerte injustamente —exclamó Alcibíades.

—Yo siento menos pena por él que por el tirano que lo mata, porque hacer el mal es una mayor desgracia que sufrirlo.

—¿No preferirías tener el poder de un tirano para matar, desterrar y tener todo a tu manera? —interrumpió Critias, igualmente incrédulo.

Sócrates le pidió que imaginara que se encontraban en un bullicioso mercado y él dijera: «Mis jóvenes amigos, tengo en mi posesión un maravilloso medio de tiranía, un puñal oculto ¡con el que podría matar a quien desee entre la multitud que nos rodea!». De hecho, con un simple puñal, cualquiera podría asesinar a alguien en la calle si se lo propusiera. Además, podría encender una antorcha y con eso solo quemar toda la flota ateniense mientras que está en el puerto.

—¿Por qué no llamáis a eso un gran poder? —preguntó Sócrates.

—Porque si alguien que no fuera un gran tirano cometiera tales crímenes, lo más probable es que fuera arrestado y severamente castigado —respondió Alcibíades con impaciencia.

—¿Y crees que ser castigado es algo malo? —preguntó Sócrates.

—¡Por supuesto! —respondió Alcibíades.

—En ese caso —dijo Sócrates—, me parece que, una vez más, afirmas que tener poder significa que tienes la capacidad de hacer aquello que resulta mejor para tus intereses, en lugar de hacer lo que te perjudica.

Alcibíades accedió con cierto titubeo.

—Y asumes que matar a otros hombres, y así sucesivamente, no siempre es del interés del tirano, sino que a veces es bueno y a veces malo para él —continuó Sócrates—, así que, ¿dónde trazas la línea?

—¿Por qué no te respondes tú mismo a tu pregunta? —dijo Alcibíades, cada vez más frustrado.

—Bueno, si te resulta más agradable oírlo de mí, diría que matar, desterrar y similares son buenos cuando se hacen con justicia y malos cuando se hacen con injusticia —replicó Sócrates.

—Hasta un niño podría refutarte —afirmó Alcibíades.

—Si es así, le estaría muy agradecido a ese niño, por sacarme de mi error —respondió Sócrates sonriendo.

—De hecho, Sócrates —exclamó Critias, frustrado—, hace poco un tirano tomó el poder en Macedonia. ¿Lo consideras afortunado o desafortunado?

—No lo sé —respondió Sócrates—. No le he llegado a conocer.

—¿Hablas en serio? —preguntó Critias, sorprendido. Luego añadió con desdén—: Supongo que ahora nos dirás que no tienes idea de si el gran rey de Persia es afortunado, a pesar de su vasta riqueza e influencia.

—No podría opinar sin saber más sobre su educación y la naturaleza de su carácter —respondió Sócrates, encogiéndose de hombros.

—¿Depende tener una buena vida únicamente de eso? —preguntó Alcibíades.

—Sí, porque una persona es afortunada si es sabia y virtuosa, pero miserable si es necia y viciosa —declaró Sócrates.

Alcibíades inclinó la cabeza hacia un lado, incrédulo.

—Entonces, según tú, Sócrates, este tirano, siendo un criminal, es desafortunado. Sus víctimas son, de alguna manera, las afortunadas y preferirías estar en sus zapatos y muerto que en los de él y vivo. ¡Vamos, ningún hombre de razón estaría de acuerdo con semejante tontería!

—Querido amigo, esto parece de verdad una objeción infantil por tu parte —suspiró Sócrates—. No intentas refutarme con razón, sino con retórica. Crees que la mayoría de Atenas estaría de acuerdo contigo y probablemente tienes razón. Incluso muchos hombres influyentes estarían de tu parte. Sin embargo, aunque yo sea solo un individuo, no estoy de acuerdo contigo porque no has presentado ninguna razón que me lleve a hacerlo. Nuestro desacuerdo radica en el hecho de que crees que es posible que un hombre malvado sea considerado afortunado, mientras que yo no lo creo.

Alcibíades asintió, aunque parecía un poco confundido.

—Permíteme preguntarte una cosa —dijo Sócrates—: ¿crees que un hombre que hace el mal será afortunado si es llevado ante la justicia y castigado?

—Por supuesto que no —respondió Alcibíades—. Será muy desafortunado.

—Entonces, ¿sostienes que un delincuente que logra evitar ser llevado ante la justicia es más afortunado que uno que es castigado? —preguntó Sócrates.

Alcibíades estuvo de acuerdo.

—En mi opinión, un delincuente es desafortunado en ambos casos, pero especialmente si evade la justicia —postuló Sócrates.

—¿De qué hablas, Sócrates? —resopló Alcibíades. Inspiró profundamente y luego trató de expresar sus preocupaciones—. Supongamos que un aspirante a tirano es arrestado por conspirar para hacerse con el poder. Su cuerpo es destrozado en la garrucha, castrado con hierros candentes y se ve obligado a presenciar las formas más horripilantes de tortura infligidas a su esposa e hijos, antes de que le arranquen los ojos, como detalle final. Por último, lo crucifican hasta que está casi muerto, momento en el cual queman su cuerpo en la hoguera, y sus restos son arrojados a la tierra sin ritos funerarios. ¿Sería este hombre, según tú, más afortunado que aquel que evade la justicia y logra establecerse como tirano en una ciudad donde hace lo que le plazca hasta morir en paz de viejo?

—Querido Alcibíades, no te irá mejor intentando refutarme asustándome con monstruosidades, como lo hiciste hace un momento apelando a la multitud —respondió Sócrates sonriendo—. Ni al hombre que establece una tiranía injusta ni al que es atrapado y castigado por intentar hacerlo se les puede llamar afortunados, aunque de los dos, el que se sale con la suya está en una situación peor.

Ante esto, Alcibíades le dio la espalda a Sócrates, se giró hacia Critias y los demás, y estalló en carcajadas.

—¿Es reírse de alguien en lugar de dar razones una nueva forma de refutación, Alcibíades? —quiso saber Sócrates.

—¿Qué razones se necesitan cuando dices cosas en las que nadie más cree? Pregunta a cualquiera de los presentes —argumentó Alcibíades.

—¿Qué es más vergonzoso, hacer el mal o sufrir el mal? —inquirió Sócrates.

Alcibíades, sin dudar, respondió que hacer el mal, aunque Critias y los demás parecían inseguros sobre si estarían de acuerdo.

—Si es más vergonzoso, ¿no significa eso que es peor? —continuó Sócrates.

Al principio, Alcibíades quería decir que no consideraba que lo bueno fuera idéntico a lo honorable, ni lo malo a lo vergonzoso y deshonroso. Pero, cuanto más insistía Sócrates en este punto, más titubeaba. Habiendo apelado tan a menudo al tribunal de la opinión pública, se sentía incómodo al afirmar que lo que es vergonzoso y deshonroso puede ser bueno; la mayoría de las audiencias, por supuesto, desaprobarían las cosas que consideran vergonzosas.

Sócrates resumió sus afirmaciones paradójicas de la siguiente manera. Primero, la maldad y el pecado son los mayores males. Segundo, el castigo es justo siempre que cure este mal en nosotros, mientras que evitar tal castigo perpetúa el mal. Tercero, el mayor mal de todos debe ser, por tanto, cometer un error y, sin embargo, evadir el castigo por completo, de modo que nunca seamos curados de nuestros agravios. Por supuesto, el castigo más leve y beneficioso que puede mejorar nuestro carácter sería que nuestros errores fueran expuestos por la filosofía, que es a lo que Sócrates dedicó su vida.

Mientras Alcibíades había estado argumentando de manera desenfadada, en mayor parte, Critias fruncía el ceño y parecía bastante exasperado.

—¡Por los dioses! —exclamó de repente Critias—, dime, Querefonte, ¿tu amigo Sócrates está haciendo el tonto?

—A mí me parece sincero —respondió Querefonte.

—Sócrates, ¿no es cierto que tus palabras ponen la vida patas arriba y nos dejan haciendo lo opuesto a lo que deberíamos? —balbuceó Critias.

Tanto Alcibíades como Critias se habían sentido atraídos por el estudio de la retórica, por su promesa de poder político. Aun así, Alcibíades se diferenciaba de Critias y de la mayoría de los demás compañeros en que al menos sentía una genuina vergüenza cuando Sócrates le cuestionaba sobre la justicia y le obligaba a admitir su ignorancia. Pese a todo, era famoso por su falta de moderación y a menudo sobrepasaba los límites. Sócrates solía recordar a sus amigos otra famosa inscripción del templo de Apolo que aconsejaba: «Nada en exceso». Él, al igual que muchos atenienses mayores, temía que la arrogancia y el vasto exceso de la Expedición Siciliana estuvieran tentando al destino y que aquello tal vez terminara en tragedia.

La expedición zarpa

Las multitudes que recorrían el camino de Atenas al Pireo se mostraban llenas de confianza. Incluso más habitantes de la ciudad se habían amontonado a lo largo del muelle o se habían desparramado por la orilla para celebrar la partida de su flota. Alcibíades estaba orgulloso en la cubierta de su buque insignia, el trirreme *Eleutheria* o *Libertad.*[4] Aunque Atenas ya había desplegado antes grandes flotas, esta expedición no se asemejaba a ninguna otra. Los barcos que partían del Pireo ese día se veían hermosos e invencibles ante las familias que despedían a sus hijos.

Era la fuerza más cara y mejor equipada jamás movilizada por una ciudad griega y el escenario más lejano en el que Atenas había entrado en guerra. A medida que los generales se detenían en puertos aliados, más trirremes se les unían. Cuando la flota se acercó a la región conocida como Magna Grecia, en el sur de Italia, ya contaba con ciento treinta y cuatro avíos de guerra, a los que acompañaban otros tantos barcos de aprovisionamiento y embarcaciones menores. Debía de haber al menos veintiséis mil combatientes a bordo, en su mayoría remeros, algunos de ellos capaces de actuar como tropas ligeras, pero también arqueros, honderos y miles de hoplitas bien armados. Entre ellos había aliados leales a Alcibíades, la mayoría procedentes de Argos y Mantinea. Los acompañaban miles de no combatientes, como panaderos, carpinteros y canteros, que se ganaban la vida ayudando a mantener la enorme armada.

Con todo, cuando se detuvieron en los puertos de ciudades griegas que suponían serían favorables, no encontraron ninguna dispuesta a ofrecerles mucha ayuda. Los ciudadanos temían ser saqueados o incluso esclavizados por un ejército tan imponente. Peor aún, los atenienses habían sido engañados en cuanto a los recursos financieros de sus aliados segestanos. Así pues, Alcibíades quedaba al mando de un enorme armamento, mayor y más difícil de manejar de lo que había solicitado, sin fondos suficientes para pagar a sus hombres.

Los tres generales, como era de esperar, discreparon sobre la estrategia. Lámaco era partidario de un ataque relámpago sobre Siracusa. Nicias solo quería completar la misión atacando Selinunte y cumplir su obligación con los segestanos, hacer una demostración de fuerza y volver a casa a la primera oportunidad. El plan de Alcibíades era más ambicioso. Ahora que se había perdido el factor sorpresa, propuso que establecieran alianzas con el mayor número posible de ciudades de la región. Esperaba asegurar grano, caballos y tropas adicionales en Sicilia. Procederían a establecer una base en Mesina, en el extremo noreste de Sicilia, sitiar Selinunte y luego tomar la ciudad de Siracusa. Nicias y Lámaco accedieron a regañadientes. Pero Mesina y otras ciudades cercanas los recibieron fríamente, prestándoles poco o ningún apoyo, asustadas por el imponente tamaño de la flota ateniense.

Los hombres de Alcibíades consiguieron, con la ayuda de partidarios locales, establecer una base en la ciudad de Catania, a medio camino entre Mesina y Siracusa, en la costa oriental de la isla. Al igual que los leontinos y los segestanos, los ciudadanos de Catania habían adoptado ciertos elementos del régimen democrático, lo que los convertía en aliados naturales de Atenas. Por desgracia, Catania era demasiado pequeña para las necesidades de los atenienses, que tuvieron que acampar al aire libre en una empalizada provisional, lo cual los hizo vulnerables a los ataques. Mientras tanto, los enemigos de Alcibíades en Atenas seguían fomentando la indignación. Para despejar el camino a su propio intento de hacerse con el poder, habían persuadido a los ciudadanos de que los escándalos religiosos eran la prueba de un golpe de Estado que había pretendido instalar a Alcibíades como tirano de Atenas. La campaña en Sicilia apenas había comenzado cuando el *Salaminia*, una de las dos naves oficiales de Atenas, llegó de improviso a Catania. De repente, habían aparecido más informadores que testificaban en su contra, por lo que habían llamado a juicio a Alcibíades para que acudiera a Atenas y se enfrentara a una posible sentencia de muerte.

Las autoridades atenienses no podían arrestar a un general de la altura de Alcibíades sin arriesgarse a un motín entre los muchos soldados leales a él. Alcibíades accedió a regresar voluntariamente a Atenas y enfrentarse a juicio, con su nave capitana escoltada por la *Salaminia*. En el trayecto, desembarcaron por la noche en una colonia griega de la costa italiana. Alcibíades, tras sopesar detenidamente sus opciones, decidió escabullirse de los guardias. Se introdujo a escondidas en un barco y desapareció al amparo de la oscuridad. Antes de embarcar hacia Sicilia, se había presentado voluntario para defenderse ante un tribunal, pero se le negó la oportunidad de hacerlo. Sus enemigos querían asegurarse de que no tuviera un juicio justo.

Tan pronto como la noticia de la fuga llegó a Atenas, Alcibíades fue condenado a muerte *in absentia*. Ahora era un proscrito y un hombre buscado. Finalmente llegó a Esparta, por invitación del rey Agis II, uno de los pocos lugares donde podía buscar refugio. De vuelta a Atenas, el hijo de Clinias fue objeto de una especie de maldición ritual y sus bienes fueron confiscados y subastados en público, lo que supuso una fortuna de cien talentos de plata para el Estado. Se impuso una recompensa por su cabeza y la de sus cómplices. Décadas antes, cuando Alcibíades era poco más que un bebé y Anaxágoras recibió la noticia de su sentencia de muerte, el filósofo respondió con calma que tanto él como quienes le acusaban habían sido condenados a morir hacía mucho tiempo por la naturaleza. Cuando Alcibíades se enteró de que sus rivales en Atenas querían verlo muerto, susurró con tono sombrío: «¡Les demostraré que estoy vivo!».

La guerra bajo Nicias

Los atenienses, ahora bajo el mando de Nicias, con Lámaco como segundo, navegaron alrededor de la costa y marcharon por el interior de Sicilia para hacer una demostración de fuerza. El enemigo se mantenía a la espera y rehusaba enfrentarse a ellos por el momento. Alcibíades había mantenido una relación especial con los segestanos y los leontinos. Con su partida, estos debieron dudar del compromiso de Nicias con sus objetivos y la defensa de sus ciudades, por lo que se mostraron menos dispuestos a arriesgarse a apoyar aquella campaña. De todos modos, Nicias no consiguió mucho más en el primer año, antes de que sus tropas se establecieran para invernar en Catania.

Los atenienses, reacios a transportar sus propios caballos a tan larga distancia, habían supuesto que podrían obtener monturas de las ciudades de la isla. Sin embargo, al carecer de la habilidad de Alcibíades como negociador, Nicias no logró persuadir a los gobernantes locales de que semejante armamento no representaba una amenaza para ellos. Sin caballería, en aquel terreno, sus tropas se vieron muy limitadas de capacidad para librar batallas terrestres. El enemigo disponía de un gran número de jinetes que podían flanquear a la infantería, perseguirla y sorprenderla en la retirada o defender a sus propias tropas en retirada. Con el tiempo, comenzaron a cabalgar hasta el campamento ateniense y a burlarse de ellos: «¿No habéis venido a luchar, hombres de Atenas, sino simplemente a estableceros en nuestro país?».

Los siracusanos se dirigieron al final a Catania, pues creían que se les había presentado la oportunidad de rodear a los atenienses y cogerlos desprevenidos, pero descubrieron que los habían engañado. Los atenienses habían navegado por la costa durante toda la noche y estaban fortificando una posición adyacente a Siracusa, junto a unas colinas y un terreno pantanoso que les ofrecía protección contra la caballería enemiga. Tras quemar el campamento desierto de Catania, los siracusanos emprendieron una larga caminata de regreso a casa. Los dos ejércitos se alinearon para la batalla a la mañana siguiente, formados en falanges opuestas: tropas veteranas elegidas a dedo en el bando ateniense contra los novatos enviados por los siracusanos para defender su patria.

La batalla quedó en tablas hasta que se desató una tormenta que desconcertó a los inexpertos siracusanos hasta tal punto que los atenienses lograron derrotarlos. No obstante, la caballería enemiga, con más de mil hombres, impidió cualquier persecución y redujo las pérdidas a unos pocos centenares. Tras esta victoria inútil, Nicias se retiró a Catania con el fin de que sus tropas reconstruyeran el campamento y se reabastecieran para la campaña de primavera. Los siracusanos aprovecharon los meses de invierno para construir fortificaciones y dotar a sus soldados de mejores armas y entrenamiento. También solicitaron ayuda militar a Esparta.

En primavera, los atenienses lograron hacerse con un área elevada que dominaba la ciudad de Siracusa y la fortificaron para iniciar el asedio. Después, empezaron a levantar un muro de circunvalación alrededor de la ciudad para impedir que nadie entrara o saliera y también para proteger a sus propias tropas. Sus esfuerzos se vieron obstaculizados por la construcción de contramurallas por parte de los siracusanos, entre la ciudad y las fortalezas cercanas. Tras intensos combates, los atenienses consiguieron bloquear la ciudad de Siracusa tanto por tierra como por mar y enviaron una flota al puerto, aunque uno de sus generales, Lámaco, murió en combate. Los siracusanos, desmoralizados, empezaron a discutir los términos de la rendición. Parecía que la expedición iba a tener éxito.

En respuesta a las súplicas de Siracusa, Esparta tomó la inesperada decisión de enviar una pequeña flota comandada por un general poco destacado, llamado Gilipo, cuya madre había sido esclava. Nicias, al considerar que se trataba de un mero gesto simbólico, no tomó precauciones. Los espartanos, por su parte, al enviar a un general con una pequeña fuerza, seguían la prudente estrategia propuesta en un principio por Alcibíades. Unirían a sus aliados, los entrenarían y organizarían, sin cometer el error de intimidarlos al enviar demasiadas tropas. Nicias estaba a punto de descubrir que, a pesar del humilde origen de Gilipo, este demostraría ser uno de los generales más formidables de la guerra.

Gilipo desembarcó con una modesta fuerza de mil hoplitas y unos dos mil soldados auxiliares. Anunció que si los atenienses accedían a abandonar Sicilia en un plazo de cinco días, evitarían cualquier daño. Nicias trató su oferta con desprecio, por lo que Gilipo comenzó a combatir contra los atenienses. Tras algunos contratiempos iniciales, al aportar la experiencia militar espartana en auxilio de los asediados siracusanos, no tardó en dar la vuelta a la guerra. Los siracusanos fueron capaces de completar una contramuralla que inutilizó las circunvalaciones atenienses. Nicias había perdido todas sus esperanzas de bloquear la ciudad; los refuerzos enemigos llegaban por mar y los jinetes patrullaban los alrededores, por lo que los atenienses se vieron obligados a adoptar una postura defensiva. De repente, se habían convertido en los asediados.

Para empeorar todavía más la situación, la salud de Nicias se debilitaba, al parecer debido a una enfermedad renal. Sus tropas estaban cansadas y los cascos de sus barcos, tras más de un año en el mar sin puertos adecuados para reparaciones, estaban en pésimas condiciones. Durante el invierno, escribió a Atenas para pedir a la Asamblea que considerara la posibilidad de retirar la expedición y le permitiera dimitir de su cargo. Se negaron a aceptar su dimisión y optaron por enviar un gran número de refuerzos. Los atenienses y sus aliados habían comprometido más de doscientos barcos de guerra en total, que transportaban más de cuarenta mil soldados. Todas las campañas anteriores de Atenas parecían palidecer ante la magnitud y complejidad de la expedición a Sicilia.

Cuando llegaron los refuerzos, su general, Demóstenes, atacó de inmediato, con la esperanza de atemorizar al enemigo mediante una demostración de fuerza. Tras fracasar en el intento de tomar la contramuralla con máquinas de asedio, concentró todas sus fuerzas en una audaz ofensiva nocturna. No obstante, el bando ateniense se desorganizó en la oscuridad, lo que provocó la pérdida de un gran número de vidas. Tras este revés, aconsejó a regañadientes a Nicias que suspendiera la expedición y regresara a casa. Los atenienses se encontraban en malas condiciones, cansados de la batalla e infectados por enfermedades, ya que se habían visto obligados a acampar junto a un pantano. Estaban atrapados en un punto muerto y se quedaban sin recursos. Peor aún, mientras estaban ausentes, los espartanos habían aprovechado la oportunidad para invadir el Ática y ocupar un fuerte en Decelia, a medio camino entre Atenas y Beocia. Eso les permitió controlar la región que rodeaba Atenas durante todo el año en lugar de solo durante el verano. Asediados ahora tanto por los espartanos en casa como por los siracusanos en Sicilia, Atenas se hallaba combatiendo y perdiendo una guerra en dos frentes. Era hora de que los atenienses redujeran sus pérdidas y huyeran.

Aunque Nicias se había opuesto a iniciar la expedición, se negó tercamente a partir. Temía que la Asamblea castigara semejante fracaso colosal con acusaciones de cobardía y aceptación de sobornos y que lo ejecutaran por traición. Por ello insistió, contra todo consejo, en que los atenienses permanecieran en Sicilia, con la vana esperanza de que una facción dentro de los muros de Siracusa pudiera ayudarles de algún modo. Para Alcibíades, la derrota en Sicilia habría significado, en el peor de los casos, algunas pérdidas y una humillante retirada. Nunca esperó que Nicias arriesgara la vida de tantos hombres reteniéndolos allí para que murieran.

En lugar de que unos partidarios les abrieran las puertas, llegaron más refuerzos del Peloponeso, por lo que los demás generales convencieron al fin al enfermo Nicias de que debían marcharse. Sin embargo, mientras el ejército ateniense hacía las maletas, un imprevisto los sobrecogió. El cielo nocturno comenzó a oscurecerse, mientras la luna llena parecía desvanecerse poco a poco, antes de teñirse de rojo sangre. Pericles se habría enfrentado a sus acobardadas tropas y les habría explicado con autoridad que se trataba de un simple fenómeno natural; la sombra de la Tierra había eclipsado a la Luna. De hecho, la tenue luz de la luna era una bendición, ya que podría ayudar a ocultar la huida ante el enemigo. El conocido supersticioso Nicias insistió en que se trataba de un presagio que les advertía de que debían quedarse un mes más, hasta que la luna completara su ciclo. Mientras tanto, Gilipo ayudó a los siracusanos a entrenar su flota.

Mientras esperaban a que Nicias ordenara la retirada, los atenienses sufrieron una inesperada derrota naval a manos de los siracusanos en el interior del puerto. Los hombres estaban enfermos de malaria y los barcos necesitaban reparaciones. Antes dominaban las olas, pero ahora se veían superados por novatos. Los siracusanos tendieron una barrera de más de un kilómetro de ancho a través de la boca del puerto, atando los barcos con cadenas. Nicias, al darse cuenta de que les habían cortado el suministro de alimentos, ordenó a todos los hombres sanos que estaban a bordo de sus barcos que intentaran escapar a la desesperada. Sus vidas, dijo, y la seguridad de Atenas dependerían del resultado de esta batalla. Un centenar de barcos de cada bando se enfrentó en el angosto puerto, lo que impidió a los atenienses maniobrar y embestir a los oponentes. En su lugar, se vieron obligados a luchar desde las cubiertas lanzando jabalinas, como si estuvieran librando una batalla terrestre sobre el agua. Nicias pretendía capturar las naves enemigas con garfios, pero los siracusanos desbarataron esta estrategia con astucia, ya que modificaron sus cubiertas para impedir que nada pudiera agarrarlas.

La batalla fue larga y espantosa. Los remeros se enzarzaban por todas partes, mientras el caos se apoderaba del mayor número de naves que jamás se había enfrentado en un espacio tan reducido. Los atenienses estaban confundidos, ya que no acostumbraban librar una lucha naval tan caótica. Finalmente, desembarcaron y las tripulaciones abandonaron los barcos y huyeron detrás de las fortificaciones del campamento. Presas del pánico, decidieron retirarse sin recuperar a los caídos, un acto considerado tan deshonroso que podría haberles acarreado un severo castigo a su regreso a Atenas. Dado que ambos bandos habían perdido la mitad de sus naves, los demás generales aconsejaron a Nicias que lanzara un segundo ataque. Les comunicó a sus hombres que si querían volver a ver Atenas, debían sacar los barcos del puerto. Las tripulaciones, por completo desmoralizadas y temiendo una masacre, se negaron. La única opción de Nicias fue abandonar toda la flota y dejarla en manos del enemigo para retirarse por tierra a la ciudad aliada más cercana que pudiera ofrecerle refugio. Quedaban con vida unos cuarenta mil atenienses, entre ellos un gran número de no combatientes. Se convirtieron, en efecto, en una ciudad en retirada, huyendo de sus perseguidores.

Los siracusanos, para colmo, engañaron a Nicias y le hicieron retrasar la marcha lo suficiente como para enviar exploradores y construir barricadas tierra adentro. Cuando los atenienses al fin levantaron el campamento, se vieron obligados a dejar atrás a muchos heridos y a sus muertos sin enterrar. Fue tal la ofensa a su honor que lloraron y se golpearon la cabeza en señal de dolor mientras se alejaban de allí, dando la espalda a sus camaradas muertos y moribundos. Una vez más, se encontraron con el peligro que suponía marchar a pie por un terreno plagado de la caballería enemiga. Estaban débiles, asustados, confundidos y continuamente acosados por ataques de guerrilla. Durante la marcha, lamentaron cómo las altas esperanzas que habían tenido al partir, con el esplendor de su armada, se habían convertido en una profunda desesperación tras su humillante derrota. Sin duda, era el mayor revés de fortuna que jamás había sufrido un ejército griego. Nicias trató de levantar la moral pronunciando un discurso en el que afirmaba que su infortunio colectivo significaba que los dioses, tarde o temprano, se apiadarían de ellos, debido a tantos años de devoción a la religión del Estado. Aquello les debió parecer una medicina poco eficaz en su difícil situación.

Al final, durante una marcha nocturna, los atenienses se dividieron en dos grupos. El primero se rindió tras ser rodeado por el enemigo y bombardeado con proyectiles. El segundo se desorganizó por completo, en su afán por conseguir agua potable, cuando llegó a un río bajo un sol abrasador. El ejército siracusano, que esperaba tendido en una emboscada, rodeó y masacró a la mayoría de los atenienses a orillas del río.

Unos pocos lograron huir de este caos para llegar a la seguridad de Catania, pero en esta marcha habían muerto más que en cualquier otra batalla de la expedición.

Los siete mil restantes cayeron prisioneros de los siracusanos, que los encerraron en las canteras cercanas a su ciudad, hacinados sin resguardo del sol y rodeados de guardias armados. Nicias se rindió y suplicó al general espartano que le concediera la clemencia, algo que muchos atenienses consideraban una deshonra. Sus súplicas cayeron en saco roto y los siracusanos lo mandaron ejecutar. Sus tropas fueron abandonadas a su suerte en las canteras, entre montones de cadáveres, donde murieron poco a poco de enfermedades e inanición. Tras ocho meses interminables, los escasos supervivientes fueron subastados como esclavos, a excepción de los atenienses restantes, que simplemente fueron masacrados como animales.

Un día, de vuelta a casa, un desconocido llegó al Pireo. Sentado en la silla de un barbero, empezó a cotillear sobre el desastre de Sicilia, suponiendo que las noticias ya habían llegado a Atenas. Nadie podía creer lo que decía. Causó tal revuelo que le acusaron de difundir propaganda enemiga. Lo torturaron en la rueda para que dijera que no era cierto. Aun así, en los días siguientes llegaron otros viajeros que confirmaron la historia y la vergonzosa caída de Nicias.

El desastre de Sicilia y la ocupación espartana en Decelia, cerca de Atenas, marcaron el inicio de la tercera y última fase de la Guerra del Peloponeso. La armada ateniense había sufrido una derrota inimaginable. Al menos diez mil hoplitas y treinta mil marineros habían muerto, además de los no combatientes. Casi la mitad de toda la flota del Imperio ateniense había sido capturada o destruida. Estas pérdidas incluían a las tropas más experimentadas. El enorme coste económico de la expedición prácticamente había arruinado la ciudad. Y lo que era peor, Siracusa se había unido a la guerra como aliada de Esparta y su emergente poder naval continuaría amenazando a Atenas.

La retórica era un arma de doble filo que podía utilizarse para transformar los puntos fuertes en débiles y viceversa. Sócrates había advertido en repetidas ocasiones a Alcibíades de que la Asamblea de Atenas podía volverse en su contra mediante hábiles oradores que apelaran a los miedos y prejuicios de las masas. En su ausencia, el hijo de Clinias se había visto impotente para defenderse ante los tribunales. Las aparentes fortalezas de Alcibíades, su gran riqueza, popularidad y destreza militar, se convirtieron en debilidades porque fueron utilizadas por sus enemigos para infundir el temor de que planeaba derrocar la democracia e imponerse como tirano. Lo irónico es que, tras ser despojado del mando y obligado a marchar al exilio por sus enemigos, para evitar ser ejecutado, Alcibíades fue el único general que sobrevivió a la Expedición Siciliana.

La práctica de detectar los errores del pensamiento

Sócrates creía que los retóricos y los demagogos utilizaban varios artificios ingeniosos para ganar una discusión persuadiendo a la gente de cosas que no eran necesariamente ciertas. En el diálogo anterior, Alcibíades recurre a varias de estas tácticas mientras intenta persuadir a Sócrates de que los retóricos y los tiranos son los hombres más poderosos de la política. En primer lugar, ataca el carácter de Sócrates para desacreditarlo, luego apela a la opinión popular, después intenta asustarlo con la descripción de escenas gráficas de violencia y, por último, se burla de él en un intento de presentar como ridículo lo que está diciendo. Ninguna de estas tácticas sería capaz de demostrar que Sócrates está equivocado. Son, si se quiere por así decirlo, formas de ganar una discusión mediante la manipulación del público o, dicho sin rodeos, haciendo trampas.

Las consecuencias de tal engaño podrían ser devastadoras. En cuanto Alcibíades y la mayoría de quienes le apoyaban llegaron a Sicilia, sus enemigos políticos persuadieron a los ciudadanos atenienses de que revocaran la decisión que habían tomado y lo llamaran a juicio. Este fue, para Atenas, quizás el contratiempo más catastrófico de la guerra. Sin embargo, no fue debido a la acción de los hoplitas blandiendo lanzas en el campo de batalla, sino más bien a los oradores empuñando la retórica en la Asamblea.

Uno de los mayores retos a los que nos enfrentamos hoy en día es cómo defendernos de la retórica. Los sofistas de hoy se llaman *influencers* y podría decirse que la mayoría de nuestros políticos se comportan más como demagogos que como verdaderos estadistas. Nos manipulan con facilidad para que creamos cosas que no sabemos si son ciertas o no. Somos víctimas tanto de la retórica ajena como de la propia. Con frecuencia exageramos, trivializamos y generalizamos y somos selectivos con los hechos, persuadiéndonos así de creer cosas que pueden ser falsas. Por ejemplo, las investigaciones demuestran que las personas ansiosas tienden a sobrestimar el riesgo, mientras que las que están enfadadas hacen lo contrario, como los atenienses que convocaron esta expedición, subestimando los peligros a los que se enfrentarían.

Sócrates se protegió de la retórica con preguntas a los sofistas y exponiendo las contradicciones de su pensamiento. También se cuestionaba a sí mismo, como hemos visto. La terapia cognitiva ha desarrollado una amplia variedad de técnicas que pueden ayudarnos a examinar nuestro pensamiento en busca de lo que los investigadores llaman «distorsiones cognitivas», conocidas de manera informal como «errores de pensamiento». Se parecen a algunas de las falacias lógicas más comunes empleadas por los retóricos.

Cuando Aaron T. Beck introdujo por primera vez la terapia cognitiva, presentó la estrategia básica de esta de la siguiente manera: «El terapeuta ayuda al paciente a desentrañar sus distorsiones de pensamiento y a aprender formas alternativas y más realistas de formular sus experiencias».[5] La técnica más común de la primera terapia cognitiva consistía tan solo en preguntar, en relación con nuestras propias creencias angustiosas: «¿Dónde está la prueba de eso?». A la mayoría de las personas les resulta más fácil aprender esto con la ayuda de un terapeuta. Una técnica todavía más sencilla consiste en el hábito de detectar nuestras propias distorsiones cognitivas, algo que se puede aprender con facilidad sin la ayuda de un terapeuta. El simple hecho de percatarnos de nuestros errores de pensamiento y darnos cuenta de que lo son nos permite adquirir una perspectiva más desapegada, el «distanciamiento cognitivo» mencionado en un capítulo anterior. Que nos entrenemos para ser conscientes de las distorsiones cognitivas también puede dificultar que los demás nos engañen induciéndonos a cometer errores de pensamiento.

Los libros sobre TCC contienen varias listas de errores de pensamiento comunes. Cada uno puede solaparse con los demás. Beck describió en un principio cuatro tipos comunes:

- *Exagerar o trivializar*. Beck llamó a esto «pensamiento extremo», lo cual incluye, por ejemplo, lo que muchos terapeutas denominan *catastrofización*, que implica sobreestimar la gravedad de una amenaza y magnificarla fuera de proporción. También se suele hablar de personas que minimizan o trivializan ciertos asuntos. Beck también se refirió a pensar en extremos polarizados, como creer que alguien es amigo o enemigo, sin término medio. Esta tendencia se conoce a veces como «pensamiento en blanco y negro» o «todo o nada».
- *Pensamiento selectivo*. Todos hemos encontrado personas que muestran «memoria selectiva», «audición selectiva» y cosas por el estilo. Estos son ejemplos de un problema más general que Beck denominó «abstracción selectiva», ya que implica sacar información de contexto al ignorar o posiblemente descartar hechos relevantes; también podrías llamarlo «selección parcial de información» o «falta de visión del conjunto». Por ejemplo, una persona deprimida puede recordar solo las críticas recibidas en una evaluación de su trabajo y olvidar los cumplidos.
- *Conclusiones apresuradas*. Beck se refiere a esto como «inferencia arbitraria», lo que significa hacer suposiciones infundadas. Por ejemplo, los terapeutas cognitivos lo etiquetan como «adivinación del futuro» cuando alguien presume conocer cosas de antemano sin evidencia suficiente, como sobreestimar la probabilidad de una amenaza. Otro ejemplo común sería «leer la mente», en el que saltamos a conclusiones sobre lo que otras personas están pensando.

- *Sobregeneralización.* Es el término que Beck utilizó para otro error común, en el que asumimos que algo cierto en una situación lo es en general. Por ejemplo, los pacientes en terapia a menudo hablan en términos amplios sobre ciertas cosas que «siempre» o «nunca» suceden. Las sobregeneralizaciones son la base de muchos estereotipos y prejuicios contra otros grupos, como «¡Todos los filósofos corrompen a la juventud!».

Como se puede apreciar, hay muchas variaciones de estos errores y podríamos añadir muchos más a la lista. La mayoría de las personas no los experimenta a la vez, está claro. Nada nos impide identificar otros tipos de distorsiones cognitivas y decidir trabajar en ellas. A menudo resulta útil analizar tus emociones con detenimiento para detectar cuáles son los errores de pensamiento más significativos en tu caso. Podrías empezar pensando en varios ejemplos recientes de situaciones en las que hayas mostrado alguno de los errores mencionados anteriormente. Imagina cuán diferentes podrían haber sido las decisiones fatídicas tomadas en la Asamblea ateniense si los ciudadanos hubieran estado entrenados para reconocer cuándo estos tipos de errores eran explotados por los demagogos. ¿Habrían votado para llamar a juicio a Alcibíades o incluso para invadir Sicilia si hubieran estado más atentos a la retórica política que fomentaba errores de razonamiento?

Aprender sobre los errores de pensamiento te será más útil si consigues el hábito de identificarlos allá donde aparezcan o, al menos, cuando se considere que están relacionados con la ansiedad o algún otro problema. La manera más sencilla de hacerlo es llevar una cuenta o registro de los pensamientos que muestren un tipo específico de error cognitivo. Eso por sí solo podría bastar para ayudarte a lograr distancia cognitiva, lo cual puede reducir la frecuencia, la intensidad y la duración de los pensamientos perturbadores. Beck, por ejemplo, escribió:

> Contar [los propios pensamientos irracionales] permite al paciente distanciarse de sus pensamientos, le da una sensación de control sobre ellos y le ayuda a reconocer su cualidad de autonomía, en lugar de aceptarlos como un reflejo exacto de la realidad externa.[6]

Existen numerosas variaciones de esta técnica. Podrías llevar un registro escrito o utilizar un contador, como los que emplean los golfistas o los porteros. Anota, por ejemplo, cuántas veces al día te sorprendes a ti mismo inmerso en pensamientos catastróficos o simplemente exagerados. Beck recomendaba aceptar el pensamiento en lugar de luchar contra él y tan solo decirte a ti mismo: «Ahí viene otro pensamiento aterrador. Lo contaré y ya está». De igual modo, podrías llevar la cuenta de cuántas veces al día te das cuenta de que haces generalizaciones excesivas, ya sea en tus pensamientos o en tu discurso o de cuántas veces, a lo largo del día, haces suposiciones infundadas o exhibes un sesgo negativo al implicarte en un pensamiento selectivo.

Probablemente encontrarás más fácil centrarte en un tipo de error de pensamiento a la vez, en lugar de intentar rastrear todos ellos. A menudo, cuando las personas comienzan a realizar un ejercicio de este tipo, notan un aumento inicial en la frecuencia de los pensamientos perturbadores. Eso es normal. A lo largo de los días siguientes, si mantienes la constancia, tal vez descubrirás que los pensamientos negativos ocurren con menos frecuencia. También empezarás a experimentarlos como más aburridos, como si los observaras desde una perspectiva más desapegada. Si logras identificar tu propio pensamiento sesgado de esta manera y distanciarte de los distorsionados, tendrás muchas más probabilidades de protegerte de la retórica de los demás, incluidos los influyentes y los políticos.

La guerra bajo Alcibíades

En Esparta, Alcibíades afirmó con audacia que, lejos de albergar algún resentimiento hacia sus nuevos anfitriones, se veía a sí mismo como un patriota defendiendo a Atenas. Propuso aliarse con los moderados políticos espartanos, representados por el rey Agis II, y ayudarles a derrotar a Nicias y a la facción que controlaba Atenas en esos momentos. Sin embargo, cuando la esposa del rey quedó embarazada al año siguiente, surgió el rumor de que Alcibíades era el responsable. Se vio forzado a buscar refugio por segunda vez y huyó de Esparta hacia el Imperio persa, bajo la protección de Tisafernes, el sátrapa o gobernador de Jonia y Lidia, en Asia Menor. Fue aquí donde le llegó la noticia de la muerte de Nicias y la destrucción de la flota ateniense en Sicilia.

Con Alcibíades ausente y Atenas sumida en el caos tras el desastre siciliano, un puñado de aristócratas adinerados en definitiva vio la oportunidad para tomar el control. Atenas había sido un Estado democrático durante casi un siglo. Aun así, los nobles culpaban a los demócratas de perpetuar una guerra que los había dejado en una crítica situación financiera. En el verano del 411 a. C., la armada recibió la noticia de que no habría más fondos provenientes de Atenas y de que sus generales tendrían que ir a recaudar dinero de las ciudades aliadas para pagarles.[7] Para entonces, la mayoría de los barcos estaban estacionados en el puerto de Samos, una gran isla cercana a Mileto, en la costa de Asia Menor, gobernada por una democracia estrechamente aliada a Atenas.

Algunos nobles urdieron un complot para derrocar a la vez las democracias de Atenas y Samos y sustituirlas por regímenes oligárquicos que arrebataran el poder al pueblo llano y lo dejaran en manos de un selecto grupo de aristócratas ricos. Entre estos oligarcas destacaban Caricles, el joven radical que había investigado el escándalo de las hermas, y un moderado llamado Terámenes, que resultó ser antiguo alumno de Sócrates. En Atenas, dieron un golpe armado y reescribieron la constitución. Establecieron un consejo de cuatrocientos nobles, que a su vez elegiría a cinco mil ciudadanos de la clase hoplita, a los que se restringiría el voto. Esto transformó la Asamblea de una democracia en una oligarquía, donde las clases bajas, que proporcionaban la mayoría de los remeros para la armada, perdieron su voz política.

Con todo, el complot de Samos fue descubierto a tiempo. El resultado fue una rebelión encabezada por el general ateniense Trasíbulo. Los generales implicados en la conspiración oligárquica de Samos fueron depuestos y los marineros rebeldes juraron lealtad a Trasíbulo y a la democracia. Puede que la ciudad de Atenas estuviera en manos de una oligarquía, pero Samos, donde se hallaba atracada la flota ateniense, seguía siendo una democracia.

El primer acto de Trasíbulo, como líder del ejército demócrata en el exilio, fue proponer que se concediera a Alcibíades inmunidad judicial, que se le sacara del exilio en Persia y que se le eligiera general, con efecto inmediato. La votación fue aprobada con facilidad. Alcibíades había oído decir muchas veces a Sócrates que un hombre sabio nunca se angustia por aparentes contratiempos porque se da cuenta de que en la vida hay innumerables vuelcos de la fortuna, sobre todo en la guerra. Lo que llamamos desgracia puede resultar ser buena fortuna y viceversa. Solo al perder el control de su ciudad a manos de los oligarcas, la armada ateniense fue libre de elegir a los generales que más querían. Sin duda, creían que Alcibíades podría cambiar el curso de la guerra.

Mientras tanto, en Atenas se desataron luchas internas entre los moderados, liderados por Terámenes, que deseaban que la mayoría de la clase hoplita obtuviera el derecho al voto, y los oligarcas extremistas, que preferían restringir el voto a los cuatrocientos originales. La situación empeoró cuando se descubrió que los oligarcas radicales estaban construyendo una fortaleza en el Pireo, donde trasladaban el suministro de grano. Los moderados alegaron que estos hombres se preparaban para entregar la ciudad a Esparta. Esto condujo a un conflicto menor, en el que los líderes de la facción extrema fueron derrocados y se instauró finalmente la oligarquía moderada de los cinco mil. Terámenes, que era uno de los líderes de los oligarcas moderados, empezó a reclamar el regreso de Alcibíades del exilio. No obstante, Atenas quedó en un estado de guerra civil entre los oligarcas que controlaban la ciudad y los generales demócratas que mandaban en su flota.

Cuando Alcibíades llegó a Samos, fue recibido como un héroe. Los marineros se agolparon a su alrededor y le rogaron que los condujera de vuelta a Atenas. Los rebeldes estaban furiosos y no querían otra cosa que liberar su ciudad y a sus seres queridos y vengarse masacrando a todos los oligarcas que quedaban. Varios enviados del régimen moderado que ahora controlaba Atenas se presentaron en Samos, prometiendo que las familias de los marineros saldrían ilesas. Sin embargo, los hombres seguían tan enfurecidos que querían lanzar un ataque inmediato contra Atenas para derrocar a la oligarquía.

Alcibíades era tal vez el único hombre vivo que podía enfrentarse a la armada ateniense en su momento de furia más ciega y disuadirla sin enfrentarse a un motín. Según él, cometerían un error fatídico si zarpaban rumbo a Atenas en ese momento. Los espartanos tendrían vía libre para apoderarse no solo de Jonia, sino también del Helesponto. Cerca de la mitad del grano de Atenas se transportaba por el estrecho desde la costa del mar Negro. Si los espartanos controlaban la región, la ciudad quedaría aislada y sus habitantes morirían de hambre. Atenas sería arrebatada a los oligarcas para luego caer en manos de Esparta en menos de un año. Si querían restaurar la democracia en casa, tendrían que hacer lo contrario de lo que los espartanos esperaban y navegar hacia el norte para atacarlos.

Alcibíades fue de hombre en hombre, por las calles de Samos, reuniendo apoyos para este audaz plan. A veces, los gritos de oposición eran tan ensordecedores que tuvo que recurrir a la famosa y poderosa voz de su amigo Trasíbulo. Alcibíades comunicó a Atenas que quería hacer las paces con la oligarquía moderada liderada por Terámenes y evitar la guerra civil que se avecinaba. En lugar de atenienses contra atenienses, las facciones demócrata y oligarca debían unirse contra los espartanos o Atenas se enfrentaría a una destrucción segura.

El historiador de la guerra, Tucídides, lo consideraría el mejor momento de Alcibíades y el primer gran servicio que prestó a Atenas, una hazaña de liderazgo «del tipo más sobresaliente».[8] Plutarco, reflexionando siglos después sobre la vida de Alcibíades, escribió que un hombre de menor categoría que hubiera sido aupado repentinamente al poder por la multitud, en especial tras regresar del exilio, habría caído en la tentación de convertirse en un demagogo que complaciera a la opinión pública. Alcibíades, en cambio, «optó por actuar como corresponde a un gran gobernante que se opone a los que se dejan llevar por la ira y les impide cometer un grave error» y, aquel día, se proclamó como el salvador de su ciudad.[9] No obstante, seguía siendo un proscrito, un general sin escrúpulos que había sido acogido por espartanos y persas. Incluso muchos de los atenienses rebeldes no estaban seguros de hasta qué punto podían confiar en él.

En el año 411 a.C., el general espartano Míndaro intentó provocar una batalla naval decisiva llevando refuerzos a su base de Abidos, en el Helesponto. Estos barcos fueron emboscados por los atenienses, lo que obligó a la flota espartana a acudir en ayuda. Míndaro disponía entonces de noventa y siete trirremes contra la flota principal ateniense al mando de Trasíbulo, que solo contaba con setenta y cuatro naves. La batalla se prolongó hasta la tarde cuando se llegó a un punto muerto. De repente, un nuevo escuadrón de dieciocho trirremes de Samos apareció en la distancia, bajo el mando de Alcibíades. Los espartanos se detuvieron confundidos, sin saber de quién era la ayuda.

Cuando los barcos de Alcibíades se acercaron, las tripulaciones izaron brillantes banderas púrpuras que indicaban que estaban allí para luchar a favor de Atenas. La flota espartana entró en pánico y huyó en busca de la seguridad de su base. Los atenienses los persiguieron y consiguieron apresar treinta barcos enemigos y recuperar quince de los suyos, que habían sido capturados durante una batalla anterior. Alcibíades había vuelto a la lucha y, con su característica floritura, había devuelto de inmediato las esperanzas a toda la armada ateniense.

A pesar de ello, los atenienses estaban tan arruinados económicamente que no pudieron aprovecharse de su victoria. Así que cuando poco después llegó el sátrapa persa Tisafernes al Helesponto, Alcibíades se embarcó para recibirlo, deseoso de contar con el apoyo de su amigo para financiar la guerra. Pero, para su sorpresa, fue arrestado, ya que el rey de Persia había ordenado a Tisafernes que ayudara a los espartanos. Alcibíades fue trasladado a una prisión en territorio persa. Los espartanos aprovecharon esta oportunidad para reconquistar la ciudad de Cícico con la ayuda de otro sátrapa persa, Farnabazo, y de refuerzos de la flota siracusana.

Un mes más tarde, Alcibíades reapareció a caballo en Clazomene, en la costa jónica. Estaba con otro prisionero y ambos habían logrado escapar una noche al amparo de la oscuridad. Le habían llegado noticias de que los atenienses sospechaban que Míndaro estaba a punto de lanzar otro gran ataque contra su base naval en Helesponto. Alcibíades acudió de nuevo en ayuda con un pequeño escuadrón de trirremes. Cuando los refuerzos de Trasíbulo (líder de los demócratas de Samos) y Terámenes (líder de los oligarcas moderados de Atenas) llegaron para unirse a ellos, Alcibíades se encontró de pronto al mando de una imponente flota de ochenta y seis velas. Fue un momento extraordinario: Atenas había estado al borde de la guerra civil, pero Alcibíades había conseguido persuadir a oligarcas y demócratas para que dejaran de lado sus diferencias y lucharan codo con codo en una fuerza combinada capaz, una vez más, de derrotar a los espartanos.

Alcibíades vio la oportunidad y la aprovechó. En primer lugar, confiscó todos los barcos, grandes y pequeños, que pudieran cruzar Helesponto. Los espartanos no se enterarían del tamaño de la flota que estaba a punto de lanzarse contra ellos hasta que fuera demasiado tarde. A la mañana siguiente, dirigió un discurso a los hombres bajo su mando en el que les explicó la difícil situación en la que se encontraban, pero les infundió esperanza. Tras la catastrófica derrota de Nicias en Sicilia, Atenas estaba ahora en la miseria. El enemigo era rico, sus arcas estaban llenas de oro persa. Mejor aún, pues los atenienses «lucharían en el mar, lucharían en tierra y lucharían contra las fortalezas» para arrebatarle al enemigo lo que necesitaran. Aquel día el cielo estaba nublado y llovía mucho, un tiempo en el que las trirremes no solían zarpar. En lugar de retrasarse, Alcibíades aprovechó la ocasión para atacar por sorpresa. En efecto, cuando sus barcos emergieron de la tormenta, pillaron desprevenida a la flota espartana, que maniobraba junto a la costa. Alcibíades dirigió una escuadra de señuelos, que atrajo a los espartanos mar adentro, mientras Trasíbulo y Terámenes les cortaban el paso desde la seguridad del puerto.

Los espartanos entraron en pánico y huyeron a la costa más cercana, donde amarraron sus sesenta trirremes, uno al lado del otro, para evitar que fueran embestidos por los atenienses. Alcibíades desembarcó en la orilla con un contingente de infantes hoplitas, que se abrieron paso a lo largo de la playa para flanquear al enemigo.

Míndaro encabezó un contraataque desesperado en la costa, pero murió en el combate. Toda la flota espartana fue capturada, excepto los barcos siracusanos, que fueron quemados por sus propias tripulaciones. El oficial espartano que quedó al mando envió a casa un mensaje bastante lacónico: «Los barcos han desaparecido. Míndaro ha muerto. Los hombres se mueren de hambre. No sabemos qué hacer». Estaban abatidos, pero no fuera de combate. Aunque los espartanos habían perdido su flota principal, todavía tenían los vastos recursos del Imperio persa detrás de ellos.

Al día siguiente, Alcibíades navegó hasta Cícico sin oposición, ya que los peloponesios y sus nuevos aliados persas habían evacuado la zona, y consiguió un enorme botín en la ciudad. Acto seguido, la flota ateniense reconquistó Bizancio, que controlaba el Bósforo y el acceso al mar Negro. Alcibíades navegó de una ciudad a otra, exigiendo tributos, recaudando impuestos, construyendo fortificaciones y restaurando gradualmente el dominio ateniense sobre Helesponto. Tras verle conseguir una serie de asombrosas victorias, la efímera oligarquía ateniense se derrumbó y se reinstauró la democracia. Habían pasado ocho años desde que el hijo de Clinias se despidiera de su amigo Sócrates y zarpara de Atenas. Por fin había llegado el momento de que Alcibíades volviera a casa.

9
LA CAÍDA DE ATENAS

La pequeña flota de trirremes de Alcibíades llegó triunfante al Pireo, el puerto de Atenas, en el verano del año 407 a. C. Los veinte barcos estaban engalanados con trofeos de guerra: espadas y lanzas capturadas, cascos y escudos con el emblema espartano. Remolcaban los mascarones de proa arrancados de más de doscientas naves enemigas derrotadas.

Alcibíades estaba de pie en la proa de su buque insignia, cuyas brillantes velas púrpuras solo rivalizaban en belleza con los vaporosos ropajes con los que iba vestido. A sus cuarenta años, aunque conservaba su famoso aspecto juvenil, empezaban a aparecerle algunas canas. En el brazo llevaba un escudo dorado que representaba a Eros armado con el rayo de Zeus. Un célebre actor dirigía los cánticos, acompasando a los remeros, acompañado por un famoso flautista. La multitud, embriagada como en una fiesta, aclamaba al hombre que esperaban fuera su salvador. Cuando Alcibíades desembarcó, la muchedumbre apartó de un empujón incluso a sus compañeros generales, Terámenes y Trasíbulo, y se apresuró a rodear al alto noble. Los que más se acercaron se agarraron a sus ropas y lo adornaron con cintas y coronas de oro. Desde el momento en que pisó suelo ático, era evidente que muchos atenienses, en especial los hombres en edad militar, le daban la bienvenida como su líder. Algunos incluso querían que fuera nombrado rey de lo que quedaba de su imperio. Las lágrimas surcaban sus mejillas mientras la alabanza que ahora le prodigaban sus compatriotas atenienses contrastaba de manera tan marcada con la condena que en otro tiempo habían lanzado sobre él. Nostálgico, tras tantos años de exilio, no pudo resistir la tentación de regresar a Atenas en toda su gloria.

—Recuerda, amigo mío, que fue mi propuesta en la Asamblea la que te trajo de vuelta —le susurró al oído un sonriente Critias.

Critias se había convertido en un consumado orador y estaba ganando influencia como uno de los oradores más destacados en la Asamblea. Él y los demás jóvenes nobles esperaban que la presencia de Alcibíades les ayudara a consolidar su influencia sobre la política ateniense.

La reputación de Alcibíades entre gran parte de la clase dirigente había sido restaurada gracias a las deslumbrantes victorias en Abidos, Cícico y Bizancio, que parecían estar cambiando el rumbo de la guerra. Más importante aún, al reconciliar a los demócratas moderados y a los oligarcas y persuadirlos para luchar juntos contra Esparta, había evitado una guerra civil que amenazaba con destruir Atenas. Su popularidad entre la gente común apenas había disminuido a pesar de los problemas y ahora era mayor que nunca. Los marineros lo adoraban como a uno de los suyos y lo seguirían a cualquier lugar, jactándose de que su general jamás había sido derrotado en batalla.

Después de que los atenienses celebraran las recientes victorias, empezaron a relatarse unos a otros con los ojos llenos de lágrimas las catastróficas desgracias que habían sufrido durante el exilio. Muchos se lamentaban de que nunca habrían perdido la guerra en Sicilia y sufrido tan funesta catástrofe si tan solo la Asamblea le hubiera concedido a Alcibíades el mando supremo y hubieran confiado en él como habían confiado en Pericles. Con la armada casi destruida en el mar, los soldados enemigos marchando por sus granjas y los rivales políticos enfrentados dentro de sus murallas, Atenas parecía al borde del colapso. Sin embargo, Alcibíades había conseguido la victoria convenciendo a las facciones enfrentadas de que dejaran de lado sus diferencias por el bien común. La principal flota espartana había sido destruida en Cícico, su general había muerto y Atenas había recuperado el control del Helesponto. La democracia estaba restaurada en Atenas y ahora los espartanos se veían obligados a pedir la paz.

Con todo, Alcibíades era un exiliado y una figura conflictiva, con poderosos enemigos entre la aristocracia ateniense. Solo accedió a abandonar el barco y desembarcar cuando vio que sus parientes y amigos se acercaban al puerto para recibirle. Le ofrecieron protección hasta llegar a Atenas, donde se apresuró a alcanzar al Pnyx para pronunciarse ante la Asamblea. De pie en la tribuna, se dirigió a una gran multitud, tal vez decenas de miles de personas. Lamentó el error judicial que le había obligado a exiliarse y le había enfrentado a su patria. Alcibíades habló con gran templanza y diplomacia, todo lo contrario de la fogosa retórica de Cleón. En lugar de quejarse con amargura de su destino y culpar a los demás ciudadanos, describió con calma la caída que había sufrido como una cuestión de desgracia personal. Por encima de las disputas partidistas, predicó con el ejemplo, mostrando a los atenienses la magnanimidad que él también necesitaba que encontraran en sí mismos. Su mensaje era que debían dejar a un lado los pensamientos de venganza y trabajar juntos para reconstruir el imperio. Aquel día, nadie se opuso a él.

Alcibíades llevaba mucho tiempo preparado para responder a la acusación de impiedad, no solo con palabras, sino también con actos. Durante los últimos ocho años, los espartanos habían ocupado la fortaleza de Decelia, lo que les daba el control del norte de Ática durante todo el año. Esto impidió que se celebraran procesiones de Atenas a Eleusis, lo que obligó a los celebrantes a navegar a lo largo de la costa. El primer acto de Alcibíades fue prometer ante la Asamblea que a principios de otoño iría a Eleusis, al frente de una escolta armada, y se encargaría de la seguridad de los asistentes a los Grandes Misterios de Deméter. A los ojos del pueblo, esto hizo que las acusaciones anteriores contra él por profanar los misterios parecieran ridículas: o era inocente o la diosa le había perdonado. Por ello, la Asamblea ordenó a los sacerdotes que revocaran las maldiciones que le habían echado, en las que se le calificaba de traidor, y que arrojaran al mar las columnas en las que estaban inscritas. Después, los ciudadanos votaron a favor de devolverle todas sus propiedades en la región, que el Estado le había confiscado cuando fue desterrado.

Una vez abordado el pasado, Alcibíades se centró en el futuro. Comenzó a detallar las debilidades militares de los espartanos y de sus aliados, que en su opinión proporcionarían a Atenas nuevas oportunidades de victoria. El objetivo de este discurso era infundir valor al pueblo, al que, una vez más, pedía que le siguiera a la guerra y funcionó. Los atenienses estaban tan entusiasmados que le pusieron una corona de oro en la cabeza, un premio elegante pero no inusual para los logros militares. Y lo que es más importante, le eligieron *strategos autokrator* o comandante en jefe con plenos poderes, tanto en tierra como en el mar. La Asamblea ordenó que se le preparara una flota de cien trirremes, tripulada por veinte mil hombres, entre ellos mil quinientos marinos hoplitas.

Con todo, incluso mientras le colocaban sobre la cabeza la corona de vencedor, Alcibíades sabía que las malas lenguas murmurarían que había llegado a puerto en un día de mal agüero. Puede que la multitud le diera la bienvenida y le condujera a la ciudad con fanfarrias, pero la diosa se ocultó de él y le negó la acogida. Las imágenes de Atenea se habían tapado en toda Atenas, mientras se limpiaban, como parte del festival anual de verano de Plynteria. Los templos permanecían cerrados. Como la ciudad se encontraba de momento sin su deidad patrona, no se podía llevar a cabo ninguna actividad comercial. Más de dos siglos antes, los antepasados de Alcibíades habían profanado la Acrópolis matando allí a los rebeldes que participaban en un intento de golpe de Estado destinado a instaurar a un tirano en la ciudad. La famosa maldición que pesaba sobre los jefes del clan de los alcmeónidas, por derramar sangre ante el altar sagrado de Atenea, seguía vigente contra ellos. Parecía extraño, por tanto, que su viejo amigo Critias hubiera propuesto una moción para que Alcibíades volviera del exilio durante esta solemne fiesta religiosa. El momento arrojaría una sombra sobre la llegada de este y dejaría en entredicho cualquier autoridad que le otorgara el voto de la Asamblea.

Fue en el Pnyx, el día de su retorno, donde el hijo de Clinias vio a un viejo amigo cuyo recuerdo le había perseguido desde que abandonó Atenas.[1] A pesar de todo, Alcibíades sentía que esta segunda vuelta quedaría incompleta e incluso perdería valor si no volvía a ver a Sócrates. De hecho, si Sócrates no le hubiera salvado la vida un cuarto de siglo antes en el campo de batalla de Potidea, Alcibíades nunca habría presenciado el comienzo de la guerra y mucho menos se habría convertido en el comandante supremo de Atenas en su fase final.

Debió de parecerles que había pasado toda una vida desde la última vez que hablaron, ocho años antes, cuando Sócrates advirtió a su querido amigo que no tomara el mando de una flota que cruzaba el mar Jónico, para la condenada expedición a Sicilia. Las tripulaciones de más de doscientas trirremes se habían perdido en aquella campaña y, quizá solo por un capricho del destino, Alcibíades no estaba entre los muertos. Sócrates y Alcibíades se miraron un momento, a través de la multitud, pero no intercambiaron palabras. Alcibíades se sentía demasiado avergonzado. En lugar de eso, se dio la vuelta, abrazó a sus parientes y compañeros y se unió a las celebraciones.

Tercer diálogo con Alcibíades

Pasaron varias semanas antes de que Alcibíades se atreviera a acercarse a Sócrates. Se encontró con él en uno de sus lugares favoritos del Ágora. Aunque Sócrates tenía fama de andar descalzo, le gustaba pasar el tiempo en el taller de su amigo Simón, el zapatero. Alcibíades, por el contrario, era muy aficionado a un buen calzado y había puesto de moda un nuevo e inusual diseño que portaba su nombre. Por encima del sonido de los clavos que incrustaban en las suelas de cuero, la conversación de esta extraña pareja volvió enseguida, como siempre, a la naturaleza de la justicia. Aunque tenía la Asamblea en la palma de la mano, mientras permaneciera en Atenas, Alcibíades sabía que no alcanzaba la sabiduría necesaria para ser un verdadero gran estadista. Sin embargo, superaba la fama de cualquier líder militar o político vivo en Grecia. Lo que más ansiaba era eclipsar incluso a Pericles y parecía estar a punto de conseguirlo.

Pericles, entonces, había logrado un delicado equilibrio. A pesar de ser el gobernante, en efecto, de un grande y poderoso Imperio ateniense, mantenía la apariencia de que era un hombre del pueblo, defensor de la democracia. ¿Cómo podía Alcibíades superar el poder y el estatus de Pericles si no era cruzando la línea que separaba a un general electo de un tirano sin ley? A pesar de que corrían rumores de que conspiraba con la facción oligárquica, Alcibíades siempre profesó su lealtad a los demócratas, nunca participó en un régimen oligárquico y nunca se convirtió en un tirano. De hecho, ayudó a restaurar la democracia tras la guerra civil. Los ciudadanos de Atenas lo eligieron *strategos* y él subió a la tribuna, ofreciéndoles sus servicios como comandante en el momento en que más lo necesitaban.

—La primera vez que hablamos —dijo Alcibíades con su típico ceceo—, hace dos décadas, me dijiste que debía fijar el punto de mira en rivalizar con los más grandes reyes espartanos y persas por su sabiduría. Apenas había salido de Ática, pero desde entonces he viajado mucho y he llegado a conocer toda Grecia, incluida Esparta, e incluso a los bárbaros de Tracia y Persia, de manera más íntima, me atrevería a decir, que casi cualquier hombre vivo.[2]

—¿Sugieres que el exilio, considerado uno de los mayores males y que los atenienses impusieron como castigo, en realidad te ha beneficiado? —replicó Sócrates alzando una ceja.

—La guerra y el exilio, en efecto, han sido mis maestros desde que nos separamos —respondió Alcibíades, sonriendo.

—Es algo extraordinario si las circunstancias que muchos consideran los mayores de los males pueden transformarse en algo bueno.

En efecto, Sócrates solía comparar a su amado Alcibíades con los seguidores de Dionisio, los bacantes, de quienes decían las leyendas que eran capaces de extraer leche y miel, milagrosamente, de pozos que se habían secado.

—¿No eres también conocido por tu elocuencia? —preguntó Sócrates.

—Es cierto que he estudiado la oratoria para cultivar cualquier habilidad natural que pudiera tener, prestando mucha atención a las lecciones de Gorgias y otros excelentes retóricos —respondió Alcibíades—. Pero me sentiría avergonzado de subir al estrado si no creyera también que he adquirido un conocimiento que puede ser de algún beneficio para mis conciudadanos.

—Sin duda, has demostrado ser capaz en las artes de la guerra —asintió Sócrates.

—Puede que eso sea cierto —comentó Alcibíades frunciendo el ceño—. Pero, como dices a menudo, se necesita más para ser un líder, pues para saber cuándo ir a la guerra y cuándo negociar la paz hay que comprender muchas cosas y, no menos importante, lo que significa gobernar con justicia.

—¿Crees tú, el mejor de los hombres, que posees ese conocimiento? —quiso saber Sócrates.

—Solo sé que todavía no sé lo que es la justicia —suspiró Alcibíades—, aunque es cierto que he aprendido algo al haberme rodeado, en mis años pasados, de hombres sabios como tú.

—Entonces ven conmigo y continuaremos explorando juntos estas preguntas.

Alcibíades, dolido por saber que carecía de sabiduría, seguiría acudiendo a Sócrates siempre que pudiera. Por esta razón, y porque su magnánimo regreso del exilio había salvado a Atenas de la guerra civil, Sócrates favoreció a Alcibíades frente a los demás grandes estadistas de su época. Era consciente de que la supervivencia de Atenas dependía de que las facciones enfrentadas dejaran de lado el afán de venganza y trabajaran juntas. A pesar de los numerosos defectos y de las controversias y desgracias en las que se vio envuelto, lloró al darse cuenta de que carecía de sabiduría. Otros evitaban a Sócrates o se volvían contra él furiosos, pero Alcibíades era uno de los pocos estudiantes devotos que habían seguido regresando a él, aunque estuvieran separados durante muchos años debido al exilio de este. Mientras que otros estadistas creían saber lo que era la justicia, Alcibíades sabía que él no y anhelaba superarse. Quería, a diferencia de sus rivales, no solo liderar Atenas, sino ser merecedor de ello.

Habían pasado varios meses desde el regreso de Alcibíades y la flota estaba a punto de zarpar para enfrentarse a la del nuevo general espartano, Lisandro. Sócrates, que caminaba junto al río Iliso, oyó una voz que le llamaba por su nombre. Se volvió y vio a Axíoco, el tío y mejor amigo de Alcibíades, que se apresuraba a su encuentro[3]. Axíoco, con lágrimas en los ojos, empezó a suplicar a Sócrates que fuera a su casa, donde, dijo, le esperaba Alcibíades.

—No come ni duerme, se golpea ruidosamente el pecho con las manos y solo un nombre sale de sus labios, pero temo que es demasiado orgulloso para acercarse a ti por su cuenta. Ahora es el momento para que muestres la sabiduría de la que siempre hablas. Ven conmigo, Sócrates, y consuela a tu amado amigo —instó Axíoco.

Era extraño que Sócrates aceptara invitaciones para visitar las casas de hombres poderosos. Esta vez, sonrió, asintió cortésmente y siguió a Axíoco por el camino junto a la muralla de la ciudad, hacia una elegante casa cerca de la puerta Itoniana. Cuando llegaron, Axíoco se alegró al ver que su amigo estaba de pie. Aunque Alcibíades seguía perturbado y, por su frágil apariencia, era evidente que había estado enfermo, sonrió y saludó a Sócrates.

Cuando Alcibíades era todavía un niño, su padre había caído en la flor de la vida en la batalla de Coronea. Desde ese día, el hijo de Clinias había estado consumido por la necesidad de cubrirse de gloria antes de encontrar un final similar. De joven, creció a la sombra de Pericles, compitiendo constantemente por la atención con los hijos de su famoso tutor y desesperado por ser recordado como un líder aún más grande que el hombre más importante de Atenas.

El amor por la fama y la gloria había definido a Alcibíades, convirtiéndolo en un personaje más grande que la vida misma. Tanto él como Sócrates, aunque distintos en muchos aspectos, serían recordados por sus contemporáneos como almas grandes. La *philotimia* que consumía a Alcibíades hacía que los muchos peligros que enfrentó a lo largo de su vida le parecieran triviales. Sin embargo, desde que regresó del exilio, la naturaleza voluble de la aclamación pública se le había hecho más evidente, sacudiendo su creencia de que esta podría hacer que su vida, y su muerte, valieran la pena.

—Una vez me reí de la muerte —murmuró negando con la cabeza—. Al recordar tus palabras, Sócrates, la veía como un niño con una máscara de monstruo, que sin duda asusta a los necios, pero resulta ridícula para los sabios.

—¿Qué es esto, amigo mío? ¿Y qué ha sido de tu naturaleza jactanciosa, de tu discurso sobre la virtud y de tu famosa valentía? ¿Debemos suponer que te has convertido en uno de esos hombres sin valor que muestran su fuerza en los gimnasios solo para perder los nervios y huir en el campo de batalla? —añadió Sócrates con una leve sonrisa—. Recuerda que eres ateniense y que has estado en compañía de hombres sabios desde que eras un joven imberbe. Después de haber contemplado la naturaleza durante cuarenta años, ¿no estarás de acuerdo ahora con el antiguo dicho de que la vida es simplemente una estancia pasajera en la tierra? Debes pasar tu tiempo aquí como un hombre racional, dispuesto a partir con buen ánimo en cualquier momento. De lo contrario, te condenas a la vida de un cobarde, que termina sus días siendo arrancado con brusquedad de la existencia, llorando como un niño.

Alcibíades pareció por un momento sorprendido, pero luego el comentario quizás reforzó su deseo de recuperar su antigua valentía y vigor. Se echó a reír, pero en voz baja.

—Bien dicho, amigo mío, y tienes razón, como siempre —respondió Alcibíades—. No obstante, parece que cada uno de esos sabios dichos se me escapan ahora que estoy cara a cara con lo que más temo: morir sin la certeza de que seré recordado por mis logros.

Aunque creía que Atenas podía salvarse, Alcibíades sabía que la gloria que experimentó bajo Pericles nunca podría recuperarse y mucho menos superarse, tras el desastre de Sicilia. A pesar del poder que se le había otorgado y la adulación que se le brindaba, empezó a temer por su legado. Veía lo fácil que las reputaciones podían cambiar cuando se derrocaban los regímenes políticos y sabía que podría ser recordado por las futuras generaciones de atenienses como un villano y un traidor.

—El miedo me domina la mente —añadió—, y me desgarra el alma cuando me imagino que me arrancan de la luz y de todo lo bueno, para quedarme pudriéndome, donde sea que eso ocurra, sin ser visto ni recordado, devorado por gusanos y otras criaturas repugnantes.

—Estás hablando en desacuerdo contigo mismo —observó Sócrates. Alcibíades pareció ligeramente desconcertado—. ¿No estás cometiendo el error de confundir la conciencia con la inconsciencia? —le explicó Sócrates.

—¿A qué te refieres? —preguntó Alcibíades.

—Te afliges por la pérdida de conciencia que viene con la muerte mientras, al mismo tiempo, lamentas la idea de que tu cuerpo se pudra y sea privado de lo que es placentero. ¿Cómo puede alguien sufrir por estas experiencias si, después de morir, tu destino es estar en un estado de completa insensibilidad, no diferente del que tenías antes de nacer?

—Supongo que no podemos experimentar lo que nuestros cuerpos sufren después de la muerte —dijo Alcibíades, titubeando.

—Tienes razón, amigo mío —sonrió Sócrates—. En cuanto a tu reputación después de la muerte, considera, noble hombre, las muchas dificultades que enfrentó hace más de cien años tu gran ancestro. Clístenes fue vilipendiado y exiliado varias veces antes de lograr fundar las instituciones de nuestra democracia.

La expresión de Alcibíades se tornó de nuevo sombría. El temor a la legendaria maldición sobre los descendientes del clan de los alcmeónidas había sido utilizado por los enemigos de Clístenes para volcar la opinión pública en su contra un siglo antes. Esa misma superstición se había utilizado para socavar y atacar a Alcibíades durante toda su carrera.

—Aunque ahora te inquiete pensar en la injusticia que sufrió tu ancestro —continuó Sócrates—, ciertamente no te preocupaba cuando sucedió porque en ese momento no existías. Así que tus propios problemas presentes no te afectarán en lo más mínimo después de tu muerte, ya que no habrá ningún Alcibíades en existencia para recordarlos. Por otra parte —continuó Sócrates—, según algunos, el alma continúa viviendo después de que el cuerpo muere y se separan la una del otro. Así como el cuerpo se ve afligido por dolores, enfermedades y otros males que empañan los pocos placeres que experimentamos en la vida, el alma se siente nostálgica por el cielo y la existencia dichosa, libre de penas, que la espera allí. Si tales historias son ciertas, entonces partir de esta vida sería cambiar el mal por el bien, algo que vale la pena desear en lugar de temer —concluyó.

Alcibíades no parecía convencido. Frunció el ceño y replicó:

—En serio, Sócrates, si realmente consideras que la vida en la tierra es algo tan malo, entonces, ¿por qué tú, que nos superas a todos en sabiduría, eliges quedarte aquí?

—No estás testificando con sinceridad en el caso contra mí —dijo Sócrates, riendo—, porque, como la mayoría de los atenienses, aún confundes a un filósofo que ama la sabiduría con uno que afirma poseerla.

Sócrates explicó que fue el sofista Pródico, un discípulo de Protágoras, quien había sido la fuente de esas enseñanzas. Él mismo no se atrevía a afirmar qué nos espera en el más allá.

—Pero, cuando escuché a Pródico dar un discurso en la casa de Calias, habló de una manera tan elocuente y convincente en contra de la vida, que taché de mi mente la palabra misma, considerándola algo de tan poco valor que empecé a anhelar, en su lugar, la muerte.

—¿Qué fue lo que dijo? —preguntó Alcibíades.

—Déjame contarte lo que puedo recordar —dijo Sócrates, mientras comenzaba a gesticular y declamar como un orador—. ¿Qué parte de la vida está libre de dolor? El infante llora tan pronto como nace. Su vida, por lo tanto, comienza con sufrimiento. Y sigue llorando. Llora porque se le priva de comida, porque tiene demasiado calor o frío o porque sufre alguna otra causa de incomodidad. Al no poder hablar, llora casi constantemente. Tras soportar todo esto, al llegar a su séptimo año, se encuentra bajo la tiranía de varios instructores. Poco después, se le enseña gramática, música, geometría, tácticas militares y un sinfín de otras materias. Las cosas empeoran para él en su juventud, cuando los entrenadores físicos del Liceo y de la Academia comienzan a disciplinarlo con un bastón. Tan miserables como son estas experiencias, se consideran nimiedades infantiles en comparación con lo que sigue, cuando entra en la adultez y enfrenta el servicio militar, problemas de salud, preocupaciones financieras y su vida se convierte en una lucha constante.

Continuó:

—Antes de que se haya dado cuenta, la vejez se le habrá acercado de manera sigilosa, y las dolencias, cada vez más difíciles de remediar, se unirán en el preludio de la muerte. Algunos devuelven rápidamente la vida que les fue prestada. Otros la devuelven poco a poco, como si la naturaleza se erigiera sobre ellos como un prestamista exigiendo el pago adeudado, mientras se acercan a la vejez. A medida que pasa el tiempo, poco a poco les son arrebatadas la vista, la audición y la fuerza de los miembros. Incluso si sus cuerpos permanecen vigorosos, sus mentes se debilitan y se convierten en niños por segunda vez, en su senilidad. ¿Y qué hay de aquellos, como tú, que se lanzan a través del océano y pasan todos sus días a bordo de naves? Dichos hombres no existen ni entre los vivos ni entre los muertos. Habiendo abandonado su tierra natal y arrojándose sobre las aguas, como si se hubieran transformado en criaturas anfibias, se entregan por completo a los caprichos de la fortuna y al peligro aterrador. Algo que ahora estás a punto de enfrentar, una vez más. El poder político, asimismo, se valora mucho y, sin duda, también trae muchos placeres, pero en un estado febril, acompañado de ansiedad. Eso, como sabes, es porque la caída de un estadista ambicioso está llena de sufrimiento, peor que mil muertes. ¿Quién puede ser feliz viviendo para la aprobación de la multitud? Aunque lo reciban con vítores ensordecedores como un juguete del pueblo, después lo rechazarán, abucheándolo, multándolo, exiliándolo o condenándolo a muerte, y será recordado ya sea con compasión o como un villano —dijo Sócrates, en conclusión.

—Todo eso es precisamente mi temor —respondió Alcibíades—. Nada me parece más desagradable ahora que subir al estrado y hablar ante la Asamblea, y, sin embargo, también es mi deseo ganar gloria para mí y para mi país. Tú juzgas todo este asunto con precisión al mirarlo desde la distancia, Sócrates, pero quienes hemos probado en la política sabemos por nuestra amarga experiencia cuán ingratos, crueles, envidiosos e ignorantes pueden ser los ciudadanos. Por su propia naturaleza, la Asamblea está compuesta por los más indignos entrometidos, que solo se unen en un cuerpo tan formidable por la fuerza de su miedo y enojo colectivo. Aquellos que deben complacer a la Asamblea son las criaturas más miserables de todas.

—Has argumentado bien que la posición más poderosa en la sociedad ateniense es la que un hombre debería desear menos —admitió Sócrates.

—No me sorprende descubrir una vez más que hemos llegado a tal conclusión extraña —afirmó Alcibíades con el ceño fruncido—. Dime, ¿qué otras paradojas tenéis Pródico y tú sobre la vida y la muerte?

—La muerte no existe ni para los vivos ni para los muertos —replicó Sócrates.

—¿Cómo puede ser eso? —quiso saber Alcibíades, cada vez más confundido.

—En cuanto a los vivos —respondió Sócrates—, no están muertos todavía y por lo tanto la experiencia de la muerte no existe para ellos. En cuanto a aquellos que están muertos —agregó—, ellos mismos no existen y, por lo tanto, no pueden experimentar nada. No puedes sufrir por la muerte mientras estás vivo porque no existe para ti, ni puedes sufrir después de la muerte porque ya no serás.

El noble atribulado asintió con solemnidad. Sócrates continuó explicando que cuando tememos nuestra propia muerte, como si estar muerto fuera de algún modo un acontecimiento de nuestra vida, nos comportamos como si conociéramos el valor de algo que ni es ni será jamás. Temer a la muerte es como preocuparse por dragones, centauros u otras criaturas mitológicas. Aunque podemos hablar de estas y otras criaturas fantásticas, en realidad nunca nos encontramos con ellas a lo largo de nuestra vida. La experiencia de la propia muerte no es menos esquiva.

—Vano es el dolor en Alcibíades afligiéndose por Alcibíades. Pues lo que es temible lo es para los que existen, pero para los que no existen, ¿cómo puede ser temible? —finalizó Sócrates.

Alcibíades se mostraba cada vez más escéptico.

—Estas son palabras muy bien dichas, del tipo que atrae la atención de los jóvenes en los gimnasios, quienes disfrutan reunirse en torno a los sofistas. Mas, lo que me apena no es la idea de sufrir después de muerto, algo que admito imposible, sino más bien el temor a perder las cosas buenas de la vida y nunca más conocer placeres —declaró Alcibíades.

Lo que más le preocupaba, de hecho, era la posibilidad de morir como un fracasado a los ojos de sus compatriotas, lo cual todavía consideraba deshonroso.

—La distinción que intentas hacer entre la experiencia del dolor y la privación de los placeres no es más que un juego de palabras —dijo Sócrates—. Olvidas que estarás muerto y, por lo tanto, no podrás experimentar el sufrimiento de la privación. ¿No te contradices, entonces, al temer tanto ser privado de la conciencia como ser consciente de la privación del placer? —le preguntó Sócrates.

Alcibíades estuvo de acuerdo. Parecía más atraído por el argumento ahora y algo menos preocupado por los peligros que enfrentaba.

—Por otro lado, hay quienes creen que, al final de la vida, en lugar de caer en el olvido, podemos esperar la inmortalidad. Dicen que el cuerpo es como una tumba o prisión de la que el alma es liberada en la muerte, para disfrutar de una existencia pura y dichosa en el cielo.

—Si el alma perdura, ¿cómo podemos estar seguros de que lo que nos espera después de la muerte es dicha y no tristeza? —preguntó Alcibíades.

—Eso dependerá de tu carácter y de dónde encuentres tu placer en la vida —respondió Sócrates.

—¿Cómo? —insistió Alcibíades.

—Para un verdadero filósofo que ama la sabiduría más que nada, no se requiere nada más que la capacidad de razonar para ser feliz —dijo Sócrates—. Mientras esté formulando preguntas a alguien, tal vez incluso a sí mismo y examinando el carácter y los valores de los demás, está comprometido en la actividad más elevada que la vida tiene para ofrecer. Cualquiera que sea su destino después de la muerte, si es que es consciente y puede reflexionar sobre su situación, podrá razonar y continuar con la filosofía en la muerte tal como lo hizo en la vida.

En otras palabras, para una persona autosuficiente que obtiene satisfacción únicamente de su propia conducta, de manera independiente de su entorno o de otras personas, cualquier forma de vida después de la muerte sería una bendición, así como prosperaría en cualquier país extranjero. No necesita conocer de antemano cómo es el lugar en el que se encontrará porque ya sabe que todo bien que requiera proviene de su interior.

—Verás —continuó Sócrates—, la muerte o es nada, un sueño eterno, en cuyo caso no es un mal, sino algo indiferente, o bien nuestra alma continúa existiendo y tenemos la oportunidad de hacer filosofía. En ese caso, la muerte es algo bueno o al menos no peor que la vida. De hecho —añadió—, tenemos suficientes razones para esperar que pueda ser mejor que nuestra vida en la tierra, ya que tendremos la oportunidad de experimentar un reino purificado de los dolores y los placeres terrenales, donde me gusta pensar que podríamos conversar con los grandes hombres del pasado, incluidos tus famosos antepasados e incluso, tal vez, con los mismos dioses. Por lo tanto, la muerte es algo indiferente o algo bueno y, en cualquier caso, es algo que el hombre sabio teme menos que nada.

Alcibíades, como siempre, parecía humillado después de hablar con Sócrates.

—Debes decirme ahora si hay algo que pueda hacer por ti antes de irme, ya que no es seguro que volvamos a encontrarnos —le dijo sonriendo.

—Hay un favor que me gustaría pedirte —dijo Sócrates.

Alcibíades, de repente, prestó tanta atención como un soldado esperando órdenes. Sabía que Sócrates rara vez aceptaba y, mucho menos, pedía favores.

—Recientemente, un joven se me acercó, rogándome con gran desesperación que lo ayudara —continuó Sócrates—. Su noble nacimiento y belleza se han convertido en su desgracia ya que fue capturado y vendido a un burdel en Atenas. Su vida allí es miserable, como puedes imaginar.

—La guerra deja a muchos jóvenes en manos de quienes los explotan —admitió Alcibíades con el ceño fruncido, bajando la voz.

—Al igual que tú, él vino a mí con gran sinceridad, buscando nada más que mejorarse a sí mismo.

Alcibíades sonrió al recordar sus primeros encuentros con Sócrates. Luego, de manera abrupta, respondió:

—Su dueño recibirá el pago. Será libre mañana.

—Critón ha accedido a proporcionarle un hogar —añadió Sócrates.

—¿Cómo se llama? —quiso saber Alcibíades.

—Le llaman Fedón, de la ciudad de Elis —respondió Sócrates.[4]

La batalla de Éfeso

En primavera, Alcibíades zarpó del Pireo con una flota de cien trirremes, tripulada por unos veinte mil hombres. El objetivo era atraer a la flota espartana principal, de noventa trirremes, que Lisandro había estacionado en Éfeso, en la costa de Asia Menor. Alcibíades bloqueó de inmediato al enemigo y lo atrapó en el puerto. La flota ateniense hizo base en la cercana ciudad de Notio. Sin embargo, se llegó a un punto muerto, ya que ninguna de las partes estaba dispuesta a iniciar una batalla. Alcibíades, consciente de que lo mejor sería esperar a la ocasión propicia para atacar, se dirigió al norte con veinte naves para apoyar a su amigo y aliado, el general ateniense Trasíbulo, que se encontraba en un asedio cercano. Cometió el fatídico error de dejar el resto de su flota bajo el mando no de un general, sino de Antíoco, el timonel particular. Alcibíades le dio órdenes estrictas de no enfrentarse al enemigo. Por desgracia, Antíoco parece haber sido tentado por el atractivo de la gloria, tal vez tratando de emular la audacia de su capitán. Desobedeciendo las órdenes, Antíoco zarpó para atraer al enemigo a mar abierto, donde podría tenderle una emboscada el resto de la flota ateniense. El plan fracasó. Los espartanos estaban preparados y consiguieron hundir el barco de Antíoco, matándolo. Se dirigieron a Notio, donde el resto de la flota ateniense se vio sorprendida. Otras siete trirremes atenienses acabaron hundidas y quince capturadas por Lisandro, aunque la mayoría de sus tripulaciones escaparon.

Al recibir la noticia, Alcibíades regresó de inmediato con suficientes barcos para restablecer el empate. Las pérdidas sufridas por Atenas fueron un modesto contratiempo en términos militares. Aun así, la batalla tuvo consecuencias políticas catastróficas para Alcibíades. Sus enemigos en Atenas aprovecharon la oportunidad para culparle. En persona, tenía a la Asamblea en la palma de la mano, pero una vez más, los oradores se habían aprovechado de su ausencia. El truco más sencillo y quizá más antiguo de los retóricos consiste en presentar la información de forma selectiva. Se detuvieron mucho en su notoriedad y sus defectos y no dijeron nada de su talento para el liderazgo y su brillantez como estratega, su amplia experiencia y sus muchas victorias. Sacaron a relucir la maldición de los alcmeónidas y las viejas acusaciones de impiedad que se le habían hecho. Para sembrar el miedo, afirmaron que era un error dar a Alcibíades tanto poder, ya que pretendía derrocar la democracia e imponerse como tirano.

Lo que ocurrió fue, en cierto modo, una repetición de la anterior destitución durante la Expedición a Sicilia. La mayoría de los plebeyos que apoyaban a Alcibíades no pudieron votar porque estaban en Notio como remeros de la flota, junto con muchos de sus amigos personales y aliados que servían a las órdenes de este como oficiales. La Asamblea había quedado en manos de sus enemigos, sobre todo hombres mayores de familias ricas y aristocráticas con más simpatías oligárquicas. Incitaron al peligro, al miedo y al resentimiento hacia Alcibíades, que se interponía en el camino para llegar a un acuerdo con Esparta. Decían que ya se había librado del castigo por un desastre, pero Atenas no podría sobrevivir a una segunda dosis de Alcibíades. Votaron por despojarlo sin dilación del mando y destituirlo del cargo de *strategos*. Por aquel entonces, su amigo Critias, cuyas simpatías espartanas eran cada vez más evidentes, fue desterrado a Tesalia. Alcibíades, sumido en la consternación, se retiró por voluntad de la vida pública. Había tenido un hijo al volver del exilio, pero su esposa murió poco después de dar a luz y su hijo, Alcibíades el Joven, se quedó en Atenas viviendo como un huérfano.[5] Alcibíades, una vez más en el exilio, se embarcó hacia su fortaleza en el Quersoneso tracio, la península en el lado occidental de Helesponto. La misma democracia que acababa de ayudar a restaurar había provocado, irónicamente, su caída una vez más.

La práctica para superar la ansiedad a la muerte

Ya aprendimos en un capítulo anterior que la filosofía socrática puede utilizarse como terapia cognitiva contra el miedo. En este capítulo, vimos cómo Sócrates utilizó su filosofía para vencer el que quizá sea el mayor miedo de todos para muchas personas: el miedo a la muerte. La esencia de una terapia socrática para el miedo a la muerte aparece en la *Apología de Sócrates* de Platón, de manera bastante destacada, pero la mención es seductoramente breve. Un diálogo pseudoplatónico posterior llamado *Axíoco* elabora el argumento, cuyas partes clave retrata Sócrates atribuyendolas al sofista Pródico.[6]

Para muchas personas, superar el miedo a la muerte puede cambiarlo todo. El filósofo estoico Séneca llegó a decir que mientras tengamos miedo a la muerte nunca haremos nada digno de la vida.[7] Al menos, reducir este miedo puede disminuir otros muchos. Sócrates se dio cuenta de que, como con todos los miedos, el primer paso para dominar nuestro temor a la muerte es comprender que es en gran medida cognitivo. Tememos a la muerte porque, a pesar de nuestra incertidumbre sobre la naturaleza de esta, creemos que puede ser algo catastrófico. Los animales se retraen ante el dolor y han desarrollado muchos instintos que les protegen del peligro. Pero no temen a la muerte, al menos no en el sentido en que lo hacen los humanos. ¿Cómo podrían hacerlo? No tienen ningún concepto de la muerte. Nosotros apenas tenemos un concepto de la muerte y, a pesar de ello, suponemos que es algo que hay que temer.

Uno de los pasajes más famosos de toda la filosofía clásica procede del manual estoico de Epicteto: «Los hombres no se perturban por los acontecimientos, sino por las opiniones que tienen sobre ellos». Albert Ellis y Aaron T. Beck, los pioneros de la terapia cognitivo-conductual, usaron esta cita para explicar el modelo cognitivo de la emoción. Se convirtió en una especie de eslogan, se enseñó a muchos miles de pacientes de TCC y se repitió en innumerables libros sobre el tema. Con todo, no citaron la siguiente parte del pasaje. El dicho completo debería decir lo siguiente:

> A los hombres no les perturban los acontecimientos, sino sus opiniones sobre ellos: por ejemplo, la muerte no es nada terri-

> ble, porque si lo fuera, se lo habría parecido a Sócrates; porque la opinión sobre la muerte de que es terrible es lo terrible.[8]

Como puede verse, Epicteto aplicó enseguida este concepto a lo que consideraba el problema psicológico más acuciante al que nos enfrentamos. Se refiere a la actitud de Sócrates ante la muerte porque supongo que era consciente de que esta visión de la psicología de las emociones no tiene origen en el estoicismo, sino que se remonta al propio Sócrates. Si generaciones de psicoterapeutas no se hubieran acostumbrado a citar este pasaje fuera de contexto, se habrían visto obligados a responder a la pregunta que plantea implícitamente: ¿de qué nos sirve superar nuestros otros miedos si seguimos teniendo miedo a la muerte?

Para Sócrates, el miedo a la muerte es un peligroso engreimiento. Creemos saber algo que en realidad no sabemos: que la muerte es horrible. Pese a lo cual, no basamos nuestro miedo en el conocimiento, sino en la opinión. Esta constatación es una forma de distanciamiento cognitivo. Podemos aprender a «distanciarnos» o separar nuestra opinión de que la muerte es horrible de la muerte en sí, el acontecimiento al que se refiere, dándonos cuenta de que es solo una opinión y no un hecho. La posibilidad de aprender a tolerar la incertidumbre sobre la naturaleza de la muerte nos permite interrumpir nuestro juicio, lo que por lo general reducirá la intensidad de nuestra angustia, sobre todo si esta forma de pensar se convierte en habitual o en una segunda naturaleza para nosotros.

Hoy sabemos que se pueden utilizar varias técnicas diferentes para ayudar a los pacientes de psicoterapia a alcanzar la distancia cognitiva. Hemos mencionado algunas de ellas en capítulos anteriores. Por ejemplo, podría empezar observando con detenimiento los sentimientos que le produce la muerte, dándose cuenta de cómo sus pensamientos dan forma a las emociones, desde una perspectiva distanciada. Sócrates hacía esto, en cierto sentido, cuando conversaba con otras personas y estudiaba cómo sus creencias sobre la muerte y otras cosas tan importantes influían en sus emociones y en su comportamiento. Al observar estos procesos en los demás, a veces podemos aprender a ver nuestros propios pensamientos y sentimientos con mayor objetividad.

En la terapia cognitiva, a menudo se enseña a los pacientes a entrecomillar sus pensamientos, por así decirlo, articulándolos de una manera determinada. Esto combina bien con el ileísmo, la técnica de referirnos a nosotros mismos en tercera persona. Los terapeutas no solemos aplicar estas técnicas al miedo a la muerte, pero si lo hiciéramos podríamos decir: «Me doy cuenta ahora mismo de que Donald está pensando "¡la muerte es horrible!"» o palabras por el estilo. Mediante tácticas como estas, es posible aprender a separar nuestros pensamientos sobre la muerte del acontecimiento de la muerte en sí, de forma que se diluya nuestra respuesta emocional, al tiempo que nos permite contemplar la idea de que la muerte podría, quizá, ser horrible... o quizá no. Lo principal es que ganemos flexibilidad cognitiva y la capacidad de pensar en la muerte de nuevas maneras.

Como dijo Sócrates durante su juicio, no podemos saber con certeza si la muerte es mala, pero sí podemos saber que actuar con injusticia es algo malo y lo mismo ocurre con otros vicios. Por eso, tal vez sea más importante cómo vivimos nuestra vida, mal o bien, que el hecho de que debamos morir tarde o temprano. Si somos verdaderos amantes de la sabiduría, y valoramos nuestra propia ilustración por encima de la riqueza, la reputación, el placer físico o cualquier otra cosa, nuestro principal bien estará dentro y no fuera de nosotros. Esto transforma nuestra relación con la muerte. Ya no se nos puede privar de nuestro bien más elevado, excepto si se nos priva por completo de la razón, en cuyo caso estaríamos inconscientes en lugar de sufrir. Como Sócrates comprendió, por lo tanto, los filósofos no pueden temer a la muerte, siempre y cuando amen de verdad la sabiduría.

La muerte de Alcibíades

Tras marcharse Alcibíades, sus aliados también fueron destituidos y se eligieron diez nuevos generales que compartieron el mando de la flota ateniense. En la batalla de las Arginusas destruyeron setenta barcos espartanos. Esta victoria compensó con creces la derrota de Atenas en Éfeso y las esperanzas de que la guerra volviera a decantarse a su favor aumentaron. Sin embargo, al año siguiente, la flota espartana al mando de Lisandro había conquistado Lámpsaco, en aguas de Helesponto, y amenazaba con cortar el suministro de grano a Atenas.

Una enorme armada ateniense, al mando de los nuevos generales, consiguió bloquear los barcos de Lisandro. Aunque los atenienses habían reconstruido su flota, y supuestamente reunieron ciento ochenta naves para esta batalla, no podían reemplazar tan a placer a los hombres. Sus trirremes estaban tripuladas sobre todo por marineros un tanto inexpertos. En lugar de echar el ancla en el puerto de una ciudad cercana, acamparon en una playa para permanecer cerca del enemigo. En los años venideros, los marineros contarían cómo Alcibíades entró en el campamento ateniense, vestido con pieles, como un «bárbaro», con el pelo suelto. Aunque los generales al mando se mostraron hostiles hacia él, les ofreció sus servicios y les aconsejó que se trasladaran a un lugar más seguro, ya que el campamento era una trampa mortal. Podía reunir una fuerza de jinetes y jabalineros tracios, atacar a los espartanos por tierra y obligar a los barcos a navegar en aguas abiertas, donde los atenienses tendrían ventaja.

Los nuevos generales, nombrados por sus enemigos, se rieron de él y le insultaron. Le dijeron que recordara que ellos mandaban y que él había sido despojado de su rango. Rechazaron su ayuda, pues no querían que participara en el mérito de la victoria que esperaban. En lugar de saludarlo como a un compañero estadista ateniense, lo desterraron de su presencia como a un paria. A pesar de ello, sus palabras de advertencia se extendieron como un reguero de pólvora entre los atenienses.

Pocos días después, en lo que se conocería como la batalla de Egospótamos, Lisandro lanzó un ataque por sorpresa, en el que pilló a los navíos atenienses desprevenidos, sin sus tripulantes a bordo. Salvo un puñado de barcos que lograron huir, los espartanos capturaron a toda la flota. Lisandro envió los cadáveres de vuelta a casa para que los atenienses pudieran contar los muertos. Atenas había perdido definitivamente la Guerra del Peloponeso. Al estallar el conflicto, bajo el gobierno de Pericles, Atenas estaba en la cima del poder. En el transcurso de la guerra, como resultado de las batallas, el hambre y la peste, la población del Ática se había reducido en un tercio. Al final, en el año 404 a. C., Atenas perdió tanto su imperio como su armada y quedó reducida a una sombra de lo que había sido en el pasado. El lugar donde cayó del cielo el célebre meteorito de Anaxágoras, antaño símbolo de la ilustración intelectual de la ciudad y de su Edad de Oro bajo el reinado de Pericles, se asociaba ahora con la calamitosa caída del Imperio ateniense.

Sin armada que la defendiera, Atenas cayó en manos de los espartanos. Lisandro puso al mando a una junta militar, conocida como los Treinta Tiranos. Uno de sus primeros actos fue enviar al hijo de tres años de Alcibíades, Alcibíades el Joven, a una ciudad donde pudiera ser mantenido como rehén, en peligro de muerte.[9] Los Treinta consideraban a Alcibíades como la mayor amenaza para su gobierno y lo exiliaron de toda Grecia, de la que ahora la mayor parte estaba bajo control espartano. Proscrito y perseguido por toda Grecia por su propio pueblo, se vio obligado a mendigar protección a los extranjeros que los atenienses consideraban bárbaros. Se dice que a Alcibíades le consumía el deseo de liberar a su país y restaurar la democracia. Al parecer, esperaba que el rey persa, Artajerjes, le apoyara en otra guerra contra los espartanos. Nunca tuvo la oportunidad de probar suerte, pues su nombre ya figuraba en una lista de individuos a los que había que asesinar.

Alcibíades era el último gran miembro de la casa noble que fundó la democracia ateniense, dirigió Atenas en el apogeo de su imperio y al que en ese momento culpaban de su caída. Para que los espartanos confiaran en sustituir la democracia ateniense por un gobierno controlado por aliados oligarcas, la línea de los alcmeónidas tendría que extinguirse.[10] Píndaro, al elogiar a los antepasados de Alcibíades, había proclamado ominosamente:

Las grandes hazañas provocan grandes envidias y el dicho
[es cierto:
la buena fortuna, que florece para siempre, no solo trae
[consigo la felicidad,
sino también la tragedia.

Fueron a por él mucho después de caer la noche. Tras localizarlo en una zona rural de Frigia, ocultaron las lámparas bajo las capas. Una docena de asesinos se desplegaron para rodear la casa y apilaron en silencio broza contra las paredes. A la señal, encendieron el fuego que lo prendió todo. Esperaron, con los ojos brillando en la oscuridad, a la luz de las crecientes llamas, mientras el fuego comenzaba a rugir con fuerza. Al principio, parecía que no pasaría nada más. Entonces la puerta se abrió de golpe y Alcibíades salió corriendo a la noche, armado con una daga, desnudo salvo por una capa que se echó sobre el brazo para protegerse de las llamas. Durante unos breves instantes se detuvo, mirando a un lado y a otro, evaluando las posibilidades. De repente, lanzó un grito de guerra y corrió hacia el asesino más cercano. Antes de dar dos zancadas, la primera jabalina se clavó en su pecho, luego otra y otra.[11] Se desplomó a los pies de ellos, en un oscuro charco de sangre. Lo degollaron y se llevaron su cabeza como trofeo.[12]

Al menos, así contaron la historia los marineros. Se la contaron unos mercenarios extranjeros que dijeron haberla oído a una de las dos prostitutas que habían compartido el lecho de Alcibíades la noche de su muerte. Los hombres mayores dijeron que el sátrapa persa Farnabazo había ordenado la ejecución de Alcibíades a instancias de Lisandro, el general espartano. Alcibíades tenía muchos enemigos que envidiaban a su gran familia y habrían disfrutado viendo cómo su vida terminaba en tragedia. No obstante, el rumor que más indignaba a los jóvenes marineros era que su antiguo amigo había insistido en la muerte del comandante exiliado. Era el más cruel de los Treinta Tiranos que los espartanos habían llevado sobre su ciudad derrotada: Critias, el traidor.

10
LOS TREINTA TIRANOS

Sócrates escuchó con atención los gritos que se extendían por las calles de Atenas, hasta que pareció que el pánico se apoderaba de toda la ciudad.[1] La noticia había llegado primero al puerto del Pireo, donde había atracado el barco estatal Páralo, portador de la noticia de la aniquilación total de su flota. Aquella noche, los ciudadanos de Atenas permanecieron en vela, con el sueño perturbado por las imágenes del castigo que les aguardaba. Quienes tenían edad suficiente para haber votado en la Asamblea por las masacres cometidas, en su nombre, en Milo y en otros lugares empezaron a sentir el doloroso mordisco del remordimiento. Cualquier día vendrían los espartanos y temían que les mostraran la misma crueldad que habían infligido a otros o algo peor.

Después de que Lisandro capturara la flota ateniense en Egospótamos, navegó de una ciudad a otra para asegurar el control de Esparta sobre la región y reforzar el dominio sobre el crucial suministro de grano de Atenas, precisamente el peligro contra el que había advertido Alcibíades. Lisandro concedió salvoconductos a todos los atenienses que encontró en la región, pero no fue un acto de misericordia. Atenas pronto se llenaría de refugiados y de más bocas que las que podrían alimentar. El rey Agis de Esparta ya tenía tropas desplegadas en Decelia, dieciséis kilómetros al norte de la Acrópolis. Casi todos los aliados atenienses se habían rendido. Lisandro se dirigió a Atenas con ciento cincuenta barcos para bloquear el Pireo. Pausanias, el otro rey de Esparta, acampó con un enorme ejército fuera de las murallas de la ciudad, en los terrenos del parque de la Academia. Sócrates había participado en el asedio de Potidea al estallar la guerra. Casi tres décadas después, se encontraba atrapado en Atenas, una ciudad asediada y a punto de caer en manos de los victoriosos espartanos.

Lisandro esperó tres meses a que los atenienses empezaran a morir de hambre antes de permitirles negociar los términos de la rendición. Terámenes fue nombrado emisario de Atenas y enviado a Esparta, donde se encontró que Corinto y Tebas, los aliados más poderosos de Esparta, exigían la destrucción de su ciudad. Los espartanos, sin embargo, tenían buena memoria. Consideraron prudente mostrar clemencia con una ciudad que había ayudado dos veces a Grecia a defenderse de una invasión persa.

Terámenes regresó con la noticia de que Atenas se salvaría si demolían los Muros Largos y las fortificaciones del Pireo y si se entregaban todos los barcos excepto doce de ellos. Los atenienses, según las condiciones, debían tener los mismos amigos y enemigos que los espartanos y ser dirigidos por ellos en la guerra, ya fuera por tierra o por mar. Por último, todos los exiliados debían ser llamados a filas, incluidos los aristócratas simpatizantes de Esparta, que formarían un gobierno oligárquico. La Asamblea se vio obligada a aceptar. Los espartanos proclamaron que habían liberado a toda Grecia de la tiranía ateniense. Mientras las flautas tocaban en señal de celebración, los ciudadanos de Atenas, derrotados, se vieron obligados a derribar con sus propias manos las preciadas defensas.

La Asamblea se reunió cercada por soldados para nombrar a treinta oligarcas encargados de revisar la constitución, tomando como modelo la de Esparta, cuyo Consejo de Ancianos, o Gerusía, tenía el mismo número de miembros. Los líderes serían Critias, antiguo alumno de Sócrates y amigo de Alcibíades; Caricles, un radical que había dirigido los procesos por el escándalo de las hermas; y Terámenes, el moderado que había servido como general a las órdenes de Alcibíades y había sido el primero en pedir su regreso del exilio tras la expedición a Sicilia. Los espartanos dejaron que esta junta gobernara Atenas en su nombre. Más tarde, esta junta se haría tristemente célebre como los «Treinta Tiranos». En poco tiempo, Samos, el último aliado ateniense que resistía, se rindió, lo que puso fin a la Guerra del Peloponeso tras veintisiete años.

Critias no tardó en embriagarse con el poder recién adquirido y, aún amargado por el reciente exilio, reclamó venganza. El primer paso de los oligarcas fue nombrar a sus propios magistrados. En una acción que mereció el elogio de la mayoría de los ciudadanos, empezaron a perseguir a los informadores a sueldo utilizados por Cleón y otros demagogos. Al poco tiempo, los oligarcas también reclutaron a trescientos portadores de látigos para hacer cumplir los decretos. Los ciudadanos, con miedo a protestar, vieron impotentes cómo los Treinta aprovechaban la oportunidad para saldar viejas cuentas, y ejecutaban a cualquiera que hubiera testificado contra ellos durante la democracia, en primer lugar, los ciudadanos más vulnerables. Después, pidieron a Esparta que les proporcionara una guarnición de soldados, que actuaron como guardaespaldas y envalentonaron a Critias y a los demás oligarcas para arrestar a ciudadanos más prominentes, entre los que se encontraban no solo sus enemigos personales, sino también aquellos cuya riqueza o reputación consideraban una amenaza para su régimen.

Cuando Terámenes vio que sus compañeros explotaban el poder que tenían para buscar venganza, trató de aconsejar moderación.

—¿Qué sentido tiene ejecutar a aquellos hombres que apoyaron la democracia, pero que nunca hicieron daño a los aristócratas? —le preguntó a Critias—. Tanto tú como yo hicimos cosas en el pasado para ganar el favor del pueblo.

Así funcionaba la política, después de todo, bajo la democracia; todos, en algún momento, se habían comportado como demagogos. Critias suspiró.

—Eres un ingenuo, amigo mío, si crees que solo porque somos treinta no debemos cuidar nuestras espaldas con el mismo cuidado que un tirano que gobierna en solitario. No tenemos otra opción que deshacernos de aquellos que probablemente se opondrán a nuestro gobierno.

Para evitar cualquier intento de resistencia, Critias decretó que los líderes demócratas exiliados fueran declarados fuera de la ley y permitió que cualquiera pudiera quitarles la vida con impunidad. Alcibíades, aunque había sido su amigo, fue el primero en ser asesinado. El siguiente en la lista era Trasíbulo, el general demócrata exiliado en Tebas, que había luchado junto a Alcibíades y Terámenes. Cuando a Trasíbulo le llegó la noticia del asesinato de su amigo Alcibíades y del empeoramiento de la situación en Atenas, actuó de manera decidida. Desafiando el frío invernal, condujo por las laderas del monte Parnés a un escuadrón de setenta hombres seleccionados rigurosamente y lograron tomar por sorpresa la fortaleza ateniense de Filé. Los rebeldes controlaban ahora una de las fortalezas más seguras de la región, la cual estaba situada en lo alto de una roca empinada que dominaba el camino entre Tebas y Atenas.

Los Treinta respondieron estrechando el cerco. Más de mil quinientas personas, en total, serían convocadas en un edificio público del Ágora llamado Stoa Poikile y ejecutadas por supuestos crímenes contra el régimen.[2] Terámenes instó a la moderación.

—La oligarquía no sobrevivirá si continuamos así —les advirtió—. Debemos compartir el poder con más ciudadanos, de lo contrario, el pueblo nos tomará por tiranos. —Quería que, al menos, la clase de los hoplitas tuviera derecho a votar—. Nuestros actos me parecen ridículos porque estamos haciendo dos cosas contradictorias —añadió—: estamos organizando un gobierno basado en la fuerza y en el dominio de los fuertes, pero lo mantenemos tan reducido que es más débil que sus propios súbditos.

Eso hizo que a Critias se le curvaran los labios, pues le hizo recordar el dolor cuando Sócrates le señalaba contradicciones similares. Temeroso de que Terámenes pudiera crear una facción opositora, ordenó a los tres mil hoplitas más leales a la oligarquía que desfilaran armados en el Ágora, como demostración de fuerza. Desarmaron a todos los demás habitantes de Atenas y las armas se guardaron bajo llave en el templo del Partenón, en la Acrópolis. Ahora, los Treinta eran libres de hacer lo que quisieran. Critias promulgó una ley que permitía ejecutar de forma sumaria a cualquiera que no estuviera en su lista de leales. Los oligarcas se aprovecharon de ello para silenciar a la oposición y enriquecerse al confiscar los bienes de las víctimas.

Con su ejército privado de tres mil hoplitas, los Treinta marcharon contra Trasíbulo. Incapaces de tomar por asalto la fortaleza de Filé, se prepararon para un asedio. No obstante, los dioses sonrieron a los rebeldes cuando una inesperada nevada obligó a los Treinta a regresar a Atenas. Eso le concedió a Trasíbulo el tiempo que necesitaba para planear una rebelión armada.

Diálogo con Critias

A medida que la política de los Treinta se hizo más opresiva, muchos abandonaron Atenas para dirigirse al cercano Pireo, un antiguo bastión demócrata. Querefonte rogó a su amigo que fuera con él, pero Sócrates permaneció en Atenas, a pesar del peligro.

—Ya ves en qué clase de hombre se ha convertido Critias —le avisó Querefonte.

—Es el mismo hombre de siempre, aunque con más de los que parecen dispuestos a obedecer sus órdenes —respondió Sócrates, y se encogió de hombros.

—¿Recuerdas cómo respondió Critias a tu debate con Gorgias, hace tantos años, bajo la democracia, cuando aún era un joven? —le preguntó Querefonte poniendo los ojos en blanco.

Sócrates, que nunca olvidaba tales situaciones, fue capaz de relatar toda la conversación de memoria:

—Las palabras de un orador político —había dicho Sócrates— están pensadas para torcer de aquí para allá con tal de no disgustar al pueblo contradiciendo su cambiante estado de ánimo.[3] La filosofía nunca cambia. Sus afirmaciones pueden parecer sorprendentes y paradójicas, pero son coherentes. Nos dice que cometer un mal es peor que sufrirlo a manos de otro. Y te juro por el perro, Critias, que, si permites que esa afirmación quede en entredicho, nunca estarás en paz contigo mismo. Por mi parte, prefiero desentonar con todo un coro, y que el resto de la humanidad me contradiga, que desentonar con un solo individuo, contradiciéndome a mí mismo.

—Sócrates —replicó Critias—, pareces un demagogo. A pesar de lo que acabas de decir sobre despreciar al coro de la humanidad, todo tu argumento dependía de una apelación a la opinión popular. Nuestro amigo Gorgias estaba demasiado avergonzado como para admitir que no enseña justicia. Alcibíades cayó en la misma trampa cuando estuvo de acuerdo en que cometer una injusticia es más vergonzoso que sufrirla. Se limitaba a hablar de una convención popular al respecto, lo que no nos dice nada. Por lo que se refiere a la naturaleza, los hombres de verdad nunca se convierten en víctimas, porque son fuertes. De ahí que ser víctima de la injusticia sea un mal mayor que cometerla.

»Cuando se ven agraviados e insultados, los débiles y serviles no pueden defenderse ni defender a nadie que les importe. Por esta razón, los débiles, que son muchos, siempre han conspirado contra los fuertes, que son pocos, mediante la invención de convenciones morales sobre lo que es justo. Por ejemplo, la mayoría inventó la idea de que es injusto y vergonzoso que los fuertes se lleven la mayor parte de cualquier cosa. Pero, a lo largo de la historia, los fuertes han afirmado su derecho a conquistar a los débiles. Toman lo que quieren, de acuerdo con la ley de la naturaleza, y en contra de las leyes y convenciones establecidas por sus inferiores.

Por supuesto, así era como se habían comportado los atenienses con Milo y otras ciudades más débiles que la suya. Critias continuó:

—Para poder adoctrinar a todo el mundo con estas reglas, los atenienses toman a los mejores hombres, los más fuertes, y desde muy temprana edad los domestican igual que los hombres domestican a los cachorros de león criados entre ellos. Los esclavizan enseñándoles que los hombres deben ser iguales y otras tonterías antinaturales. Sin embargo, cuando nace un hombre lo suficientemente fuerte, se libera de esos hechizos, rompe sus cadenas y pisotea sus convenciones. De vez en cuando, un gran hombre deslumbra al pueblo revelándose como su amo y no como su esclavo. La ley de la naturaleza, como dice Píndaro, gobierna tanto a los hombres como a los dioses, y ha establecido de una vez por todas que el poder es el derecho.

»Estás cegado a la verdad de todo esto simplemente por el amor que le profesas a la filosofía, quizás un juego entretenido para los niños, pero que seguro te destruirá si lo mantienes durante mucho tiempo. Sin duda, por mucho talento natural que tenga un joven, si pierde el tiempo en su empresa estudiando filosofía, nunca llegará a ser un hombre de verdad. Sus inferiores nunca lo respetarán y carecerá de toda influencia en los tribunales y en la Asamblea. Eso es lo vergonzoso, Sócrates. Siento por tus estudiantes lo mismo que siento por los hombres adultos que hablan con un ceceo como de niño pequeño: ¡merecen ser azotados por ese comportamiento tan poco viril!

»Sócrates, admito que me caes bien —añadió Critias con altivez— , así que permíteme que te dé un consejo. Te has descuidado en lo que se refiere a retórica y oratoria. Tu noble alma se presenta ante los demás como la de un niño tonto por el modo tan poco sofisticado con el que te expresas. No puedes aportar ni una sola palabra que tenga valor a las deliberaciones de un tribunal ni persuadir a un solo ciudadano en la Asamblea para que apoye tu causa. Así que no te ofendas por mi franqueza. ¿No te avergüenzas de la difícil situación en la que te encuentras a causa de la filosofía? Si alguien te arrestara y te llevara a la cárcel ahora mismo, estarías completamente indefenso. Te hallarías ante el tribunal con la boca abierta de par en par, sin palabras para defenderte. No importa lo falsos e injustos que sean los cargos, si la acusación utiliza la retórica y quiere que mueras, el jurado te condenará a muerte.

Sócrates sonrió.

—Critias, te estoy agradecido porque he llegado a creer que si quiero comprobar si vivo bien o mal, requiero tres cualidades de un interlocutor: sabiduría, buena voluntad y franqueza. Puede que Gorgias y Alcibíades sean sabios y bienintencionados, pero, como has observado, no hablaban con suficiente libertad. Se avergonzaban de contradecir las convenciones sociales, pero acababan contradiciéndose a sí mismos. Dudo, por el contrario, que tú te sientas inhibido por la vergüenza.

»Así que si puedo convencerte de que estés de acuerdo conmigo, amigo mío, sabremos que hemos llegado a la verdad. Empecemos por aclarar cómo defines la justicia natural. ¿Me equivoco si digo que crees que esta consiste en que el más fuerte se apodere de la propiedad del más débil por la fuerza, que el mejor gobierne sobre el peor y que los nobles tengan más que el pueblo llano: que el poder es el derecho?

Critias dijo que así era. Sócrates le preguntó si estaba diciendo que «mejor» y «más fuerte» eran lo mismo. Critias explicó que una ciudad más grande que ataca a una más pequeña es a la vez más fuerte y mejor, ya que merece ganar.

—Seguramente, al igual que una ciudad grande es más fuerte que una pequeña, la gente común, que es mucha, es más fuerte que los nobles, que son pocos —afirmó Sócrates. Critias esperó un momento y luego asintió—. Entonces, las leyes impuestas por los más fuertes son las mismas que las impuestas por la mayoría. La mayoría, según tú, cree que la justicia consiste en la igualdad y que es más vergonzoso hacer lo injusto que sufrir la injusticia. Sin duda, de ello se deduce que estas creencias se derivan no solo de la convención, sino también, como tú afirmas, de la naturaleza. Antes dijiste que la convención y la naturaleza se oponen en este campo, pero ahora pareces contradecirte a ti mismo.

—¡Estas tonterías no tienen fin! —se burló Critias—. ¿No te da vergüenza, Sócrates, hacer juegos de palabras? Te dije que por más fuerte quería decir mejor. ¿De verdad creías que quería decir que, si reunías a un montón de esclavos y chusma vulgar, con músculo, pero sin cerebro, lo que dijeran tendría fuerza de ley?

—Déjame ayudarte. ¿Querías decir gobernantes más sabios y mejores cuando decías hombres más fuertes? —le aclaró Sócrates.

—Por supuesto —le confirmó Critias.

—¿Así que un solo sabio es superior a miles de tontos, y debería gobernarlos como un tirano, y quedarse con la parte del león de todo lo que poseen?

—Exactamente, la justicia natural consiste en que los hombres más sabios y mejores gobiernen sobre sus inferiores.

—Bueno, vamos a suponer que muchos de nosotros nos reuniéramos con una gran cantidad de comida, y que alguien de los presentes fuera un médico experto en el campo de la nutrición del hombre. ¿Sería sabio simplemente reclamar la mayor parte de la comida y consumirla toda él mismo? ¿O la sabiduría consistiría en distribuir a cada persona, incluido él mismo, la cantidad más adecuada de comida, en beneficio de la salud de cada individuo? ¿Consiste la sabiduría en ejercer una moderación racional o en entregarse a los excesos?

—Estás hablando de comida y bebida, y otras tonterías por el estilo, pero no me refería a eso —se quejó Critias—. Estamos hablando de maestría en la gestión de los asuntos de toda la ciudad.

—¿Así que lo que querías decir es que los mejores hombres son más sabios a la hora de gobernar ciudades? —preguntó Sócrates. Critias hizo un gesto de asentimiento—. Bien, entonces, ¿no es necesario el autodominio mientras uno sea señor de los demás?

—¿A qué te refieres? —quiso saber Critias.

—¿Tus gobernantes se gobiernan a sí mismos con sabiduría? —le aclaró Sócrates. Critias frunció el ceño con gesto irritado, y ladeó la cabeza.

—¿Cómo puedes estar feliz si tienes que negarte a ti mismo el placer? —exclamó—. Cualquier hombre que quiera vivir como un hombre debe salir y satisfacer sus apetitos tanto como quiera. A la mayoría le falta la fuerza para hacerlo. Pueden alabar la moderación, pero no es una «virtud» propia de hombres libres. Sócrates, lo cierto es que, para quienes ejercen el poder absoluto, como los tiranos políticos, ¿qué puede haber que sea más vergonzoso que la moderación y la justicia? Ningún hombre de verdad se sometería voluntariamente a los valores de los esclavos. Su idea de autodominio es contraria a la naturaleza. Es una mentira inventada por los que son serviles y débiles por naturaleza y que se unieron en una conspiración contra sus amos, los fuertes, en un intento de avergonzarlos hasta la sumisión.

—Mucha gente comparte estas opiniones, pero se avergüenzan demasiado de exponerlas en público —reconoció Sócrates—. Así que, una vez más, te agradezco tu franqueza, amigo mío. Dices que los fuertes deben dar rienda suelta a sus pasiones y apetitos tanto como quieran, ¿no es así?

—¡Por supuesto! —bufó Critias, como si lo que decía fuera de sentido común.

—Entonces, respóndeme a esto: ¿lleva una buena vida en ese sentido un hombre que tiene una comezón y también el poder de rascársela cuantas veces quiera?

—¡Qué comentario más raro por tu parte, Sócrates! —replicó Critias—. Y qué vulgar también, pero, sí, digamos que incluso un hombre que se rascara constantemente viviría una vida agradable y feliz.

Critias no estaba dispuesto a aceptar que la moderación fuera una virtud porque quería insistir en que estaba mal que los fuertes se negaran a sí mismos cualquier cosa que desearan. Creía que el placer es bueno en sí mismo. Sin embargo, Sócrates le mostró varias formas en las que normalmente distinguimos lo que es bueno para nosotros de lo que es placentero. Por ejemplo, el placer de beber agua se acaba una vez saciada nuestra sed y nos libramos del dolor o la desagradable sensación de ansiarla. El bien que obtenemos al volvernos sabios, por el contrario, continúa indefinidamente después de haber sustituido al mal de la insensatez.

—¿Y qué? —exclamó Critias.

—Pues, amigo mío, que de eso se deduce que el placer y el dolor, aunque opuestos, están unidos de una manera que la sabiduría y la locura no lo están —se explicó Sócrates—. Por lo tanto, el bien no puede ser idéntico al placer ni el mal al dolor.

Critias seguía sin estar convencido, así que Sócrates intentó una táctica diferente.

—¿Antes has insinuado que no consideras que los necios sean hombres buenos?

—Claro que no —negó Critias.

—¿Has visto alguna vez a un necio disfrutando del placer o a un sabio sufriendo por el dolor? —quiso saber Sócrates.

—Supongo que sí, pero ¿y qué?

—¿Experimentan mayor placer los sabios o los necios? —insistió Sócrates.

—No lo sé —respondió Critias entre dientes.

—Entonces, ¿dices que no hay diferencia práctica entre los hombres buenos y los malos en cuanto a su capacidad de placer?

Critias asintió con cierta duda.

—Pero antes has dicho que el dolor es malo y el placer bueno. Así que, sin duda, de eso se deduce que un hombre que es capaz de sentir más placer es mejor que el hombre que es capaz de sentir más dolor.

—Sócrates, te he estado escuchando con paciencia mientras decías todas esas tonterías como si no te dieras cuenta de que toda persona normal, incluido yo, distinguimos entre los placeres que son buenos para nosotros y los que son malos para nosotros.

—¿Los placeres buenos son los que nos benefician y los malos los que nos perjudican?

—Por supuesto —resopló Critias.

—Así pues, ¿debemos soportar ciertos dolores en la medida en que nos conduzcan a lo que es bueno para nosotros y abstenernos de ciertos placeres en la medida en que sus consecuencias sean malas para nosotros? —preguntó Sócrates.

Critias se mostró de acuerdo.

—¿Acaso cualquier necio es capaz de distinguir los placeres sanos de los malsanos, y los dolores buenos de los malos, o para eso hace falta un experto?

—A veces hace falta un experto —admitió Critias con un titubeo.

—Así es —le confirmó Sócrates—. Por ejemplo, un médico sabio podría aconsejarnos que, aunque cierta medicina tiene un sabor desagradable, es buena para la salud, y que ciertos alimentos que tienen un sabor agradable son malos para la salud.

Critias también se mostró de acuerdo en esto.

—Volvamos a lo que hablaba con Gorgias y Alcibíades. Hay ocupaciones, como la de pastelero, que complacen nuestros apetitos sin distinguir los placeres buenos de los malos. Existen artes, como la medicina, por el contrario, que estudian lo que realmente es bueno para nuestra salud. Estas diferentes ocupaciones indican diferentes actitudes ante la vida. —Critias soltó un suspiro—. Así que, por el dios de la amistad, Critias, te suplico que te tomes en serio lo que estamos discutiendo, y que no creas que estoy bromeando, sino que reconozcas que, de hecho, estamos discutiendo una de las cuestiones más importantes que cabe imaginar: ¿cómo debe vivir un ser humano?

»¿Acaso debería cada uno dedicarse a lo que tú y otros políticos llamáis actividades "varoniles", como adular a las masas en la Asamblea? —añadió Sócrates—, ¿o deberíamos vivir como nos hemos estado comportando ahora mismo, en esta conversación, es decir, como filósofos que aman la sabiduría?

Sócrates le explicó que consideraba que la oratoria política influía en la opinión popular utilizando nuestra búsqueda del placer y el miedo al dolor en lugar de apelar a lo que realmente es bueno para nosotros.

—No estoy de acuerdo, pero voy a seguirte la corriente, Sócrates, para que podamos acabar de una vez con esta tonta discusión —le replicó Critias con un gruñido.

El filósofo sonrió de oreja a oreja.

—Entonces, ¿supones que los oradores hablan siempre pensando en lo mejor para sus conciudadanos? ¿Que tratan a los asambleístas como si fueran niños y tratan de complacerlos, sin importarles si sus discursos mejoran o empeoran al pueblo?

—Algunos políticos actúan tal y como lo describes, pero no todos —dijo Critias.

—Esa respuesta es más que suficiente. Supongamos que hay dos clases de oratoria —continuó Sócrates—. Una que adula de un modo vergonzoso a las masas, y otra más noble que pretende mejorar sus almas, sea o no agradable a los oídos de la audiencia. Es difícil encontrar un político que, de hecho, haya mejorado el carácter de los ciudadanos. A muchos políticos se les alaba por otros logros, como la construcción de edificios o la victoria en una batalla. Un estadista sabio intentaría mejorar al pueblo pronunciando discursos que alabaran la justicia y la moderación y le advirtieran contra vicios como la injusticia y el exceso. Alentaría aquellos deseos que hacen a las personas ser mejores y las persuadiría para que abandonaran aquellos que las hacen peores. Cuando alguien está enfermo, los médicos recomiendan que se abstenga de comer ciertos alimentos y de realizar otras actividades. Del mismo modo, cuando nuestra alma no está sana y está plagada de vicios e insensatez, debemos practicar la moderación en lugar del exceso. De hecho, satisfacer nuestros deseos, sin restricciones, es mucho más peligroso cuando nuestra mente está enferma que cuando lo está nuestro cuerpo. ¿No te das cuenta de que admitir tus errores por la salud de tu propia alma es como tragar medicina amarga por el bien de tu cuerpo? —añadió Sócrates.

—Es que eso no me interesa ni lo más mínimo, Sócrates —se burló Critias.

—Dicen que no hay que dejar un relato a medio contar —sonrió el filósofo.

—No voy a contestar más preguntas infantiles, Sócrates —le espetó Critias.

—En ese caso, debo ocupar tu lugar y responder a mis propias preguntas si quiero terminar nuestra discusión. Lo hago, pero con la condición de que todos vosotros os comprometáis a replicarme si digo algo que parezca falso. Si demostráis que me equivoco, os consideraré entre mis mayores benefactores.

Gorgias y los demás estuvieron de acuerdo en aceptar las condiciones.

—Escuchad entonces mientras recapitulo. Critias y yo acordamos que el placer no puede ser idéntico al bien. Un buen hombre será justo y moderado y, por lo tanto, prosperará. Tal persona será lo opuesto al tirano desenfrenado cuya libertad has alabado antes. El hombre injusto y desenfrenado no merecerá y nunca conseguirá de verdad el amor y la amistad de sus semejantes. Critias, los hombres sabios admiten que el mundo está organizado por las leyes de la naturaleza, y la humanidad está organizada por comunidades y lazos de amistad. Así pues, la ley de la naturaleza no es realmente tan egoísta como tú afirmabas, sino que también incluye la moderación, la justicia y la amistad hacia los demás.

»Ahora resulta que, después de todo, es cierto aquello de lo que acusaste a Alcibíades cuando admitió por vergüenza que cometer una injusticia no solo es más vergonzoso que sufrir injusticia a manos de otro, sino que también nos hace más daño. Por lo tanto, un buen orador debe ser sabio y justo él mismo, lo mismo que entender lo que está bien y lo que está mal, antes de intentar influir en los demás. Alcibíades acusaba precisamente de eso a Gorgias, de admitirlo solo por vergüenza, a pesar de no creérselo él mismo. Solo alguien que haya estudiado la justicia, como un filósofo, estaría capacitado para emplear la oratoria para el bien. De lo contrario, un orador político, que ignora lo que realmente es bueno para los ciudadanos, se limita a persuadirlos de lo que a él le parece correcto.

»Me reprochas que no tenga la capacidad de defenderme a mí mismo ni a ninguno de mis amigos ante los tribunales, y me comparas con un proscrito que está a merced de cualquiera que decida golpearme en la cara, robarme mis bienes, desterrarme de Atenas o incluso condenarme a muerte. Dices que estar en esa posición es la peor forma de desgracia. Creo, como siempre he dicho, que la mayor desgracia no es que te golpeen sin merecerlo, o que te hieran en la bolsa o en el cuerpo. Te digo que es más dañino, y más vergonzoso, ser la persona que golpea y hiere a otra de forma injusta. Cualquiera que ocasione cualquier clase de injusticia, sobre mí o sobre cualquier otra persona, trae más desgracia sobre el malhechor que sobre nosotros, que sufrimos el agravio.

»Todas estas conclusiones ya han demostrado resistir cualquier clase de escrutinio a lo largo de nuestras discusiones anteriores. Se han mantenido firmes, unidas por una cadena de argumentos tan fuerte como la adamantina, al menos hasta donde puedo juzgar en este momento. A menos que tú u otra persona sea capaz de romper esta cadena, nadie podrá contradecirme y afirmar que dice la verdad. Por mi parte, me atengo a mi principio invariable: no pretendo saber si es cierto. Aun así, nunca he conocido a nadie con una opinión contraria que no se demostrara absurda al examinarla con mi método.

—Puede que me impresione algo de lo que dices —admitió Critias entre dientes—. Pero, como la mayoría de la gente, no estoy convencido de que tengas razón.

—Vamos, Critias, ¿dices que debería tratar de mejorar la salud de los atenienses, guiándolos hacia la verdad, como haría un médico, o hacer y decir solo lo que les agrada, como haría un siervo? —le preguntó Sócrates.

—Sigo pensando que sería recomendable que les sirvieras —respondió Critias.

—Como un adulador —apuntó Sócrates.

—Si crees que debes seguir utilizando ese término ofensivo, que así sea —bufó Critias, antes de añadir, más bien en tono sombrío—: Parece que estás muy seguro de que no te arrastrará hasta los tribunales alguien que quiera hacerte daño.

—La verdad es que sería un necio si no me diera cuenta de que algo así podría ocurrirle a cualquiera en la ciudad y no me sorprendería en absoluto que acabara ejecutado.

—¿Qué quieres decir? —preguntó Critias extrañado.

—Creo que soy uno de los pocos atenienses, quizás el único, que practica el verdadero arte de la política, precisamente porque con lo que digo no pretendo agradar a los ciudadanos, sino mejorarlos —replicó Sócrates—. Por tanto, seré juzgado como si fuera un médico, llevado ante un jurado de niños, con un confitero como fiscal. Dirán: «Niños, este hombre os está perjudicando al recetaros una medicina amarga y obligaros a absteneros de las golosinas que tanto os gustan. Mirad, sin embargo, todos los dulces deliciosos que os he traído». Si el médico afirmara que esos dulces solo les iban a causar dolor y que les privaba de ese placer por el bien de su salud, a pesar de ser cierto, habría alboroto entre los niños. Pues bien, esa es la situación en la que espero encontrarme, si alguna vez comparezco ante un tribunal. Si se quejan de que arruino a los jóvenes reduciéndolos a un estado de duda indefensa o insulto a sus mayores criticando lo que enseñan, no podré defenderme diciendo que simplemente dije la verdad y que actuaba en su mejor interés.

—¿De verdad no crees que es mejor que un hombre pueda defender su vida y sus actos ante su ciudad? —le contradijo Critias.

—Creo que la única defensa que un hombre necesita es que nadie encuentre en su vida prueba alguna de haber obrado mal. Si fuera incapaz de decir esto en mi propia defensa, sentiría vergüenza sin importarme que el jurado fuera grande o pequeño, o incluso de un solo hombre. Si me privaran de la vida por este motivo, me avergonzaría, pero no lo haría si perdiera la vida únicamente por carecer de la habilidad necesaria para adular al jurado.

»El simple hecho de la propia muerte no causa terror a ningún hombre que tenga sabiduría y valor, aunque aterroriza a los necios y cobardes. Es a nuestra propia maldad lo que debemos temer, porque marcharse de esta vida con el carácter lastrado por el vicio es el peor mal que le puede ocurrir a un hombre. Un hombre tiene más probabilidades de lograrlo si dedica su vida al amor por la sabiduría, pero se abstiene de intervenir en los asuntos públicos, donde la tentación de hacer el mal es grande precisamente por la influencia que tendrá sobre los demás. No hay nada que haya refutado mi creencia original, que hay que evitar hacer el mal más que evitar ser agraviado, y que nuestro objetivo supremo debe ser la realidad y no la apariencia de la bondad.

Critias siguió al principio el ejemplo de Alcibíades cuando este comenzó su relación con Sócrates, aunque nunca le gustó ser cuestionado por el filósofo. En público, en la Asamblea, profesaba estar al servicio del pueblo. Mas, en privado, su conversación revelaba que era un falso demócrata. Despreciaba a la multitud y quería que Atenas fuera gobernada por una oligarquía según el modelo de la constitución espartana, a la que admiraba. Con el tiempo, se sintió más atraído por Gorgias y otros retóricos, ya que creía que tenían las claves del poder político. Al final fue la desaprobación por parte de Sócrates de la falta de moderación de Critias lo que provocó la ruptura definitiva entre ellos.

Sócrates se dio cuenta de que Critias, cuando todavía estaba en Atenas, se había encaprichado de Eutidemo, el adolescente con una extensa colección de libros, a quien Sócrates había enseñado su método filosófico mediante un diagrama. Sócrates le dijo a Critias sin rodeos que su comportamiento era servil e impropio de un caballero. Le dijo que le parecía hipócrita afirmar que estaba enamorado de Eutidemo a la vez que presionaba al muchacho para que le concediera favores que estaría mal que le hiciera. Critias hizo caso omiso de esas advertencias y siguió molestándole. Al cabo de un tiempo, Sócrates se hartó y exclamó en voz alta ante Eutidemo y muchos otros: «¡Da la impresión de que Critias se ha convertido en un cerdo! Es incapaz de mantenerse alejado de Eutidemo, lo mismo que los cerdos no pueden evitar frotarse contra las piedras».

Aquello le provocó tanta vergüenza a Critias que dejó en paz a Eutidemo. Pero nunca le perdonó a Sócrates la humillación de aquel día. La vergüenza de verse expuesto en público como un depredador le supuró siempre en el interior. Más tarde, tras la batalla de Éfeso, fue desterrado a Tesalia y se dice que se entregó a sus vicios sin freno. Después de que los espartanos lo llamaran de nuevo y le dieran el mando de Atenas como uno de los Treinta Tiranos, por fin tuvo el poder para vengarse.

Los Treinta contra Sócrates

Una de las primeras decisiones de Critias fue insertar una cláusula cuando redactó nuevas leyes en la que se ilegalizaba «enseñar el arte de la argumentación», con la intención de proscribir la filosofía. Terámenes, que había sido, como Critias, alumno de Sócrates, estuvo en total desacuerdo. Critias creía que había que silenciar a Sócrates y quería que las conversaciones del filósofo se consideraran algo perjudicial para la juventud. En cuanto los Treinta empezaron a dar muerte a inocentes, la mayoría de los atenienses se volvieron demasiado temerosos para criticarlos. Querefonte, que no era conocido precisamente por morderse la lengua, había acabado exiliado por orden de Critias, junto con otros supuestos simpatizantes demócratas. No obstante, cuando los Treinta comenzaron sus purgas, Sócrates comentó algo con su estilo típico: «Me parece extraño que alguien que deja que su ganado se enferme o que incluso muera no admita que es un mal pastor. Así que, ¿no es todavía más extraño que un estadista que involucra a sus ciudadanos en el delito o disminuye su número no sienta vergüenza?».

En cuanto informaron a Critias de aquello, hizo llamar a Sócrates. Mostró al filósofo la ley que acababa de redactar y le ordenó que cesara en sus conversaciones con los jóvenes.

—¿Puedo hacerte unas cuantas preguntas para asegurarme de que entiendo la nueva ley? —le pidió Sócrates, y Critias accedió—. ¿La interpretas como una norma que prohíbe tanto el razonamiento cuerdo como el perjudicial?

Critias estaba a punto de responder cuando Caricles, su compañero oligarca, se le adelantó y le espetó a Sócrates:

—Ya que ignoras lo que significa la ley, Sócrates, pongámoslo en un lenguaje que te resulte más fácil de entender: no puedes mantener ninguna clase de conversación con los jóvenes.

—En ese caso, si un joven me pregunta dónde se encuentran Caricles o Critias, ¿debo negarme a responderle? —quiso saber Sócrates.

—Mira, se te ordena que evites tus temas favoritos, como hablar de zapateros, médicos, etc. —exclamó Caricles con frustración—. Creo que ya hemos oído bastante de todo eso.

Mientras se esforzaban por responder a las preguntas de Sócrates, quedó claro que no tenían ni idea de cómo interpretar su nueva ley.

—Entonces, ¿debo evitar hablar de los temas que estos oficios sirven para ilustrar, como la justicia, la moderación y cosas por el estilo?

—Por supuesto —se mofó Caricles, cansado ya de la conversación—. ¡Y también debes abstenerte de criticar a los pastores!; de lo contrario, ¡puede que te encuentres con que el rebaño pierde a otro de sus miembros!

Todos los que se enteraron de esto lo interpretaron como que los Treinta amenazaban con ejecutar a Sócrates. Este hizo caso omiso de la prohibición de practicar la filosofía porque los Treinta no podían decir lo que significaba sin contradicciones. Sería absurdo que ejecutaran a un hombre simplemente por anécdotas sobre el ganado o por discutir la justicia en términos generales, así que Critias se buscó otra manera de librarse del filósofo. Cuando los Treinta se quedaron sin dinero para pagar a la guarnición espartana, empezaron a ejecutar a ricos residentes extranjeros (metecos), con el fin de confiscarles los bienes. Ordenaron a ciudadanos prominentes que llevaran a cabo los arrestos, como prueba de su lealtad. Si se negaban, se les podía ejecutar por traición. Si aceptaban, ya no podían criticar a los Treinta, pues se habían convertido en cómplices de los crímenes del régimen.

Así pues, Critias hizo llamar a un grupo de cinco hombres, entre los que se encontraba Sócrates. Los nombró delegados legales y les ordenó ir a la cercana isla de Salamina, donde debían arrestar a un hombre rico llamado Leon y llevarlo de vuelta a Atenas. Sócrates sabía que Leon era un hombre de buena reputación e inocente de cualquier delito. Su único «delito» era ser rico y aliado de los demócratas. Por ello, el filósofo se negó a participar en su arresto y no dijo nada, tan solo se dio la vuelta y volvió tranquilamente a su casa, donde estaba su familia. Sabía que esa negativa a seguir su orden directa daba a los Treinta la excusa que necesitaban para ordenar su ejecución. A pesar de todo, Leon fue arrestado y condenado a muerte. Sin embargo, todo el mundo en Atenas no tardó en hablar del aparente acto de desobediencia civil de Sócrates. Critias había invitado a su sobrino, un joven aristócrata llamado Platón, a participar en la oligarquía y, al principio, el muchacho se mostró optimista sobre el cambio de régimen. Ahora bien, Platón se había convertido en seguidor de Sócrates unos años antes y, cuando vio lo que estaba ocurriendo, sus esperanzas se desvanecieron. Así que el joven Platón se unió a su mentor para negarse a darle su apoyo al régimen.[4]

Los Treinta no tardaron en comenzar a desconfiar incluso los unos de los otros. Acordaron que cada uno de ellos debería llevar a cabo uno de estos arrestos, para demostrar su lealtad. Cuando se le dio esta orden a Terámenes, al igual que Sócrates, y sin duda inspirado por su ejemplo, se negó.

—Es deshonroso que aquellos que se llaman a sí mismos los «mejores hombres» de entre nosotros actúen incluso peor de lo que lo hicieron los miserables informantes bajo la democracia. Extorsionaban a sus víctimas, pero al menos les permitían conservar sus vidas. ¿De verdad vamos a empezar a matar inocentes? —declaró.

Los miembros más radicales de los Treinta se volvieron contra Terámenes y empezaron a difundir rumores de que estaba conspirando contra ellos. Critias convocó una reunión del consejo en la que hizo montar guardia a un grupo de jóvenes con dagas ocultas bajo la túnica. Cuando Terámenes llegó, Critias se levantó y pronunció un discurso sobre cómo las ejecuciones se habían hecho necesarias para la seguridad del Estado.

—Y ahora nos encontramos con que Terámenes está haciendo todo lo que está en sus manos para destruirnos —añadió de repente señalando a su antiguo amigo—. Es él quien se opone a nosotros cada vez que queremos deshacernos de algún demagogo.

Terámenes había apoyado las ejecuciones iniciales. Ahora, al no querer participar en el proceso, supuestamente se ponía del lado de la facción democrática y dejaba que el resto de los Treinta cargara con la culpa. Critias pidió a los Treinta que lo castigaran por traición.

—Si sois sabios —dijo a modo de conclusión—, no tendréis piedad con este hombre, pues su destrucción truncará las esperanzas de vuestros enemigos.

Terámenes se levantó para hablar. Dijo que después de que Leon de Salamina y otros hombres buenos fueran ejecutados, empezó a cuestionar las acciones del régimen. El destierro de Trasíbulo y Alcibíades, seguido del asesinato de este último, no hizo más que avivar la oposición a los oligarcas.

—Sois vosotros los que, al confiscar todas esas propiedades de un modo ilegal y ejecutar inocentes, os comportáis como traidores y creáis disturbios. ¿No os dais cuenta de que, debido a las decisiones de Critias, ahora la ciudad está llena de rebeldes que apoyan a Trasíbulo y no quieren otra cosa que ver derrocado vuestro gobierno?

El consejo aplaudió a Terámenes y estaba dispuesto a absolverlo. Critias, entonces, ordenó a sus esbirros armados que los rodearan.

—Estos amigos míos que están junto a la barandilla dicen que no pueden permitir que salga libre nadie que esté haciendo daño a la oligarquía.

Terámenes llamó en voz alta a sus conciudadanos para que fueran testigos del crimen que se estaba cometiendo mientras los guardias lo arrastraban por el Ágora. Sócrates estaba entre los presentes en el lugar, y él y dos amigos intervinieron para intentar detener la ejecución.[5] Terámenes les rogó que se apartaran. Aunque admiraba su valor, dijo que le causaría dolor pensar que él pudiera ser la causa de sus muertes. Cuando los guardias le dieron la copa de cicuta, se bebió todo el contenido de un trago y luego tiró los posos del veneno, mientras bromeaba «¡A la salud del bueno de Critias!», como muestra de su actitud desafiante hasta el final.

La práctica de la gestión de la rabia

La historia de la Guerra del Peloponeso se puede considerar, en cierta medida, como una historia sobre la venganza. Al principio, bajo Pericles, los atenienses habían negociado acuerdos con otras ciudades, unos tratados que al menos intentaban parecer justos. La expectativa de que se cumplirían las promesas firmadas formaba un contrato social que ayudaba a mantener unidas las numerosas alianzas sobre las que se fundaba el imperio. Pericles, a ojos de muchos, ejemplificaba lo mejor de la democracia ateniense, ya que sacaba lo principal de los ciudadanos apelando continuamente a la razón y la justicia. Sin embargo, tras su muerte, una serie de cínicos demagogos oportunistas como Cleón demostraron lo fácil que era manipular a la Asamblea, al apelar a los peores impulsos y a los miedos más irracionales de los ciudadanos. A Cleón pronto le siguió una nueva generación de oradores políticos formados de un modo profesional, expertos en el arte de la persuasión o, como lo llamaba Sócrates, en la habilidad de adular a las masas. La democracia se convirtió en un sistema corrupto sin esperanza alguna a medida que la clase política mejoraba en la manipulación de los votos explotando las debilidades del sistema que sus antepasados habían creado.

La amenaza de una matanza en Mitilene y la masacre de Milo lo cambiaron todo. La retórica de la justicia en las relaciones exteriores fue sustituida por la retórica de la opresión y de «la fuerza es la que dicta la razón». Este tipo de agresión es una forma de adular a las masas: es lo que a las turbas enfurecidas les gusta oír, pero suele ser miope y contraproducente. La expedición a Sicilia se convirtió en el mayor desastre militar de los atenienses, principalmente porque los aliados que tanto necesitaban en la región ya no confiaban en ellos. Atenas había empezado a tratar tan mal a los estados neutrales y aliados del Egeo que los sicilianos habían llegado a temer que los sometieran y esclavizaran si abrían las puertas.

A continuación, recapitularemos algunas de las técnicas psicológicas mencionadas anteriormente y mostraremos cómo pueden aplicarse al problema de la ira. En el cuarto libro de *La República* de Platón, Sócrates dice que cuando un hombre bueno sabe que está equivocado y que lo están castigando con justicia, su espíritu no sentirá ira. Mas, cuando un hombre cree que ha sido agraviado y es víctima de una injusticia, su espíritu «arderá y se encolerizará». Buscará justicia, dice Sócrates, y su ira y su deseo de venganza «no le abandonarán hasta que, o bien consiga su propósito, o bien la muerte acabe con todo, o bien, como el pastor llama de vuelta al perro, su razón interior lo llame y se calme».[6] Alguien ha hecho algo que no debería haber hecho, algo que es inaceptable o injusto. Quizás incluso pienses que se merece un castigo. No toda la ira adopta esa forma, pero sí gran parte de la que sentimos contra otras personas. (Por ejemplo, puedes sentirte frustrado porque te has pegado un martillazo en el pulgar y quizás eso te lleve a otro tipo de enfado, sin que pienses en la injusticia o en una venganza). En otras palabras, la ira ha estado asociada durante mucho tiempo a la creencia de que otro te ha agraviado al actuar de un modo injusto.

Normalmente no pensamos en la filosofía de la justicia como una rama de la psicoterapia. No obstante, nuestra concepción de la injusticia puede que llegue a afectar nuestra resiliencia emocional. Hace más de un siglo, Sigmund Freud señaló: «Los melancólicos siempre tienen la impresión de haber sido despreciados o tratados con gran injusticia».[7] De hecho, varias investigaciones recientes han encontrado pruebas de que la «injusticia percibida» está vinculada a la depresión clínica y puede contribuir a causarla.[8]

En el campo de la terapia cognitiva se ha propuesto que la ira suele basarse en la creencia de que se ha incumplido alguna norma o de que alguien ha actuado de forma injusta.[9] Esto suele ir asociado a una sensación inicial de amenaza que se basa en la percepción de que uno o algo que te importa puede resultar dañado. Esa ansiedad se ve sustituida con rapidez, cuando surge la ira, por pensamientos de represalia o venganza, como castigar a la otra persona. De hecho, a menudo la ira se puede interpretar como un intento de hacer frente a la ansiedad subyacente utilizando otra emoción para enmascararla.

Sócrates no podía ser más enfático en el diálogo anterior, como en otros lugares, en la idea de que cometer una injusticia es peor que sufrirla. A Critias le parece algo absurdo: está convencido de que sufrir una injusticia a manos de otros es peor y más vergonzoso. Por lo tanto, cabe esperar que alguien como Critias sea más propenso a la ira que Sócrates: Critias probablemente se sentía avergonzado e indignado cada vez que le parecía que otros actuaban de manera injusta con él. Cuando la Asamblea lo desterró, tal vez le pareció que ellos, los débiles, estaban conspirando contra él, el fuerte. Los terapeutas a menudo se encuentran, cuando tratan a pacientes con ira, con creencias rígidas sobre la injusticia o la falta de equidad de ciertos acontecimientos. Si te sientes incapaz de superar algo que te ha enfadado, hay algunos enfoques que pueden resultarte útiles.

En primer lugar, puedes probar con una versión de la técnica de las dos columnas que ya he descrito. Empieza por pensar en por qué estás enfadado y, lo que es más importante, las convicciones que justifican ese enfado. Puede que descubras, como suele ocurrir, que te parece que la otra persona ha actuado de un modo injusto o inaceptable, que de alguna manera ha violado una regla o norma de comportamiento significativa. Tal vez tenga que ver con no respetar tu tiempo ni el de los demás, tratarte con descortesía o hacer algo que te parece inaceptable: «¡No debería haber hecho eso!». Dibuja dos columnas en un papel, una titulada «pruebas a favor» y la otra «pruebas en contra». Digamos que una de tus creencias fundamentales es «La gente siempre debe tratarme con respeto». ¿Y si no lo hacen, como ocurre a veces? La violación de esta norma puede desencadenar sentimientos de ira. De hecho, las actitudes rígidas cuando alguien siente que sufre una injusticia suelen ser una receta para la neurosis. Dedica algún tiempo a identificar cualquier creencia sobre la injusticia que pueda enfadarte y, a continuación, enumera las pruebas a favor y en contra de cada una de ellas. Después, intenta pensar en creencias alternativas sobre la misma situación, que sean racionales y verdaderas, pero también más constructivas. «Preferiría que la gente me tratara con respeto, pero si no lo hacen, no es el fin del mundo» podría ser una. Sócrates quizá formularía su propia creencia de la siguiente manera: «Preferiría que la gente no me castigara injustamente, pero incluso si lo hacen, lo importante es que yo responda con sabiduría y justicia».

Uno de los primeros pasos para afrontar la ira suele consistir en evaluar los pros y los contras de la propia emoción, o de las pautas de pensamiento y comportamiento asociadas. Sócrates le describió a Protágoras un método similar de psicoterapia. En primer lugar, podrías preguntarte, en general, con respecto a tu ira: «¿Qué tal te ha ido?». ¿Cuáles son las consecuencias que has sufrido tras enfadarte? Si quieres profundizar más, enumera los pros y los contras, o los costes y los beneficios de tu enfado. Ten en cuenta tanto las consecuencias a corto plazo como a largo plazo. Te puede resultar muy útil comparar los beneficios (percibidos) a corto plazo de la ira con sus costes a largo plazo.

Supongamos que estás enfadado con un amigo porque no te devuelve una llamada. ¿Qué ventajas tiene enfadarse con esa persona? Tal vez ninguna a largo plazo. Quizá a corto plazo sientas que te alivias por un tiempo expresando tu enfado («desahogándote»). O tal vez te parezca que tu enfado te puede llevar a hacer algo constructivo, como hablar con tu amigo por lo disgustado que te ha hecho sentir. ¿Se trata de auténticos beneficios? Que respondas a la siguiente pregunta te puede ayudar a decidirte: ¿cuáles son los costes de la ira? A corto plazo, aunque te guste enfadarte en algunos aspectos, es probable que también te resulte desagradable y angustioso en otros. A largo plazo, sin embargo, te puede afectar en distintas áreas de tu vida, como el trabajo, tus relaciones y tu personalidad en general, incluso quizás también a tu salud física. En relación con los beneficios percibidos, ¿hay costes ocultos? Aunque desahogarse puede suponer cierto alivio a corto plazo, a largo plazo también podría alentar que te enfadaras cada vez más con algunos de tus amigos, incluso alejarlos. La ira se contagia: quien se enfada con sus enemigos acaba enfadándose también con todos los demás. Por lo general, esto es algo que resulta obvio a todo el mundo excepto a la persona que está enfadada: es un punto ciego muy habitual. Del mismo modo, puede que estar motivado por la ira te parezca una buena idea al principio, pero es posible que a largo plazo te lleve a ser demasiado enérgico y a actuar mientras todavía tienes el buen juicio afectado por un sentimiento de rabia, ¡y eso puede conducir al desastre! Pero hay otro aspecto de la ira que incluso puede responder mejor a esta técnica. En las últimas décadas, los terapeutas cognitivos se han interesado cada vez más por un tipo especial de cognición llamada metacognición. Las metacogniciones son cogniciones sobre cogniciones. Se trata básicamente de creencias sobre creencias, o creencias sobre tu propio pensamiento. Por ejemplo, la ira a menudo se asocia con una manera particular de pensamiento llamado rumiación. La rumiación consiste en darle vueltas a algo en la cabeza, en dar vueltas en círculos, sin dejar de hacerse preguntas inútiles. Es como preocuparse, pero en el caso de la ira tiende a parecerse a una conversación interior sobre por qué alguien hizo algo que te molestó o qué significa y cómo deberías devolverles el daño.

Algunas personas describen la rumiación del enfado como un intento fallido de resolver sus problemas. También puede adoptar la forma de fantasías de venganza y otra clase de pensamientos agresivos. Aunque los pensamientos iniciales que desencadenan los periodos de rumiación pueden ser automáticos y no estar bajo tu control, lo que ocurre después, tu respuesta a esos pensamientos iniciales, es más voluntario de lo que crees. Si te das cuenta de que estás rumiando sobre algo, puedes dejar de hacerlo, aunque los pensamientos iniciales te sigan apareciendo en la mente. Simplemente acepta que existen y vuelve a centrar toda tu atención en el momento presente, en el mundo real. Espera hasta que ya no sientas tanta rabia y pregúntate cuáles son los pros y los contras de tu rumiación iracunda. Repite este ejercicio varias veces. Que tengas una idea clara de las consecuencias negativas de cualquier rumiación puede ayudarte a desactivarla y, a menudo, es probable, hará que se reduzcan tus niveles de ira a largo plazo. Otro modo de abordar la misma técnica es cuestionarte la suposición de que «mi rumiación de enfado es útil» enumerando las pruebas a favor y en contra de esa afirmación y examinándolas racionalmente.

Hay otra técnica que ya hemos mencionado antes y que también puede ayudarnos a hacer frente a nuestro enfado, el ileísmo, o referirse a uno mismo en tercera persona. En *La*

República de Platón, Sócrates menciona un famoso pasaje de la *Odisea* de Homero, en el que Ulises «se golpeó el pecho y reprendió de ese modo a su corazón».[10] Se trata de otra forma de hacer saber que se decía a sí mismo que se calmara, para sofocar su ira. Sócrates dice: «Homero representó con claridad aquello que hay en nosotros y que ha reflexionado sobre lo mejor y lo peor para reprender aquello que siente una ira irracional como si fuera una cosa distinta y diferente».[11] El primer paso para utilizar el ileísmo en este caso sería tomar una cierta distancia cognitiva con respecto a tus pensamientos de enfado diciendo, por ejemplo: «Donald se siente enfadado ahora mismo; se está diciendo a sí mismo: "Lo que hizo ese tipo fue algo totalmente injusto; ¡debería darle una lección!"». Al observar los pensamientos de enfado desde esta perspectiva alejada se tendrá dos efectos principales: se reducirá la intensidad de la emoción y aumentará la flexibilidad cognitiva. Aunque lo primero que se note es que estás menos enfadado, también podría decirse que el beneficio más duradero es que serás capaz de pensar en el problema con una mentalidad más abierta y creativa, lo que en última instancia significa que tienes más probabilidades de encontrar posibles soluciones.

De hecho, una vez que hayas conseguido ganar esa distancia cognitiva, es posible que quieras hablar contigo mismo sobre las posibles soluciones al problema desde una perspectiva en tercera persona, para así evaluarlas pensando en las consecuencias de responder de diferentes maneras. Como hemos visto antes, este truco psicológico te puede ayudar a conseguir una mayor capacidad de sabiduría. Piensa en el ileísmo como un sustituto saludable de la rumiación airada. Cuando Critias se convirtió en uno de los Treinta Tiranos, se puso de inmediato a vengarse de todos los que le habían ofendido en el pasado, incluido Sócrates. ¿Adónde le llevó eso? Da un paso atrás y observa tu vida desde una perspectiva objetiva: ¿adónde te lleva tu ira?

La guerra civil

Después de matar a Terámenes, Critias se volvió todavía más tiránico y atrevido. Los Treinta promulgaron un decreto que prohibía la entrada en la ciudad a todo aquel que no estuviera en su lista de personas aprobadas y los expulsaron de sus propiedades. Algunos huyeron al Pireo, pero muchos fueron expulsados y se vieron obligados a buscar refugio en las vecinas Tebas y Mégara. Una de las primeras decisiones de los Treinta había sido desterrar a Alcibíades para luego asesinarlo. Cuando las manos de Critias se mancharon con la sangre de una muerte tras otra, el pueblo se dio cuenta de que los Treinta habían actuado con rapidez para destruir lo que más temían: un general carismático al que pudieran unirse los desafectados. Les habían arrebatado a Alcibíades, pero su amigo y aliado Trasíbulo, también exiliado, seguía luchando bajo la bandera de la democracia. Cuando se corrió la voz de la existencia de la fortaleza rebelde en Filé, más hombres, furiosos por el trato recibido de los Treinta, se unieron a Trasíbulo día tras día. A medida que su ejército rebelde crecía, se envalentonaba. Una noche, condujo a setecientos hombres a las llanuras del Ática. Esperaron a que despuntara el alba para empuñar sus armas y cargar contra el campamento espartano, situado fuera de las murallas de la ciudad. El enemigo se vio sorprendido medio despierto, algunos todavía en la cama, y más de ciento veinte de sus hoplitas murieron en la derrota. Trasíbulo y sus hombres regresaron a Filé, cargados con las armas y las armaduras de hoplitas saqueadas en el campamento espartano abandonado.

Critias y los Treinta vivían atemorizados. No se esperaban que tantos atenienses estuvieran dispuestos a luchar por su ciudad, y no estaban preparados para enfrentarse a un general tan audaz como Trasíbulo. Con cada nuevo crimen cometido por los Treinta, más y más atenienses exiliados y privados de sus derechos acudían al campamento rebelde de Filé para ofrecerse como voluntarios para empuñar las armas contra los oligarcas. Al cabo de pocos días, Trasíbulo ya estaba al mando de más de mil hombres. Como había comentado Sócrates, Alcibíades tenía el don de convertir lo que parecían desastres en victorias. El pueblo quería creer que su amigo podía hacer lo mismo.

Trasíbulo actuó una vez más al amparo de la oscuridad y condujo a sus hombres al Pireo, donde los ciudadanos los recibieron como libertadores. Critias, indignado, marchó contra ellos al frente de sus tres mil hoplitas, apoyado por un grupo de caballería ateniense leal a los oligarcas y el resto de la guarnición espartana. Los rebeldes carecían de efectivos suficientes para mantener el puerto, que los espartanos habían dejado desprovisto de defensas. A pesar de ello, Critias se quedó sorprendido al verlos abandonar la ciudad y retirarse a una colina cercana. Los hoplitas de los Treinta, con los espartanos incluidos, los superaban en número casi cinco a uno, pero muchas tropas ligeras del Pireo habían acudido para unirse a los rebeldes, armadas con hondas, jabalinas y cualquier arma que pudieran improvisar.

Mientras el enemigo avanzaba por la ladera, Trasíbulo plantó firmemente su escudo en el suelo y alzó la lanza para dirigirse a sus hombres:

> Conciudadanos de Atenas, mirad hacia el ala derecha del enemigo y veréis a los mismos espartanos a los que hicimos huir hace apenas cuatro días. A su izquierda están los Treinta Tiranos, que nos robaron nuestra ciudad, nos echaron de nuestros hogares y, con su abuso de poder, convirtieron en víctimas a nuestros amigos más queridos. Hoy esos hombres odiados se encuentran en el lugar donde siempre temieron estar, y donde rezamos para que nos encontráramos con ellos algún día. Porque ahora nos enfrentamos a ellos con las armas en las manos. Esos hombres sacaron a nuestros amigos de sus camas y los arrestaron en mitad de la noche. Exiliaron a los que no habían cometido crímenes e hicieron asesinar a vuestro antiguo general, simplemente porque temían su popularidad. No tienen ningún respeto por la justicia. Podéis tener la certeza de que los dioses no están hoy de su parte, sino de la nuestra.
>
> Ahora marchan cuesta arriba hacia nosotros, en formación de cincuenta filas de profundidad. No temáis. Sus generales, como los novatos que son, han cometido un grave error táctico. No tardareis en daros cuenta de que no pueden lanzar sus jabalinas por encima de las cabezas de sus primeras filas. Nosotros, por el contrario, no podemos fallar el tiro, ya que lanzamos nuestras piedras y jabalinas cuesta abajo. Recordad también que les hemos derrotado cada vez que nos hemos enfrentado a ellos en batalla. Estábamos preparados para luchar contra ellos en igualdad de condiciones y vencer. Ahora, sin embargo, todo lo que debéis hacer es lanzar vuestras armas con fuerza, y ninguno de vosotros fa-

llará su blanco. Mientras ellos se esfuerzan por marchar ladera arriba, acobardados bajo pesados escudos ante nuestro ataque a distancia, vosotros clavaréis vuestras lanzas con facilidad como si fuerais contra ciegos incapaces de defenderse. Así que animaos, porque a pesar de su mayor número, ya han perdido la batalla.

Ahora, amigos míos, quiero que todos y cada uno de vosotros luchéis de tal manera que después os creáis de verdad que habéis sido vosotros quienes habéis obtenido hoy la victoria. Porque esta batalla, si los dioses quieren, nos devolverá nuestro país, nuestros hogares, nuestra libertad, nuestro honor y, para aquellos que los tengan, nuestras esposas e hijos. Bienaventurados seréis los que, después de esta batalla, veáis amanecer el día más feliz de vuestras vidas. Bienaventurados también los que caigan, porque ninguna cantidad de riqueza podrá comprarles tal monumento conmemorativo.

Cuando llegue el momento, entonaré el peán e invocaremos al dios de la guerra, para que todos luchemos como uno y demos a estos hombres el castigo que merecen por los males que han infligido a nuestra ciudad.

Tal y como predijo, la batalla terminó casi tan pronto como empezó. A pesar de su superioridad numérica, el ejército de los Treinta tuvo que esforzarse para avanzar cuesta arriba al enfrentarse a una lluvia de jabalinas. La inexperiencia de Critias como general quedó de manifiesto. Los rebeldes, en una asombrosa victoria, rompieron la línea enemiga e hicieron huir al enemigo, matando a setenta de sus hoplitas. Critias cayó en combate, junto con otros miembros destacados de su régimen, menos de un año después de que Esparta le entregara el control de la ciudad.

Después, mientras cada bando recuperaba los cuerpos de sus muertos, los hombres empezaron a hablar entre sí y a renovar viejas amistades. No tardaron en coincidir que era contrario a la religión que los ciudadanos lucharan entre sí de esa manera. Ambos bandos culparon a los Treinta de haber causado más muertes con sus purgas políticas que las pérdidas durante cualquier batalla de la guerra.

A su regreso a Atenas, los hoplitas que habían estado luchando a favor de los Treinta empezaron a pelearse y se dividieron en cuanto a su apoyo al régimen. Los oligarcas, después de prometerles tanto a sus fieles partidarios, parecían estar llevando a Atenas cada vez más cerca de la ruina. Mientras tanto, los rebeldes, que ahora controlaban el Pireo, seguían armándose y reclutando más soldados. Los miembros restantes de los Treinta no tardaron en huir a la ciudad de Eleusis, que habían dejado preparada como una fortaleza. Mandaron enviados a Esparta solicitando ayuda, y Lisandro, el general espartano que había derrotado a la armada ateniense, llegó con refuerzos y bloqueó el Pireo por mar con su flota. Daba la impresión de que, después de todo, el levantamiento demócrata podría quedar en nada.

El rey espartano, Pausanias, rodeó el Pireo con un ejército. Aunque se produjeron algunas escaramuzas, prefirió negociar la paz. Los restos de la oligarquía no tardaron en acabar derrotados y se restableció la democracia. Trasíbulo, al igual que Alcibíades antes que él, animó a la Asamblea a dejar de lado las disputas entre facciones y las animosidades personales por el bien de Atenas. Los ciudadanos, agotados por la guerra civil, juraron que debía haber una amnistía para todos los conflictos pasados, de modo que pudieran vivir en paz y reconstruir su ciudad.

Entre ellos se encontraban Sócrates y Querefonte, grandes amigos y compañeros desde su juventud. Habían estudiado filosofía codo con codo, leído a Anaxágoras, discutido con los filósofos naturales y debatido con los sofistas, incluidos Protágoras y Gorgias. Fue Querefonte quien le preguntó a la Pitia si algún hombre era más sabio que Sócrates, la pregunta que le había inducido a comenzar su misión filosófica. Habían vivido la peor plaga y la guerra más larga de la historia griega para después asistir al ascenso al poder de Alcibíades y luego de Critias, quien había exiliado a Querefonte junto con otros demócratas. Aunque algunos se burlaban de él por ser un inadaptado, Sócrates consideraba a Querefonte uno de los mejores hombres que conocía. Ya tenía casi setenta años cuando falleció en paz en su casa. Después de ver morir a su viejo amigo, Sócrates pareció resignarse más a su propio fallecimiento. La edad empezaba a pasarle factura. Notaba que su rapidez mental y su capacidad para beneficiar a los jóvenes mediante el cuestionamiento habían disminuido. Llegó a la conclusión de que podría hacer más bien a Atenas defendiendo la filosofía más públicamente y con más firmeza que nunca.

Sócrates, que sobrevivió a la peste y a varias batallas importantes de la Guerra del Peloponeso, había evitado la ejecución de la oligarquía por muy poco. El régimen cayó antes de que Critias tuviera la oportunidad de condenarlo. Cuando Sócrates fue procesado más tarde bajo la democracia, se enfrentó a la amenaza de ejecución por tercera o cuarta vez.[12] Siempre había hablado con libertad, pero en esta ocasión, como hemos visto, hizo una defensa a ultranza de su vida y su filosofía, por lo que el jurado lo condenó a muerte.

11
EL CANTO DEL CISNE

Hay criaturas diminutas que nos pueden morder o picar sin que nos demos cuenta. No sentimos nada y no vemos ninguna herida. No es hasta mucho más tarde cuando descubrimos, sorprendidos, un picor o una hinchazón donde parece que nos han mordido. Una vez me advertiste, Sócrates, que esta podría ser mi experiencia al tratar con los sabios. Me dijiste: «Fedón, mi joven amigo, ¿crees que siempre somos conscientes precisamente de dónde y cuándo y cómo nos ha hincado el diente la sabiduría? ¿O es que a veces solo nos damos cuenta ya mucho después de que nos ha afectado una conversación en la que se ha dicho algún pequeño detalle, o tal vez una pregunta que se ha formulado, cuando empieza a perturbarnos?».[1]

Cuando era joven, después de que me llevaran cautivo y me vendieran como esclavo, creía que estaría mejor muerto. En cuanto me llevaron a Atenas y descubrí cómo me iban a utilizar, mi desazón pareció duplicarse. Un día oí que había un hombre en el mercado que, como un brujo, era capaz de convertir la mala fortuna en buena suerte. Había muchas otras personas que decían que corrompía a los jóvenes, pero yo tuve la sensación de que no tenía nada que perder. Cerraba sigilosamente mi puerta e iba a buscarte, aunque me arriesgaba a recibir una paliza cada vez que lo hacía, solo para escucharte hacer todas esas preguntas y contar historias sobre cómo un hombre puede vivir bien en vez de mal.

Recuerdo que le pediste a Alcibíades y a Critón que me rescataran, y ellos, que harían cualquier cosa por ti, me liberaron y, en efecto, me dieron otra oportunidad de vivir mi vida. Me sentí tan conmovido que te dije: «Sócrates, soy un pobre esclavo y no tengo nada más que dar a cambio de tu bondad, así que me ofrezco a mí mismo», y tú me respondiste: «Mi querido Fedón, ¿no comprendes que con el simple hecho de darme tu amistad me estás ofreciendo el mayor regalo de todos?». Desde aquel día, nunca te dejé solo. Te seguía a todas partes y te escuchaba hablar de filosofía con todo el que se cruzaba contigo. Empecé a anotar algunas de las cosas más importantes que oía. Por ejemplo, me dijiste que utilizara bien el espejo. Decías que contemplar nuestro propio reflejo debería recordarles a los jóvenes el deber de embellecerse por dentro, ya sea para estar a la altura de nuestra buena apariencia, si somos hermosos, o para compensarla, si no lo somos. También aprendí de ti que, aunque es difícil conocernos a nosotros mismos, si examinamos con detenimiento el razonamiento de los demás, seremos capaces de vislumbrar una imagen especular de nuestras propias mentes.

Lo que más me complace en esta vida es recordarte, Sócrates, ya sea hablando de ti yo o escuchando a alguien más hacerlo. Me parecías todo lo que debe ser un hombre verdaderamente bueno y feliz. Si alguien lo duda, que ponga el carácter de otros hombres al lado del tuyo y, entonces, que juzgue. En mi opinión, no merecías ser ejecutado, sino que el Estado te debería haber honrado. De hecho, a nosotros, a tus amigos, nos pareció que habíamos perdido a un padre cuando moriste, y que pasaríamos el resto de nuestras vidas como huérfanos.

La víspera de tu juicio, un sacerdote de Apolo adornó la proa del barco sagrado de Teseo, en preparación de su viaje anual a Delos. De acuerdo con la tradición, la ciudad debe mantenerse pura hasta su regreso. Así que durante treinta días estuviste sentado, el hombre que me liberó, sujeto con grilletes como si fueras un esclavo, en el interior de la prisión situada al borde del Ágora. Los once guardias a cargo tenían bajo su custodia sobre todo a deudores públicos y a unos pocos delincuentes convictos a la espera de su ejecución: individuos como ladrones de templos, secuestradores, bandidos y traidores. Nunca habían conocido a un prisionero como tú. Hasta ese momento, habías pasado la mayor parte de las mañanas paseando por las calles fuera de la muralla que rodeaba la plaza, donde discutías de filosofía con cualquiera que estuviera dispuesto a ello, ya fuera rico o pobre, ateniense o extranjero por igual. Te quedabas sentado a escuchar los sonidos del mercado desde el interior de tu celda, pero no estabas solo.

Nos reuníamos en el juzgado todos los días, justo después del amanecer, y nos dirigíamos a la prisión en cuanto el encargado abría la puerta. Nos quedábamos y hablábamos contigo de filosofía hasta que el sol se ponía y los visitantes debían marcharse: Critón, Antístenes, Esquines, yo mismo y muchos otros amigos tuyos. La última vez que te vi, nos habíamos reunido unos quince o veinte en el patio de la prisión, justo frente a tu celda. Vimos que te habían quitado las cadenas, y tu esposa, Jantipa, ya estaba sentada a tu lado. Sostenía en sus brazos a tu hijo menor, que llevaba el nombre de tu padre: Sofronisco. Durante todo el tiempo que pasaste en prisión, a pesar de tus circunstancias, seguiste viviendo exactamente como antes: eras el hombre más sereno y alegre que ninguno de nosotros jamás había conocido. Cuando te vi, ibas descalzo y vestido con tu típica capa raída. Te había traído una hermosa túnica nueva para que te la pusieras, pero tú sonreíste y me dijiste:

—Vamos, Fedón, ¿es que ahora mi capa es lo bastante buena para vivir, pero no para morir?

Te gustaba decir que los platos de plata y las túnicas púrpuras son útiles si eres un actor en el escenario, pero tienen poco valor en la vida real, y ninguno en absoluto cuando llega el momento de enfrentarse a la propia muerte.

Cuando Jantipa nos vio, gritó en voz alta:

—¡Sócrates, es la última vez que tus amigos te verán!

Estaba tan abrumada por la angustia que lloraba a voz en grito y se golpeaba el pecho con las manos.

—Que alguien se la lleve a casa de momento —pediste, y los sirvientes de Critón se la llevaron.

Sentí que, aunque ibas a bajar al inframundo, lo harías con la bendición de los dioses. Habías vivido una vida tal que no me cabía duda de que a ti, entre todos los hombres, te iría bien cuando llegaras allí. Aunque parecería natural sentir pena, dadas las circunstancias, no sentí ninguna, no mientras continuáramos hablando de filosofía, como solíamos hacer.

Con todo, experimenté una extraña sensación, a la que no estaba acostumbrado: una mezcla de placer y dolor, ya que me encontraba disfrutando de tu compañía tanto como siempre, a pesar de saber que pronto ibas a morir. Todos los presentes se sintieron afectados de la misma manera, a veces reían, a veces lloraban. Tu voz, sin embargo, sonó igual el día de tu ejecución que durante el juicio y en todas las ocasiones anteriores en que habíamos hablado: tenías la misma mirada y la misma expresión de siempre. Estar contigo durante tus últimas horas fue una experiencia asombrosa. Pese a ser testigo de la muerte de un hombre que había sido mi buen amigo, no tuve ningún sentimiento de lástima. Eras feliz, tanto en tus palabras como en los actos, y tu muerte me pareció hermosa y sin miedo. En cuanto empezamos a hablar, la conversación volvió a girar en torno a la filosofía. Te sentaste en la cama, doblaste la pierna y la frotaste donde te habían quitado los grilletes de hierro, diciendo:

—¡Qué extraño es el placer y qué curiosa es su relación con el dolor, al que la gente llama su opuesto! Un hombre no puede tener ambos al mismo tiempo. Pero, en cuanto se apodera de uno, casi siempre está obligado a terminar con el otro, como si cazara dos criaturas con una sola cabeza. Eso es lo que me parece que me está pasando ahora mismo. Esas cadenas me lastimaban la pierna. Ahora que me las han quitado, me siento aliviado, y el placer me acompaña.

Ya se había enfrascado bastante en la discusión de esta idea cuando Critón le recordó que debía evitar hablar demasiado. El guardia le había advertido que los que se acaloran conversando a veces necesitan dos o tres dosis para que el veneno hiciera efecto. Dijiste que no hiciéramos caso, porque no te importaba que tuvieran que envenenarte dos veces, y que preferías continuar la conversación a pesar de todo. Mientras te incorporabas y ponías los pies en el suelo, me explicaste que era apropiado que quien estaba a punto de dejar la vida examinara cómo creemos que debe ser ese viaje. ¿Cómo podríamos emplear mejor nuestro tiempo, dijiste, que discutiendo el tema de la muerte mientras esperábamos a que se pusiera el sol?

Mientras estabas encarcelado, siempre que tus amigos te volvían a ofrecer dinero para sobornar a los guardias y poder escapar, sonreías y les preguntabas si conocían algún lugar fuera de Ática inaccesible a la muerte. Un hombre que ha pasado su vida dedicado a la filosofía, decías, debe estar alegre cuando se enfrenta a su propia desaparición, y esperanzado en que después será bendecido.

La mayoría de la gente no se da cuenta de que el objetivo de todo verdadero filósofo es ensayar el momento de morir y prepararse para la muerte. Por tanto, sería extraño que se arrepintieran cuando llega el momento. Incluso podríamos decir que, en cierto sentido, los filósofos ya están medio muertos. Lo que supongo que querías decir con ello es que los filósofos tratan constantemente de comprender la verdad a través de la razón, en lugar de dejarse engañar por sus sentidos físicos y por sus sentimientos de placer y dolor. Tu método lo describiste como una especie de purificación de la mente, o alma, mediante la cual se libera de la prisión del cuerpo y se hace capaz de alcanzar la sabiduría. Mientras que los hombres que persiguen un placer tras otro nunca están satisfechos y temen siempre a la muerte, nadie cuya vida haya estado llena de virtudes siente pesar cuando al cabo le llega su final.

Los filósofos, por lo tanto, ya que se han preparado para morir, son los que menos temen a la muerte de todos los hombres. Este tipo de hombres aman más la sabiduría que el cuerpo y no temen al dolor, al amor o al placer, ni anhelan la riqueza y la reputación. Por lo tanto, deben sobresalir en las verdaderas virtudes del valor y la moderación. Nos has ayudado a darnos cuenta de que lo que otros hombres llaman las virtudes del valor y de la moderación, a los sabios les parecen algo primitivo y extraño. La mayoría de la gente considera que la muerte es un gran mal. Aquellos a los que llaman valientes solo se enfrentan a la muerte por miedo a otros males. Por ejemplo, arriesgan la vida en la batalla, pero solo porque tienen miedo a que los capturen y los esclavicen. El miedo y la cobardía pueden hacernos parecer valientes cuando no lo somos. Del mismo modo, muchas veces son nuestros propios excesos los que nos obligan a ejercer la moderación. Deseamos tanto algunos placeres que estamos dispuestos a abstenernos de otros, como un hombre que pasa horas sin comer ni dormir esperando a la puerta de su amada. Dominamos algunos de nuestros deseos porque a la vez hay otros deseos que nos dominan.

Decías que por eso se trata de un falso valor cuando soportas un miedo para evitar otro, y es falsa disciplina renunciar a un deseo para complacer otro. La sabiduría es la única moneda válida por la que debemos cambiar nuestras acciones, ejerciendo en su nombre el valor y la moderación. Cuando cambiamos un deseo por otro, sin referencia a la sabiduría, lo único que tenemos es la ilusión o la apariencia de virtud, en lugar de la verdadera virtud. Esta es la marca de un carácter verdaderamente servil en el sentido de que nos esclavizamos a nuestros propios deseos. La sabiduría exige purificar el alma de tales vínculos. Por lo tanto, los que aman la sabiduría no recorren el mismo camino que los demás, que no saben hacia dónde van. Los filósofos van por donde les conduce la filosofía, y no se dejan llevar por el miedo y el deseo.

También nos dijiste que los fundadores de las religiones mistéricas habían vislumbrado esta verdad, y que la expresaban de un modo simbólico cuando decían que los que llegaban al inframundo sin iniciarse se revolcaban en el fango, mientras que los que llegaban purificados moraban con los dioses en la otra vida. Hablamos durante muchas horas sobre eso y sobre lo que nos espera después de la muerte. ¿Se dispersan las almas como el humo en el aire cuando muere el cuerpo, sin existir ya en ninguna parte? ¿O las almas de los que mueren siguen viviendo en el inframundo? ¿O es cierta la antigua teoría que afirma que nuestras almas vuelven de entre los muertos para nacer de nuevo, una y otra vez, en cuerpos nuevos?

Hubo una larga pausa mientras parecías considerar en silencio algo que habíamos estado discutiendo. Queríamos hacerte más preguntas, pero te dijimos que no íbamos a molestarte durante tu desgraciada situación. Te echaste a reír y nos dijiste que sería difícil persuadir a los demás de que no consideraran su destino actual como una desgracia, si ni siquiera eras capaz de persuadir a tus amigos. De repente, exclamaste:

—¡Por lo que parece, me creéis inferior a los cisnes! Cantan mejor cuando se dan cuenta de que están a punto de morir. La mayoría de los hombres, a causa de su propio miedo a la muerte, cuentan mentiras sobre los cisnes y afirman que su canto es un lamento. Yo, por el contrario, creo que como estas aves son sagradas para el dios Apolo, son proféticas. Puesto que son conocedoras del futuro que les espera tras la muerte, cantan con gran alegría las bendiciones del más allá y su ansia por partir de este mundo para reunirse con el dios al que sirven. —Tus amigos se quedaron perplejos al oírte hablar de cisnes hasta que, tras una larga pausa, añadiste—: Me han tenido prisionero aquí, todo este tiempo, esperando mi muerte, a causa del festival de Apolo Délico. Me considero, al igual que los cisnes, su siervo, y he recibido de este dios un don de profecía no inferior al de ellos. Así que no me apena dejar la vida más que a esos animales. Por lo tanto, deberíais hablar conmigo y preguntarme lo que queráis, mientras aún quede tiempo.

No pude contenerme más y exclamé entre lágrimas:

—¡Sócrates, lo que más me cuesta soportar es que sabemos que te están dando muerte de un modo injusto!

Yo estaba sentado a tu derecha en un taburete bajo junto al camastro. Me pusiste una mano suavemente sobre la cabeza, sonreíste y me preguntaste:

—¿Preferirías que me condenaran a muerte por algo que fuera justo? —Te respondí que no. Me sonrojé al darme cuenta de que me estabas consolando cuando eras tú quien estaba a punto de morir—. Si he de ser ejecutado de un modo injusto, los que me procesaron cargarán con la vergüenza de ello, porque si cometer una injusticia es vergonzoso, ¿qué vergüenza es la mía de que otros hayan decidido actuar injustamente conmigo?

Me acariciaste el pelo de la nuca, como tenías por costumbre.

—Seguramente mañana te cortarás este hermoso cabello tuyo.

—Sí, lo más probable es que lleve luto por ti —contesté.

—No si sigues mi consejo. Sería mejor que ambos nos cortáramos el pelo hoy para guardar luto por esta discusión si no encontramos el valor para continuarla —dijiste, y te echaste a reír.

Sócrates, a menudo te he admirado, pero nunca tanto como en esa ocasión. No me sorprendió que, mientras discutías sobre la muerte con nosotros en vísperas de tu propia ejecución, tuvieras una respuesta para cada pregunta. Sin embargo, lo que me impresionó fue la paciencia y la amabilidad con las que escuchabas los argumentos de tus jóvenes compañeros, y con qué agudeza eras consciente del efecto que la conversación estaba teniendo en todos nosotros. Me maravilló cómo nos aliviaste el dolor que sentíamos y nos infundiste valor, igual que si nos sacaras de la derrota y la huida, y nos hicieras dar la vuelta para enfrentarnos de nuevo al enemigo llenos de confianza.

Nos dijiste en tono de broma que nosotros, tus amigos, parecíamos tener un miedo infantil a que cuando muriéramos viniera una brisa y se llevara nuestras almas, dispersándolas al salir de nuestros cuerpos. ¿Acaso éramos tan supersticiosos que nos preocupaba lo que pudiera ocurrir si moríamos cuando soplaba un viento fuerte en lugar de cuando el tiempo estaba en calma? Nos reímos y te dijimos que tal vez cada uno de nosotros tenía un niño dentro que albergaba esos miedos y que había que intentar persuadirle de que no tuviera tanto miedo a la muerte, como si fuera un terrorífico espíritu. Dijiste que debíamos cantarle todos los días un encantamiento mágico al niño que llevamos dentro hasta que lográramos disipar sus miedos.

Te preguntamos dónde encontraremos a alguien que sepa hacer buenos encantamientos, ahora que nos dejas. De repente, nos miraste con mucha atención, según recuerdo, y dijiste que no debíamos ahorrar ni esfuerzos ni gastos para buscar en toda Grecia o incluso en las tierras bárbaras, hasta que encontráramos a alguien. Insististe en que no hay nada en lo que pudiéramos gastar nuestro dinero que fuera de mayor provecho. Aun así, debíamos buscar antes que nada entre nuestro propio grupo de amigos, pues tal vez no encontremos a otros que puedan ayudarnos tan fácilmente como nosotros mismos. Cuando te diste cuenta de que todos estábamos llorando de nuevo, te reíste.

—¿Por qué empezáis a llorar ahora? ¿No habéis sabido siempre que, desde el día de mi nacimiento, la naturaleza me había condenado a muerte? ¿Os parece extraño que los dioses hayan decidido que yo muera ahora? ¿No veis que, hasta el día de hoy, según mi opinión, no hay ningún hombre que haya tenido una vida mejor o más agradable que yo? Porque sin duda vive mejor aquel hombre que más se esfuerza por llegar a ser lo mejor posible, y la vida más gratificante es la de aquel que es consciente de que progresa en la dirección correcta.

»Si viviera mucho más, me vería obligado a pagar el precio del viejo: quedarme medio ciego y medio sordo, torpe, lento para aprender y rápido para olvidar. No, creo que los dioses, en su bondad, se han puesto de mi parte y me brindan la oportunidad de poner fin a mi vida no solo en el momento oportuno, sino también de la manera más fácil.

Cuando ya se acercaba el anochecer, dijiste que ya era hora de darte un baño. Querías ahorrarles a las mujeres la molestia de tener que lavar tu cadáver. Critón te preguntó por tus últimas instrucciones respecto a tus hijos y las pocas propiedades que tenías. Después de escucharte, también te preguntó qué era lo que más te complacería que hiciéramos. Dijiste lo mismo de siempre: te complaceríamos a ti, y a nosotros mismos, cuidando siempre bien nuestras propias almas.

—Os haréis el mayor de los bienes si ponéis en práctica vuestra filosofía, porque aunque estéis de acuerdo con cada palabra que yo diga hoy, no conseguiréis nada si descuidáis cuidar de vosotros mismos mañana, y todos los días que sigan —nos explicaste.

—Estamos deseosos de seguir tu consejo, pero ¿cómo te enterraremos? —dijo Critón.

—Como queráis, ¡eso suponiendo que podáis atraparme! —bromeaste. Luego te volviste hacia el resto de nosotros sonriendo—. Critón todavía no se ha convencido de que yo soy Sócrates hablando con vosotros ahora mismo, sino que sigue creyendo que Sócrates es el cuerpo que pronto se convertirá en cadáver. Cuando haya bebido el veneno, ya no estaré con vosotros, sino que me habré ido a gozar de buena fortuna con los bienaventurados. Critón, bien sabes a estas alturas que expresarse mal no es solo una falta de palabra, sino también de pensamiento, y por tanto hace daño al alma. Así que, por favor, mi viejo amigo, no digas en el funeral que te estás despidiendo y enterrando a Sócrates. Debes tener buen ánimo y proclamar en voz alta que lo que estás enterrando es el cuerpo de Sócrates. Puedes hacerlo de la forma que te parezca más apropiada, según nuestras costumbres.

Ya era tarde y Jantipa regresó llevando a tus hijos para que se despidieran de su padre por última vez: Lámprocles era ya un hombre joven, pero los otros dos todavía eran unos niños. Hablaste con tu esposa y tu hijo mayor en voz baja durante un rato, y Critón transmitió tus últimas instrucciones. Después de que tu familia se marchara, volviste a reunirte con nosotros. El sol empezaba a ocultarse tras la Colina de las Musas.

Hablamos solo un rato más antes de que la estancia quedara en silencio al ver entrar por la puerta a un fornido guardia de cabeza rapada. Estaba justo delante de ti, pero hablaba con la mirada gacha.

—Sé que no tendré necesidad de reprocharte nada como a otros condenados, Sócrates. Se enfadan conmigo y me maldicen cuando, en cumplimiento de las órdenes que me han dado, les digo que se beban el veneno. Durante las semanas que has estado aquí, he llegado a conocerte como el hombre más noble y gentil que jamás haya estado en este lugar. Ya sé que no discutirás conmigo, y que no me culpas. Ya sabes qué mensaje sabio traigo: adiós, y procura soportar lo que debes con la mayor facilidad posible.

Noté, cuando el hombre se volvió para marcharse, que él también tenía lágrimas en los ojos. Lo llamaste y le dijiste:

—Adiós a ti también, amigo mío; haré lo que me pides.

Después de que se marchara, te volviste hacia nosotros.

—Ese hombre ha entrado y conversado conmigo regularmente desde que me trajeron aquí, y me ha parecido un individuo de lo más agradable. Vamos, Critón, hagamos lo que nos ha ordenado. Pide que me traigan el veneno si está listo; si no, que lo prepare este hombre.

—Pero, espera, Sócrates —tartamudeó Critón—. Creo que el sol todavía brilla sobre las colinas y aún no se ha puesto. Sé que otros han bebido el veneno bastante tiempo después de haber recibido la orden de hacerlo. Se les permite tomar una última comida y pasar tiempo con sus seres queridos. No te apresures; aún queda algo de tiempo.

—Critón, es natural que otros hagan eso, pues suponen que les conviene retrasar lo inevitable, pero no es apropiado que yo haga lo mismo —replicaste—. No espero ganar nada bebiendo el veneno un poco más tarde, salvo hacer el ridículo ante mis propios ojos por aferrarme de un modo desesperado a la vida, cuando ya no me queda ninguna. Así que, por favor, haz lo que te pido, amigo mío, y no me lo niegues.

Critón mandó llamar al esclavo cuya función era administrar la cicuta, y este llegó trayéndola ya mezclada en una copa de vino.

—Bien, buen hombre, tú eres el experto en esto. ¿Qué hay que hacer? —le preguntaste cuando le viste.

El hombre te dijo que bebieras el veneno y caminaras hasta que sintieras las piernas pesadas; luego, que te acostaras y esperaras a que hiciera efecto. Te ofreció la copa con las manos temblorosas. Tomaste el vino con bastante ánimo, sin que tu expresión cambiara lo más mínimo, pero miraste al hombre por debajo de las cejas, como hacías a menudo, y le preguntaste:

—¿Se me permite verter una libación a los dioses con esta bebida?

El hombre te respondió que solo habían mezclado la cantidad que creían necesaria para una dosis.

—Lo comprendo —dijiste sosteniendo la copa en tus manos—. Sin embargo, debo elevar una plegaria para que mi viaje de aquí a allá sea bueno. Esta es mi plegaria y que así sea.

Te llevaste la copa de cicuta a los labios y bebiste. Tuvimos la sensación de que todos nosotros, que, de hecho, toda Atenas, nos hubiéramos tragado el veneno contigo. La mayoría de nosotros habíamos contenido nuestro dolor hasta ese momento, pero ya no pudimos contenerlo más. Las lágrimas me inundaron las mejillas contra mi voluntad, tanto que sentí la necesidad de taparme la cara. En realidad, lloré más por mí que por ti, Sócrates. Veía que tú no tenías miedo de morir, pero yo sí, porque estaba a punto de perder a mi amigo más querido. Me sorprendió ver que Critón ya estaba llorando. Se levantó rápidamente, se dio la vuelta y cruzó la habitación.

—Pero ¡qué os ocurre, gente a la que no reconozco! Los sacerdotes dicen que es preferible morir en silencio. Así que callad, buenos amigos, por favor, y no lloréis más.

Te pusiste en pie y diste una vuelta hasta que las piernas te pesaron; luego te tumbaste boca arriba, como te habían aconsejado. El hombre que te dio el veneno te revisó el cuerpo. Al cabo de un rato, te presionó con fuerza el pie y te preguntó si sentías algo allí. Le respondiste que no. Las piernas ya se te estaban poniendo frías y rígidas a medida que el veneno se extendía, y nos dijeron que cuando el frío llegara a tu corazón, este dejaría de latir.[2] Miraste hacia Critón y dijiste tus últimas palabras:

—Le debo un gallo a Asclepio, hazle esta ofrenda, amigo mío, no te lo olvides.

Mientras te cubrías la cara con el manto, Critón susurró:

—Así se hará. —Luego hizo una pausa antes de añadir—: Dinos si hay algo más.

Pero ya no hubo más respuesta por tu parte, tan solo el silencio seguido de un ligero estremecimiento. Un momento después, el hombre te descubrió el rostro y vimos que tu mirada se había quedado fija. Critón, tu amigo más antiguo, se inclinó hacia ti y te cerró la boca y los ojos. Algunos dijeron que lo que querías decir era que la muerte te había curado de los males de la vida, como la vejez y la enfermedad. Asclepio, por supuesto, es el dios de la medicina, al que se le sacrifica un gallo a cambio de una sanación. Es hijo de Apolo, el dios de la curación, a cuyo servicio habías dedicado tu vida. A menudo nos decías que incluso la muerte se podía considerar como una especie de medicina si nos enfrentábamos a ella como filósofos, quienes se mejoran a sí mismos contemplando su naturaleza, y creo que eso es lo que querías decir.

Así fue tu final. Fuiste el primer filósofo en examinar, por medio de la razón, la conducta moral de nuestras vidas, y el primero en ser ejecutado por el Estado.[3] Yo, Fedón, no creo que exista ningún documento que registre una muerte más noble. Me resulta imposible olvidarte o, al recordarte, contener mis elogios.

¿Quién de entre nosotros fue el más templado y el menos esclavo de sus deseos corporales que Sócrates? ¿Qué hombre ha vivido con más libertad? Porque no aceptabas regalos ni pagos de nadie. ¿Quién podría ser considerado más justo que tú, que te contentabas con tan poco, sin querer nada de nadie? ¿Y quién podría superar tu sabiduría, Sócrates, que, desde tus primeras palabras, buscaste y aprendiste de forma incesante sobre cada virtud?

Cualquiera que conozca la clase de hombre que fuiste, y que busque la sabiduría, seguirá echándote de menos hasta el día de hoy. Porque solo tú demostraste ser nuestro mejor guía en aquel viaje. Y, lo que es más, fuiste, de todos los hombres que he conocido, el mejor, el más sabio y el más justo.

AGRADECIMIENTOS

Quiero darle las gracias a Stephen Hanselman, mi agente, por darme la oportunidad de escribir este libro, y a Tim Bartlett, mi editor, por su ayuda con el manuscrito. Le agradezco especialmente a mi buena amiga, Lalya Lloyd, su ayuda en la edición del borrador inicial. También le quiero dar las gracias a mi mujer, Kasey, por su apoyo y comprensión a lo largo de un periodo de nuestras vidas en el que dediqué gran parte de mi tiempo a escribir algo que, en un momento dado, consideré casi imposible de escribir.

NOTAS

Nota del autor

1. K. Jaspers, 1962, 13.
2. Waterfield, 2023, xxxviii.
3. Ver, por ejemplo, Waterfield, 2023, 47.

Prólogo

1. Cicerón, *De Finibus.*
2. Byron, *Sunset in Greece.*
3. Epicteto, *Enquiridion.*
4. Por ejemplo, en el Libro 1 de *La República* de Platón, donde Céfalo se refiere al papel de la actitud en la determinación de nuestra experiencia de la vejez; y en los *Recuerdos de Sócrates* de Jenofonte, donde Sócrates le dice a Querécrates (2.3) que su perspectiva le provoca su ira hacia su hermano y le muestra a Lamprocles (2.2) que su forma de pensar sobre su madre hace que esté irritado con ella.

5. Jules Evans, «RIP Aaron Beck, fundador de la TCC y renovador del enfoque cognitivo de la terapia de los estoicos».

6. Jenofonte, *Recuerdos de Sócrates*, 2.2.

7. Apuleyo, *Sobre el Dios de Sócrates*, 19.6, ligeramente modificado.

8. Por ejemplo, se ha señalado que quizás el público antiguo podría haber visto el personaje de Calicles en el *Gorgias* de Platón, desconocido por lo demás, como el sustituto de un individuo específico o clase de individuos reconocibles para ellos, como Critias, un antiguo y famoso alumno de Sócrates y tío de Platón. Por tanto, he puesto algunas de las palabras de Calicles en boca de Critias y me he tomado libertades similares con otros diálogos y personajes.

9. Debemos ser cautos a la hora de atribuir a Sócrates ideas de obras posteriores de Platón, como *La República*, pero creo que este aspecto básico de la «Alegoría de la Caverna», aparte de la «Teoría de las formas», expresa a grandes rasgos la función filosófica que Sócrates consideraba que cumplía como filósofo.

10. Plutarco, «Si un anciano debe participar en asuntos públicos», 796d.

11. Sócrates en *Fedón*, 91c.

1. El juicio

1. Por supuesto, la fuente principal para este relato del juicio de Sócrates es la *Apología de Sócrates* de Platón, aunque también he recurrido a material procedente de la *Apología de Sócrates* de Jenofonte y de otras fuentes.

2. Aristófanes, *Las nubes*, *Las avispas*, *La paz*.

3. El texto de las acusaciones contra Sócrates lo cita Diógenes Laercio, de un modo verosímil, en *Vidas y opiniones*, 2.5.

4. Aristóteles afirma que Sócrates había estado en Delfos, aunque no especifica si fue en la misma ocasión en que Querefonte obtenía el oráculo, como hemos supuesto en aras de nuestro relato.

5. Había también una tercera máxima, menos conocida hoy en día por ser más difícil de traducir, que decía: «La seguridad trae la ruina», y que Plutarco interpretó como advertencia contra la presunción intelectual y posible lema del escepticismo griego.

6. Así interpreta su significado Plutarco, que fue a la vez filósofo y sacerdote de Delfos, en *La E de Delfos*, 15.

7. No existía un proceso formal de contrainterrogatorio en los antiguos tribunales atenienses, aunque a los acusados se les permitía interrogar directamente a los testigos e intentar refutar su testimonio, como hace Sócrates, aunque a su manera idiosincrásica, en la *Apología de Sócrates* de Platón.

8. Platón deja sin nombrar a este individuo, y es posible que Sócrates, por respeto, evitara nombrar a alguien que hubiera fallecido. El candidato más obvio sería Pericles, aunque Protágoras, su consejero, también fue una especie de estadista, y creo que es posible que Sócrates se refiera aquí al famoso sofista.

9. Al menos esta es una teoría popular, aunque algunos cuestionan la veracidad de la historia.

2. El primer filósofo

1. Dependemos de un puñado de referencias dispersas y de algunas deducciones sobre la afirmación de que Sócrates trabajó en el taller del escultor de su padre en su juventud (por ejemplo, Diógenes Laercio; 2.5.18, 2.5.20).

2. Se cree que el programa de construcción de Pericles en la Acrópolis comenzó alrededor del año 447 a. C. y las obras de los Propileos datan de la década de 430, cuando Sócrates rondaba la treintena. Así pues, la afirmación de Diógenes Laercio de que «algunos le han atribuido las figuras drapeadas de las Gracias en la Acrópolis» (2.5.19) no cuadra demasiado con mi suposición de que abandonó el oficio de escultor algo antes.

3. En *Fedón* 96a-c se describe cómo Sócrates, de joven, se interesó por tales cuestiones de la filosofía natural.

4. Los estudiosos modernos dudan de que el filósofo creara esta escultura, por lo que probablemente sea mejor considerarla como una interesante ficción, aunque se nos dice que el sucesor de Platón colocó estatuas de las Gracias en el santuario de las Musas de la Academia, cuyo simbolismo seguramente interesó a los primeros estudiantes de filosofía.

5. Diógenes Laercio (2.3.7) da a entender que Anaxágoras nació en el año 500 a. C., y afirma que vivió en Atenas durante unos treinta años. La mayoría de los estudiosos sitúan la llegada de Anaxágoras a Atenas en torno al 456 a. C., pero Taylor (1917) ofrece un argumento convincente para fecharla en el 480 a. C., cuando Pericles tenía unos quince años. Taylor creía que la cuestión de la fecha quedaba resuelta de forma concluyente por el hecho de que varios autores antiguos se refieren a Pericles como el «alumno» (*mathetes*) de Anaxágoras, lo que, según él, significa que el filósofo fue el responsable de la educación temprana de Pericles. Taylor también afirma que en el *Fedón* de Platón se retrata a un Sócrates insatisfecho con el libro de Anaxágoras, pero sin que busque aclaraciones del propio autor, a pesar de que en otras obras se le muestra conversando con la mayoría de los otros grandes pensadores de la Atenas de Pericles, por lo que se debe entender según Platón que Anaxágoras había escrito su libro y que se había marchado de Atenas «cuando Sócrates era todavía muy joven», lo que Taylor por lo tanto data alrededor del 450 a. C.

6. Sabemos del temprano interés de Sócrates por la filosofía jonia principalmente por Platón, aunque no se especifica ninguna fecha, lo que nos obliga a especular. También nos vemos obligados a explicar por qué no hay ninguna referencia a que Sócrates hablara con Anaxágoras, a pesar de que se nos dice que devoraba los escritos del filósofo jonio.

7. La mayor parte de nuestra información sobre Anaxágoras procede de Diógenes Laercio 2.3.

8. Al menos, Sócrates es objeto de burla por parte del siracusano en la obra *Recuerdos de Sócrates* de Jenofonte con el apodo de «el Pensador» (*Phrontistes*), quizás porque Aristófanes en *Las nu-*

bes lo había satirizado duramente como el jefe de «el Pensadero» (*Phrontisterion*), lo que nos proporciona un claro ejemplo de un apodo no muy diferente al de *Nous* empleado sarcásticamente en Atenas.

9. Los mapas de este tipo fueron introducidos por filósofos jónicos anteriores, por lo que probablemente estamos justificados al imaginar que Anaxágoras podría haber empleado tales ayudas en su enseñanza.

10. Es evidente que se trató de un acontecimiento importante. No sabemos con certeza si la atención que atrajo sobre la filosofía de Anaxágoras lo impulsó a la fama y aumentó la controversia en torno a sus enseñanzas, pero es una suposición razonable para nuestra historia.

11. Suponiendo que Taylor (1917) esté en lo cierto al fechar la llegada de Anaxágoras a Atenas en el 480 a. C., cuando Pericles tenía unos quince años, y que el joven noble se convirtiera por tanto en su alumno (*mathetes*) desde muy pronto. En el *Fedón* de Platón (269e-270a), por ejemplo, Sócrates atribuye el aclamado estilo de oratoria de Pericles sobre todo a la influencia de Anaxágoras, lo que solo tiene sentido si los dos hombres se conocieron antes de la carrera política de Pericles, o al principio de ella.

12. Tucídides, 2.28.

13. Anaxágoras también fue capaz de deducir que la Tierra debía ser esférica porque se dio cuenta de que, durante los eclipses lunares, proyecta su sombra sobre la Luna, y podemos ver que siempre es redonda.

14. Los detalles del juicio de Anaxágoras son fragmentarios y bastante problemáticos. Algunos estudiosos, como Waterfield (2010), creen que los atenienses querían juzgarlo, pero probablemente no lo hicieron. Otros, como Taylor (1917) y Mansfield (1979), creen que el juicio de Atenas sí tuvo lugar, pero discrepan entre sí sobre la fecha.

15. Diógenes Laercio da a entender que más tarde se suicidó a voluntad, por pena. A pesar de haber sido condenado a muerte *in absentia*, habría sido difícil para Atenas ejecutar la sentencia

contra él mientras residía lejos, en Lampsaco. Aunque nuestras fuentes sobre el destino de Anaxágoras son problemáticas, la imagen del primer filósofo de Atenas como una trágica víctima de las luchas políticas internas, que encontramos, aunque ligeramente distorsionada, en las fuentes antiguas, ofrece un interesante contraste con el destino de Sócrates, que he decidido desarrollar un poco más para nuestra historia.

16. Diógenes Laercio, 2.3.

17. El primer juicio quizás se celebró en Atenas hacia el 450 a. C., cuando Sócrates tenía unos veinte años. No sabemos con certeza si presenció el juicio, pero seguramente le interesó el resultado, por lo que parece probable que estuviera presente, o al menos que escuchara los informes detallados de otros que sí lo estuvieron. Sin duda, aquello fue un acontecimiento clave en su vida.

18. Se cuenta que Sócrates fue alumno de Arquelao, por lo que resulta desconcertante que parezca que había conocido a Anaxágoras, el maestro de este último. He intentado resolver esto en nuestra historia asumiendo que Arquelao y Sócrates solo se hicieron amigos después de que Anaxágoras fuera exiliado, aunque hay algunas pruebas de que, de hecho, quizás se conocían de antes.

19. Diógenes Laercio (por ejemplo, describe una sucesión filosófica que pasa de Anaxágoras, a través de Arquelao, a Sócrates; 1.1).

20. Rara vez se describe a los antiguos atenienses asintiendo con la cabeza para mostrar acuerdo, como hacemos hoy en día. Probablemente tampoco movían la cabeza para expresar desacuerdo. Sin embargo, en aras de la conveniencia, a veces me he referido a asentir en estos diálogos.

21. En el *Fedón* de Platón (97b), Sócrates dice: «Un día oí a un hombre que leía de un libro, según decía, de Anaxágoras», y he coincidido con Taylor (1917), quien comenta que se refería «presumiblemente a su sucesor Arquelao», antes de que Sócrates adquiriera más tarde y leyera él mismo el libro.

22. En su *Apología de Sócrates*, Platón hace decir a Sócrates que el libro de Anaxágoras estaba libremente disponible en el mercado, aunque no parece haber dado conferencias en público. Por

lo tanto, en aras de nuestra historia, suponemos que los estudiantes de Anaxágoras publicaron su libro después de su exilio.

23. Hay quien puede preguntarse si la familiaridad con las doctrinas filosóficas podía llegar a estar tan extendida en Atenas, incluso entre las masas analfabetas. No obstante, en la *Apología de Sócrates* de Platón (26d), se representa a Sócrates diciendo en el tribunal que sería ridículo que sus acusadores pretendieran que los quinientos jurados que tienen ante sí son tan analfabetos que no reconocen las doctrinas de Anaxágoras, y que, además, las doctrinas de la filosofía natural se describían con frecuencia en el teatro, presumiblemente en sátiras, donde dice que cualquiera puede oírlas por un solo dracma.

24. Una de nuestras pocas referencias tentadoras a las influencias tempranas de Sócrates viene en este breve pasaje del *Fedón* de Platón, donde relata a sus hijos haberse desilusionado, de joven, con los escritos de Anaxágoras.

25. Ambos extractos de poemas atribuidos a Sócrates se encuentran en Diógenes Laercio (2.5.42), aunque menciona a un autor anterior que puso en duda la autenticidad del himno a Apolo.

26. Epicteto, *Discursos*, 2.1.

27. Exploraremos este diálogo, que fue con Eutidemo, en el capítulo 4.

28. Véase, por ejemplo, Martell y otros, 2013.

3. El Sócrates femenino

1. Sócrates estaba más cerca de la verdad que Anaxágoras. Aunque el sol parece brillar como un fuego, no arde como un fuego, sino que emite calor y luz debido a la fusión nuclear, consumiendo átomos de hidrógeno en lugar de oxígeno.

2. Jenofonte atribuye a Sócrates *estas* críticas tan astutas a la filosofía natural en sus *Recuerdos de Sócrates* 4.7.

3. Lo poco que conocemos de Fenáreta lo sabemos por el *Teeteto* de Platón, suponiendo que podamos tomar al pie de la letra lo que dice sobre su trabajo.

4. El término francés *sage-femme* sería una traducción mejor, ya que significa tanto comadrona como mujer sabia.

5. No tenemos *pruebas* de que Fenáreta conociera a Aspasia. Sin embargo, ambas eran expertas como casamenteras y Sócrates formó parte más tarde del círculo de Aspasia. Parece razonable imaginar que su madre, conocida por ser una *maia* local, se hubiera interesado por lo que Aspasia decía sobre la búsqueda de pareja y el amor, y si se conocieron, es plausible que Sócrates llegara a conocer a Aspasia por medio de su madre.

6. En este diálogo, me he tomado la libertad de tomar ideas sencillas sobre la búsqueda de pareja atribuidas a Sócrates en los *Recuerdos de Sócrates* de Jenofonte y transferirlas en su lugar a Fenáreta. Es posible que Sócrates y su madre hubieran discutido ideas similares, dada la experiencia de ella en ese campo.

7. Varias fuentes relacionan a Sócrates con Aspasia, entre ellas el *Menexeno* de Platón, donde aparece como una de sus maestras. No sabemos cuándo comenzó su amistad, aunque parece razonable especular que probablemente surgió tras su interés por la filosofía natural.

8. El contenido de este diálogo se deriva de las palabras de Diotima en *El banquete* de Platón. Algunos estudiosos han argumentado que Platón utilizaba a Diotima como seudónimo de Aspasia. Véase, por ejemplo, D'Angour (2020).

9. Se nos dice que «convencido de que el estudio de la naturaleza no es asunto nuestro»; Sócrates, en cambio, «afirmaba que sus indagaciones abarcaban» lo que sea bueno o malo en nuestra casa o salones, citando *Odisea* 4.392, según Diógenes Laercio (2.5).

10. Esta conversación se basa en el *Recuerdos de Sócrates* 2.6 de Jenofonte, que Sócrates vincula, en efecto, a los consejos sobre emparejamiento que recibió de Aspasia.

11. Este tema de los diálogos socráticos inspiró el dicho latino *Esse quam videri*, derivado de *Sobre la amistad*, 98, de Cicerón.

12. Mateo, 7.12.

13. J. Beck, 1995, 160.

4. El oráculo de Apolo

1. No sabemos si esta era la razón de Querefonte para consultar el oráculo, pero parece plausible. Para qué vas a preguntar si algún hombre es más sabio que Sócrates, a no ser que te inquiete la pregunta más general: ¿Quién es el hombre más sabio?

2. No se nos dice explícitamente que Sócrates estuviera presente en el momento en el que Querefonte interrogó al oráculo, aunque Aristóteles menciona que en algún momento Sócrates sí visitó Delfos. No hay pruebas, que yo sepa, que hablen en contra de que esto haya sido así. Por lo tanto, D'Angour (2020) también cree que Sócrates estaba en Delfos con Querefonte cuando la Pitia hizo aquella famosa afirmación.

3. La fecha de la visita de Querefonte a Delfos es uno de los aspectos más problemáticos de la biografía de Sócrates. Algunos estudiosos, como Waterfield (2010), creen que se trata de algo totalmente inventado, aunque yo no estoy tan seguro. En cualquier caso, forma parte integrante del personaje literario de Sócrates creado por Platón y Jenofonte, y desarrollado por autores posteriores, y por eso también lo he convertido en un elemento central de la narración presentada en este libro. Si ocurrió, parece probable que fuera antes de que Sócrates partiera hacia Potidea. También lo he situado antes de la conversación de Sócrates con Protágoras, a quien podemos ver entonces como uno de los interrogados por él para poner a prueba el pronunciamiento.

4. Este breve diálogo se basa en *Memorabilia*, 2.3. No sabemos cuándo tuvo lugar, pero suponiendo que fue inmediatamente antes de la visita de Querofonte a Delfos, podemos deducir que su sorprendente pregunta estuvo influenciada por tales ejemplos de la sabiduría de su amigo Sócrates, que seguro que tuvo un fuerte impacto en él.

5. Epicteto llega a afirmar que una de las cualidades más importantes de Sócrates era su capacidad de tolerar a los demás sin irritarse y de poner fin a las disputas (*Discursos*, 2.12).

6. *Recuerdos de Sócrates* 4.2.

7. Por supuesto, como es griego, escribe las letras delta por *dikaiosune* y alfa para *adikia*.

8. En cierto modo, este aspecto del método socrático se asemeja a lo que hoy llamamos «lluvia de ideas», ya que Sócrates debe pensar de forma creativa en cada ocasión y aportar una variedad de buenos ejemplos que desafíen la definición de su interlocutor.

9. Persio, Sátira 5, 105-110.

10. Borkovec y Sharpless (2004) se valen de varios estudios de investigación para apoyar su hipótesis de que el síntoma de preocupación patológica en el trastorno de ansiedad generalizada está vinculado a la inflexibilidad en varios sistemas de respuesta psicológica, incluida la rigidez cognitiva, que tratan formando a los clientes para que piensen en múltiples formas alternativas de interpretar los acontecimientos que les preocupan.

11. Por ejemplo, Hayes *et al.*, 1986.

12. Esta escena es en gran parte invención mía, aunque creo que es imaginable que Sócrates probablemente se quedó bastante sorprendido por la pregunta que Querefonte eligió hacer a la Pitia.

5. El hombre más sabio del mundo

1. Basado en *Vidas*, de Plutarco, Alcibíades, 2.3, aunque no se nos dice que Sócrates lo presenciara. El juego de las tabas se transformó posteriormente y en vez de lanzar los cinco huesos pequeños (los huesos de los tobillos de una oveja o una cabra) contra una pared, se lanzaban al aire y se atrapaban con el dorso de la mano, aunque existían otras variantes.

2. Dos de los alumnos más influyentes de Sócrates, Esquines y Antístenes, escribieron diálogos perdidos titulados *Aspasia* y *Alcibíades*, y se atribuyen a Platón dos diálogos que llevan el nombre de Alcibíades (aunque la atribución del segundo es dudosa), que también ocupa un lugar destacado en *La cena* de Platón. Por tanto, parece ser que quienes conocieron personalmente a Sócrates consideraban tanto a Aspasia como a Alcibíades como unos persona-

jes importantes a la hora de retratar la vida y el pensamiento del filósofo.

3. Como explica Waterfield (2010), en términos de estatus, Alcibíades podría compararse a un par o lord británico de alto rango.

4. Plutarco, *Vidas*, Alcibíades, 2.2.

5. *Ilíada*, 6.208; 11.784.

6. El diálogo de este capítulo está, por supuesto, estrechamente basado en el *Protágoras* de Platón.

7. Protágoras citado en Diógenes Laercio, 9.8.51.

8. La afirmación de que Protágoras fue desterrado procede de fuentes posteriores y a menudo se ha considerado poco probable que sea cierta.

9. Este discurso está parafraseado en el *Protágoras* de Platón, y lo he parafraseado de nuevo para los lectores modernos. Algunos han considerado que prefigura aspectos del darwinismo; por ejemplo, el desarrollo del sentido de la justicia moral se explica aquí como necesario para la supervivencia de la especie humana.

10. La famosa doctrina de Protágoras de que «el hombre es la medida de todas las cosas» podría interpretarse, entre otras cosas, como un apoyo a la opinión de que deberíamos medir lo bueno o lo malo que es algo basándonos en nuestra experiencia, y no, por ejemplo, por referencia a la voluntad de los dioses.

11. Véase Nezu y otros, 2013.

6. El león de Atenas

1. Este breve relato de la respuesta de Sócrates al oráculo se basa en el recogido en *Recuerdos de Sócrates* de Platón.

2. Este diálogo se basa en el *Alcibíades I* de Platón.

3. Por lo que sabemos, los antiguos griegos asentían con la cabeza en señal de acuerdo, pero no movían la cabeza en señal de desacuerdo. Así que me refiero en términos menos específicos a

que hacían gestos de «no», o expresaban su desacuerdo de forma no verbal frunciendo el ceño, etcétera.

4. Galeno, *De las pasiones y los errores del alma*, 2.

5. Mateo, 7.3.

6. *Freaks*, 2015.

7. La sabiduría fue definida por los investigadores en términos de medidas de la humildad intelectual, como estar dispuesto a buscar información adicional; la apertura mental, como ser más propenso a ver la situación desde las perspectivas de los demás; y el compromiso, es decir, estar dispuesto a combinar perspectivas alternativas para encontrar una solución.

8. Diógenes Laercio (2.5.33), y en otras partes del mismo libro, Platón y Zenón el Estoico recomiendan el uso, literalmente, de espejos para aumentar la autoconciencia de nuestro carácter moral.

9. Antístenes citado en Diógenes Laercio, 6.1.6.

10. En el *Critón* de Platón, Sócrates también se imagina a sí mismo entablando un diálogo con las Leyes, que se refieren a él en segunda persona, lo que le permite imaginarse conversando consigo mismo de forma distanciada.

11. Grossmann *et al.*, 2021.

12. Beck, Emery y Greenberg, 2005, 323.

13. Beck, Emery y Greenberg, 2005, 194.

14. Hayes *et al.*, 2012.

15. *La cena* de Platón, 215e.

16. Sabemos que Sócrates luchó en Potidea gracias a varias fuentes, entre las que destaca *La cena* (220d-e) de Platón. Aquí he optado por construir la escena utilizando nuestro conocimiento fragmentario de la batalla y algunas deducciones.

17. Los atenienses utilizaron caballería extranjera en lugar de enviar sus propios caballos a tan larga distancia, lo que quizás explique por qué Alcibíades estuvo luchando al parecer en la infantería durante esta batalla

18. Lo que sabemos sobre la batalla de Potidea y la posterior Guerra del Peloponeso depende casi por completo de la historia escrita por Tucídides.

19. Alcibíades, en *La cena* de Platón, no especifica lo que Sócrates estaba contemplando, así que por el bien de nuestra historia he especulado que puede haber sido algo relacionado con el pronunciamiento del oráculo de Delfos, basándome en la *Apología de Sócrates* (22d-e) de Platón.

20. Esta anécdota se basa en Cicerón, *Sobre el destino* 10-11, y *Disputaciones Tusculanas* 4.80.

21. Aristófanes, *Las ranas*, 1431-1433.

7. La Guerra del Peloponeso

1. Nuestra principal fuente sobre la epidemia de peste de Atenas es el capítulo séptimo de Tucídides. Los estudiosos modernos creen que pudo tratarse de una forma de tifus.

2. El diálogo que sigue se basa, por supuesto, en la primera parte del *Gorgias* de Platón.

3. He incorporado esta anécdota de Diógenes Laercio (2.5.21) porque creo que proporciona un contexto útil para el diálogo del *Gorgias*. Al parecer, Sócrates tenía fama de arriesgarse provocando a los demás con sus preguntas, y a algunos atenienses les parecía extraño que no aprendiera a hablar por sí mismo en los tribunales.

4. Esta anécdota se basa principalmente en el relato que Alcibíades hace de la batalla en *La cena* de Platón.

5. *La terapia cognitiva y las emociones*, 1976.

6. Beck *et al.*, 1976.

7. Beck *et al.*, 1976, 243.

8. Véase el *Fedro* de Platón.

9. Quizá se pueda afirmar que, debido a sus conocimientos y experiencia, la clase de oficiales llegó a considerar a Sócrates como nosotros veríamos a un sargento mayor, o como los romanos a un centurión.

10. Platón dice que Jantipa sostuvo en sus brazos al hijo menor de Sócrates mientras el filósofo esperaba su ejecución. Si calculamos que el niño no tenía más de dos años, y que ella lo dio a

luz con una edad no superior a los cuarenta, tendría cuarenta y dos años o menos en el año 399 a. C., por lo que tendría catorce años o menos en el año 427 a. C., lo que nos daría de un modo aproximado la fecha más temprana en la que podría haberse casado. Sin embargo, en la sátira de Aristófanes *Las nubes* (423 a. C.) no se menciona a ninguna esposa de Sócrates, aunque parece haber proporcionado un material satírico perfecto para autores posteriores. Esto sugiere que Sócrates pudo haberse casado con ella en el año 423 a. C. como muy pronto. Según algunos relatos, Sócrates tuvo una primera esposa llamada Mirto, que quizás todavía viviera cuando también se casó con Jantipa, aunque probablemente murió antes que Sócrates, ya que se sabe poco de ella.

11. No sabemos el año, pero el padre de Hipareta, Hipónico III, vivía en esa época, y se cree que murió en el 422 a. C., por lo que esa es la última fecha plausible.

12. El famoso *Diálogo de los melios* se describe en Tucídides, 5.84-116.

13. Tucídides no nos dice, lo que es frustrante, quién propuso el asedio de Milo a la Asamblea ni quién fue el responsable de ordenar la matanza. Quizá podamos apelar al «argumento del silencio» para deducir que el hecho de que Tucídides no mencione a Alcibíades, en este caso, implica que probablemente no desempeñó un papel importante en esa decisión.

14. Hesíodo, *Trabajos y días*, 202.

8. La expedición a Sicilia

1. El talento ático era una medida de peso, aproximadamente 26 kilos, por lo que equivaldría a unos 1.560 kilos de plata sin acuñar.

2. La fecha dramática de *La cena* de Platón es el 416 a. C., el año anterior a la partida de Alcibíades, a quien retrata todavía enamorado de Sócrates, aunque con el tiempo se había ido alejando cada vez más de él y le había dedicado más tiempo a la política ateniense.

3. El diálogo que sigue se basa en la conversación con Polo en el *Gorgias* de Platón, pero me he tomado la libertad de poner sus palabras en boca de Alcibíades. De Polo no se sabe nada más, pero algunos estudiosos creen que el público de Platón lo habría identificado naturalmente con la clase de los jóvenes nobles, incluidos Alcibíades o Critias.

4. No conocemos realmente el nombre del barco de Alcibíades, pero *Eleutheria* es el nombre de un barco de guerra ateniense, y lo he adoptado para mejorar la narrativa.

5. Beck, 1976, 2, cursiva añadida.

6. Beck *et al.*, 2005, 195.

7. Se decía que Alcibíades podía obtener fondos de su amigo Tisafernes para pagar a la armada ateniense, a condición de que la democracia fuera sustituida por una oligarquía. Años más tarde, su hijo negaría estos rumores, insistiendo en que Alcibíades siempre se había opuesto a la oligarquía y señalando que su padre solo había servido a Atenas bajo un régimen democrático.

8. Tucídides, 8.86.4.

9. Plutarco, *Vidas*, Alcibíades, 26.4.

9. La caída de Atenas

1. No existe constancia alguna de que Alcibíades se reuniera con Sócrates a su regreso a Atenas, pero dado lo unidos que estaban y el hecho de que se habían salvado la vida mutuamente, parece casi seguro que Alcibíades hubiera echado de menos ver a su viejo amigo y mentor.

2. Este diálogo es más que nada una conjetura por mi parte, basada muy vagamente en observaciones encontradas en fuentes antiguas, pero ayuda, creo, a salvar una laguna en nuestra narración.

3. Este diálogo se basa en el *Axíoco* del seudo-Platón.

4. La anécdota sobre Fedón se basa en algunos fragmentos de información que aparecen en Diógenes Laercio, 2.5.31; 2.9.105.

5. Isócrates, *Sobre las bigas*, dentro de *Sobre el trofeo*, 16.45-46, aunque no se nombra a Hipareta como madre de Alcibíades el Joven, se da a entender que murió poco después de que él naciera, mientras su padre volvía a estar en el exilio.

6. En este capítulo, hemos puesto algunas de las palabras de Axíoco en boca de su sobrino, Alcibíades, ya que es de suponer que tenía preocupaciones similares, y su personaje es más central para nuestra narración.

7. Séneca, *De la tranquilidad del ánimo*, 11.6.

8. Epicteto, *Enquiridión*, 5.

9. Isócrates, *Sobre las bigas*, dentro de *Sobre el trofeo*, 16.45-46.

10. Alcibíades tuvo un hijo que le sobrevivió, pero le despojaron de todas sus propiedades, que nunca recuperó en su totalidad.

11. Plutarco y otras fuentes tan solo dicen que lo mataron con armas que no eran de cuerpo a cuerpo, posiblemente dardos, jabalinas o flechas.

12. «A este hombre, difamado por la mayoría de los escritores, tres historiadores de muy alta autoridad lo han ensalzado con los mayores elogios: Tucídides, que era de la misma edad que él; Teopompo, que nació poco tiempo después; y Timeo. Los dos últimos, aunque muy aficionados a la censura, han coincidido, no sé cómo, en alabarlo solo a él, pues han relatado de él lo que hemos dicho más arriba, y esto además, que... a cualquier pueblo que fuera, era considerado como un hombre principal, y tenido en la mayor estima» (Cornelio Nepote, 7.11).

10. Los Treinta Tiranos

1. Nuestra fuente principal para este período de la historia ateniense es el Libro 2 de la *Helénica* de Jenofonte, capítulos 3-4.

2. Este lugar sería más tarde, por supuesto, el hogar de la filosofía estoica.

3. Aquí he tomado las palabras de Calicles del *Gorgias* de Platón y las he puesto en boca de Critias.

4. Platón relata estos hechos en su *Séptima Carta.*

5. Waterfield (2010, 172) cree que Terámenes no era un héroe, sino un oligarca empedernido y que la historia de que Sócrates intentó salvarlo de la ejecución es absurda.

6. *La República*, 440c-d.

7. Freud, *Duelo y melancolía*, 1917, en Freud *et al.*, 2001, 243-258.

8. Sullivan *et al.*, 2020. Del mismo modo, dentro de las herramientas estándar que se utilizan para medir la depresión clínica, encontramos referencias a la injusticia percibida como «siento que me están castigando» en el Inventario de Depresión de Beck (BDI-II, ítem 6).

9. Beck, 1976, 64-72.

10. *Odisea,* de Homero, 20.17-18 citado en *La República* de Platón 3.390d, y en el *Fedón* 94d-e.

11. Platón, *La República*, 4.441b-c.

12. Durante la democracia, en el juicio a los generales tras la batalla de las Arginusas, la turba amenazó con ejecutarlo. Luego, bajo la oligarquía, los Treinta le amenazaron de muerte primero por infringir su nueva ley contra la filosofía y después cuando se negó a arrestar a Leon de Salamina. Una vez restaurada la democracia, el tribunal le condenó finalmente a muerte. Por lo tanto, se enfrentó a varias amenazas de ejecución, quizá dos veces bajo cada régimen.

11. El canto del cisne

1. La mayor parte de este diálogo se basa en fragmentos del *Fedón* de Platón, aunque la anécdota inicial procede de un fragmento de un diálogo atribuido a Fedón en las *Cartas* de Séneca (94.41).

2. Algunos autores, como Waterfield (2010, 29), ponen como objeción que el *Fedón* de Platón no parece describir los efectos conocidos del envenenamiento por cicuta. Otros, como Bloch (2001),

han defendido que ciertas variedades de cicuta podrían haber causado precisamente los efectos descritos por Platón.

3. Si esto es correcto, implica que Anaxágoras no acabó ejecutado por el Estado, aunque se nos dice que fue condenado a muerte *in absentia* y que más tarde se quitó la vida.

REFERENCIAS BIBLIOGRÁFICAS

AHBEL-RAPPE, Sara. *Socrates: A Guide for the Perplexed.* Londres: Continuum, 2009.

APULEYO y Christopher P. JONES. *Apologia. Florida. De Deo Socratis.* Loeb Classical Library, vol. 534. Cambridge, MA: Harvard University Press, 2017.

ARISTÓFANES. *Clouds. Wasps. Peace,* traducción de Jeffrey Henderson. Loeb Classical Library, vol. 488. Cambridge, MA: Harvard University Press, 1998.

—, *Frogs. Assemblywomen. Wealth,* traducción de Jeffrey Henderson. Loeb Classical Library. Vol. 180. Cambridge, MA: Harvard University Press, 2002.

BECK, Aaron T. *Cognitive Therapy and the Emotional Disorders.* 1976. Reimpresión, Nueva York: Meridian Book, 1979.

BECK, Aaron T., Gary EMERY, y Ruth L. GREENBERG. *Anxiety Disorders and Phobias: A Cognitive Perspective.* Segunda edición. 1985. Reimpresión, Nueva York: Basic Books, 2005.

BECK, Aaron T., A. J. RUSH, Brian F. SHAW, y Gary EMERY. *Cognitive Therapy of Depression.* Nueva York: Guilford Press, 1979.

Beck, Judith S. *Cognitive Behavior Therapy: Basics and Beyond.* Segunda edición. 1995. Reimpresión, Nueva York: Guilford Press, 2021.

Bloch, Enid. «Hemlock Poisoning and the Death of Socrates: Did Plato Tell the Truth?» *Plato Journal* 1, n.º 1 (2001). <https://doi.org/10.14195/2183-4105_1_1>.

Borkovec, Thomas, y Brian Sharpless. «Generalized Anxiety Disorder: Bringing Cognitive-Behavioral Therapy into the Valued Present», en *Mindfulness and Acceptance: Expanding the Cognitive-Behavioral Tradition*, Steven C. Hayes, Victoria M. Follette y Marsha Linehan (eds.), 209-242. Nueva York: Guilford Press, 2004.

Cicerón. *On Ends*, traducción de H. Rackham. Loeb Classical Library, vol. 40. Cambridge, MA: Harvard University Press, 1914.

—, *On the Orator*: Libro 3. *On Fate. Stoic Paradoxes. Divisions of Oratory*, traducción de H. Rackham. Loeb Classical Library, vol. 349. Cambridge, MA: Harvard University Press, 1942.

—, *Tusculan Disputations*, traducción de J. E. King. Loeb Classical Library, vol. 141. Cambridge, MA: Harvard University Press, 1927.

Cooper, John M., y D. S. Hutchinson. *Plato: Complete Works.* Indianapolis: Hackett Publishing Company, 1997.

Corneli Nepote. *Sobre grandes generales. Sobre historiadores*, traducción de J. C. Rolfe. Loeb Classical Library, vol. 467. Cambridge, MA: Harvard University Press, 1929.

D'Angour, Armand. *Socrates in Love: The Making of a Philosopher.* Londres: Bloomsbury Publishing, 2020.

Diógenes Laercio. *Lives of Eminent Philosophers*, vol. I: Libros 1-5, traducción de R. D. Hicks. Loeb Classical Library, vol. 184. Harvard University Press, 1925.

—, *Lives of Eminent Philosophers*, vol. II: Libros 6-10, traducción de R. D. Hicks. Loeb Classical Library, vol. 185. Harvard University Press, 1925.

ELLIS, Walter M. *The Athenian.* San Jose: Writers Club Press, 2001.

EPICTETO. *Discourses*, Libros 1-2, traducción de William Abbott Oldfather. Loeb Classical Library, vol. 131. Cambridge, MA: Harvard University Press, 1925.

—, *Discourses*, Libros 3-4. *Fragments. The Encheiridion*, traducción de William Abbott Oldfather. Loeb Classical Library, vol. 131. Cambridge, MA: Harvard University Press, 1928.

EVANS, Jules. «RIP Aaron Beck, Founder of CBT and Reviver of the Stoics' Cognitive Approach to Therapy.» *Medium*, 1 de noviembre de 2021. <https://julesevans.medium.com/rip-aaron-beck-founder-of-cbt-and-reviver-of-the-stoics-cognitive-approach-to-therapy-da055ba45cbf>.

FARNSWORTH, Ward. *The Socratic Method: A Practitioner's Handbook.* Boston: Godine, 2021.

FREAKS, Data. «Why We Give Great Advice to Others but Can't Take It Ourselves.» *Forbes*, 7 de abril de 2015. <https://www.forbes.com/sites/datafreaks/2015/04/07/why-we-give-great-advice-to-others-but-cant-take-it-ourselves/>.

FREUD, Sigmund. «Mourning and Melancholia", en *The Standard Edition of the Complete Psychological Works of Sigmund Freud*, vol. XIV, (1914-1916), en *History of the Psycho-Analytic Movement, Papers on Metapsychology and Other Works.* Anna Freud (ed.), traducción de James Strachey, 243-258. Londres: Hogarth Press, 1957.

GALENO. *Las pasiones y los errores del alma*, traducción de Paul W. Harkins. Columbus, OH: Ohio State University Press, 1963.

GORDON, George. *Lord Byron: The Complete Poetical Works.* Jerome J. McGann (ed.). Vol. 3. Oxford: Clarendon Press, 1981.

GROSSMANN, Igor, Anna DORFMAN, Harrison OAKES, Henri C. SANTOS, Kathleen D. VOHS, y Abigail A. SCHOLER. «Training for Wisdom: The Distanced-Self-Reflection Diary Method.» *Psychological Science* 32, n.º. 3, 4 de febrero de 2021: 381-394. <https://doi.org/10.1177/0956797620969170>.

GROTE, George. *Plato, and the Other Companions of Sokrates*, vols. 1-4. 1865. Reimpresión, e-artnow, 2021.

HADOT, Pierre, Arnold I. DAVIDSON, y Michael CHASE. *Philosophy as a Way of Life: Spiritual Exercises from Socrates to Foucault*. Malden, MA: Blackwell Publishing, 2017.

HANSON, Victor Davis. *A War like No Other: How the Athenians and Spartans Fought the Peloponnesian War*. Nueva York: Random House, 2006.

HAYES, Steven C., Aaron J. BROWNSTEIN, Robert D. ZETTLE, Irwin ROSENFARB, y Zamir KORN. «Rule-Governed Behavior and Sensitivity to Changing Consequences of Responding.» *Journal of the Experimental Analysis of Behavior* 45, n.º 3, mayo de 1986: 237-256. <https://doi.org/10.1901 /jeab.1986.45-237.>

HAYES, Steven C., Kirk D. STROSAHL, y Kelly G. WILSON. *Acceptance and Commitment Therapy: The Process and Practice of Mindful Change*. Segunda edición. Nueva York: Guilford Press, 2012.

HESÍODO. *Theogony. Works and Days. Testimonia*, traducción de Glenn W. Most. Loeb Classical Library, vol. 57. Cambridge, MA: Harvard University Press, 2018.

HUGHES, Bettany. *The Hemlock Cup*. Londres: Vintage Books, 2011.

ISÓCRATES. *Evagoras. Helen. Busiris. Plataicus. Concerning the Team of Horses. Trapeziticus. Against Callimachus. Aegineticus. Against Lochites. Against Euthynus. Letters*, traducción de La Rue Van Hook. Loeb Classical Library, vol. 373. Cambridge, MA: Harvard University Press, 1945.

JASPERS, Karl. *Socrates, Buddha, Confucius, Jesus: The Paradigmatic Individuals*. Hannah Arendt (ed.). Nueva York: Harcourt, Brace World, 1962.

JENOFONTE. *Conversations of Socrates*, traducción de Robin Waterfield. Londres: Penguin, 1990.

—, *Hellenica*, vol. I: Libros 1-4, traducción de Carleton L. Brownson. Loeb Classical Library, vol. 88. Cambridge, MA: Harvard University Press, 1918.

—, *Memorabilia. Oeconomicus. Symposium. Apology*, traducción de E. C. Marchant y O. J. Todd. Loeb Classical Library, vol. 168. Cambridge, MA: Harvard University Press, 2013.

—, *The Landmark Xenophon's Hellenika.* Robert B. Strassler (ed.). Nueva York: Free Press, 2009.

JOHNSON, David. *Socrates and Alcibiades: Four Texts.* Indianapolis: Hackett, 2003.

JOHNSON, Paul. *Socrates: A Man for Our Times.* Nueva York: Viking, 2011.

JUVENAL y PERSIO. *Juvenal and Persius*, traducción de Susanna Morton Braund. Loeb Classical Library, vol. 91. Cambridge, MA: Harvard University Press, 2004.

KAGAN, Donald. *The Fall of the Athenian Empire.* Ithaca: Cornell University Press, 1992.

—, *The Peace of Nicias and Sicilian Expedition.* Ithaca: Cornell University Press, 1991.

KALIGAS, Paulos (ed.). *Plato's Academy: Its Workings and Its History.* Cambridge: Cambridge University Press, 2020.

MACDONALD CORNFORD, Francis. *Before and after Socrates.* 1932. Reimpresión, Cambridge: Cambridge University Press, 1999.

MANSFELD, J. «The Chronology of Anaxagoras' Athenian Period and the Date of His Trial.» *Mnemosyne* 32, n.º 1/2 (1979): 39-69. <https://www.jstor.org/stable/4430850>.

—, «The Chronology of Anaxagoras' Athenian Period and the Date of His Trial. Part II. The Plot against Pericles and his Associates.» *Mnemosyne* 33, n.º 1/2 (1980): 17-95. <https://www.jstor.org/stable/4430931>.

MARTELL, Christopher, Sona DIMIDJIAN, Ruth HERMAN-DUNN, y Peter LEWINSOHN. *Behavioral Activation for Depression: A Clinician's Guide.* Nueva York: Guilford Press, 2013.

NAVIA, Luis E. *Socrates: A Life Examined.* Amherst, NY: Prometheus Books, 2007.

NEZU, Arthur M., Thomas J. D'ZURILLA, y Christine M. NEZU. *Problem-Solving Therapy: A Treatment Manual.* Nueva York: Springer Publishing Company, 2013.

PIGLIUCCI, Massimo. *The Quest for Character.* Nueva York: Basic Books, 2022.

Plutarco. *Lives, vol. IV: Alcibiades and Coriolanus. Lysander and Sulla*, traducción de Bernadotte Perrin. Loeb Classical Library, vol. 80. Cambridge, MA: Harvard University Press, 1916.

—, «The E at Delphi», en *Moralia*, vol. V, traducción de Frank Cole Babbitt. Cambridge, MA: Harvard University Press, 1936.

—, «Whether an Old Man Should Engage in Public Affairs», en *Moralia*, vol. X, traducción de Harold North Fowler. Cambridge, MA: Harvard University Press, 1936.

Pressfield, Steven. *Tides of War: A Novel of Alcibiades and the Peloponnesian War*. Nueva York: Bantam, 2001.

Renault, Mary. *The Last of the Wine*. Londres: Virago, 2015.

Romilly, Jacqueline de. *The Life of Alcibiades*. Ithaca: Cornell University Press, 2019.

Séneca. *Epistles, Volume III: Epistles 93-124*, traducción de Richard M. Gummere. Loeb Classical Library, vol. 77. Cambridge, MA: Harvard University Press, 1925.

—«De tranquillitate Animi», en *Moral Essays*, vol. II, traducción de John W. Basore. Cambridge, MA: Harvard University Press, 1932.

Stone, I. F. *Trial of Socrates*. Boston: Little, Brown and Co., 1988.

Stuttard, David. *Nemesis: Alcibiades and the Fall of Athens*. Cambridge, MA: Harvard University Press, 2018.

Sullivan, Michael J. L., Heather Adams, Keiko Yamada, Yasuhiko Kubota, Tamra Ellis, y Pascal Thibault. «The Relation between Perceived Injustice and Symptom Severity in Individuals with Major Depression: A Cross-Lagged Panel Study.» *Journal of Affective Disorders* 274, septiembre de 2020: 289-297. <https://doi.org/10.1016/j.jad.2020.05.129>.

Taylor, A. E. «On the Date of the Trial of Anaxagoras.» *The Classical Quarterly* 11, n.º 2, 1 de abril de1917: 81-87. <https://doi.org/10.1017/s0009838800013094>.

—, *Socrates: The Man and His Thought*. Nueva York: Doubleday, 1952.

TAYLOR, C. C. W. *Socrates: A Very Short Introduction*. Oxford: Oxford University Press, 2019.

TUCÍDIDES. *History of the Peloponnesian War*, vol. I: Libros 1-2, traducción de C. F. Smith. Cambridge, MA: Harvard University Press, 1919.

—, *History of the Peloponnesian War,* vol. II: Libros 3-4, traducción de C. F. Smith. Cambridge, MA: Harvard University Press, 1920.

—, *History of the Peloponnesian War,* vol. III: Libros 5-6, traducción de C. F. Smith. Cambridge, MA: Harvard University Press, 1921.

—, *History of the Peloponnesian War*, vol. IV: Libros 7-82, traducción de C. F. Smith. Cambridge, MA: Harvard University Press, 1923.

—, *The Landmark Thucydides: A Comprehensive Guide to the Peloponnesian War*. Robert B. Strassler (ed.). Nueva York: Free Press, 1996.

VLASTOS, Gregory. *Socrates Ironist and Moral Philosopher*. Ithaca, NY: Cornell University Press, 1991.

WATERFIELD, Robin. *Plato of Athens*. Oxford: Oxford University Press, 2023.

—, *Why Socrates Died*. Faber, 2010.

WILSON, Emily R. *The Death of Socrates*. Cambridge, MA: Harvard University Press, 2007.

ÍNDICE DE MATERIAS